Agiles Lernen

Prof. Dr. Nele Graf, Dipl.-Psych. Denise Gramß, Dr. Frank Edelkraut

Agiles Lernen

Neue Rollen, Kompetenzen und Methoden im Unternehmenskontext

1. Auflage

Haufe Gruppe
Freiburg · München · Stuttgart

Bibliografische Information der Deutschen Nationalbibliothek

Die Deutsche Nationalbibliothek verzeichnet diese Publikation in der Deutschen Nationalbibliografie; detaillierte bibliografische Daten sind im Internet über http://dnb.dnb.de abrufbar.

Print: ISBN 978-3-648-09529-4 Bestell-Nr. 10213-0001
ePub: ISBN 978-3-648-09533-1   Bestell-Nr. 10213-0101
ePDF: ISBN 978-3-648-09534-8 Bestell-Nr. 10213-0150

Prof. Dr. Nele Graf, Dipl.-Psych. Denise Gramß, Dr. Frank Edelkraut
Agiles Lernen
1. Auflage 2017

© 2017 Haufe-Lexware GmbH & Co. KG, Freiburg
www.haufe.de
info@haufe.de
Produktmanagement: Christiane Engel-Haas

Lektorat: Ulrich Leinz, Berlin
Satz: Reemers Publishing Services GmbH, Krefeld
Umschlag: RED GmbH, Krailling
Druck: Schätzl Druck & Medien GmbH & Co. KG, Donauwörth

Inhaltsverzeichnis

Geleitwort von Prof. Heister

Eine Ausbildung oder ein Studium reicht fürs ganze Berufsleben – von dieser Vorstellung müssen sich Arbeitnehmerinnen und Arbeitnehmer angesichts des rasanten technischen Fortschritts endgültig verabschieden. Stattdessen gewinnt berufliche Weiterbildung zunehmend an Bedeutung. Aber sind die Beschäftigten und die Unternehmen hierauf schon eingestellt? Wie ist das derzeitige Lernverhalten von Mitarbeiterinnen und Mitarbeitern und wie sollte sich die Personalentwicklung darauf einstellen?

Unter der Prämisse der Zukunft des agilen Lernens haben sich Prof. Dr. Nele Graf und Dipl.-Psych. Denise Gramß mittels einer Befragung von über 10.000 Beschäftigten zu deren Lernkompetenzen und dem daraus folgenden Handlungsbedarf in den Betrieben genähert. Die Ergebnisse sind spannend zu lesen und fließen in dieses Buch ein. Zudem stellen sie sowohl Mitarbeiter, Führungskräfte und Verantwortliche in der Personalentwicklung als auch Politikerinnen und Politiker vor einige nicht ganz einfache Aufgaben, um Personalentwicklung zukunftsorientiert gestalten zu können.

Geschieht an dieser Stelle in den Unternehmen schon genug, um die Beschäftigten an agiles Lernen heranzuführen? Werden die Mitarbeiter bei diesem Wandel hinreichend unterstützt?

Agiles Lernen und damit vorausgesetzt die Lernkompetenzen der Mitarbeiterinnen und Mitarbeiter werden in den nächsten Jahren für die Produktivität von Unternehmen einen immer größeren Stellenwert gewinnen. Wollen diese Unternehmen also auch in der Zukunft bestehen, sind sie gut beraten, sich diesen Fragen zu stellen.

Prof. Dr. Michael Heister
Abteilungsleiter für Berufliches Lehren und Lernen, Programme und Modellversuche am Bundesinstitut für Berufsbildung, Bonn

Vorwort der Autoren

»Agiles Lernen« – Mindestens eines der beiden Worte im Buchtitel hat Sie angesprochen, sonst würden Sie diese Einleitung jetzt nicht lesen.

Wenn es »agil« war, das Ihre Aufmerksamkeit erregt hat, gehören Sie zu der wachsenden Zahl an Personen, die verstanden haben, dass die vielfältigen, immer schneller auftretenden Veränderungen in der Wirtschaft ein steigendes Maß an Agilität von ihren Akteuren verlangen. Dann ist Ihnen auch klar, dass Lernen zu den zentralen Erfolgsfaktoren der agilen Welt gehört.

Wenn Ihr Fokus auf dem »Lernen« liegt, haben auch Sie sehr wahrscheinlich in den letzten Jahren vielfältige Veränderungen in der Arbeitswelt wahrgenommen. Neue Methoden und Instrumente des Lernens sind dabei nur die Spitze des Eisbergs. Mit steigender Wucht setzen sich neue Denkweisen zum Lernen durch und verändern die Rollen von Mitarbeitern und Führungskräften ebenso wie die von Trainern und Personalentwicklern. Selbstgesteuertes Lernen und immer individuellere Angebote sind nur zwei Trends, die auch das Lernen selbst immer agiler werden lassen.

Dabei trägt der Begriff »agiles Lernen« in sich eine Doppeldeutigkeit: Zum einen muss das Lernen im Sinne der klassischen Personalentwicklung dynamischer und performance-orientierter werden, zum anderen muss »agiles Arbeiten« gelernt werden – also neue Arbeitsweisen, Denkmuster etc.

Ob Sie nun über die Agilität des Lernens oder Lernen für agiles Arbeiten zu diesem Buch gekommen sind, wir wollen beide Aspekte beleuchten. Letztlich gehören sie ja auch zusammen. Wir haben hierin unsere Erfahrungen in agilem Arbeiten, moderner Personalentwicklung und der Lernforschung zusammengeführt, weil wir überzeugt sind, dass Lernen zu DEM Erfolgsfaktor für Unternehmen und Mitarbeiter in der VUCA-Welt wird. Dafür muss allerdings die gesamte Logik der Personalentwicklung in Unternehmen neu gedacht werden.

Um die Dimension dieser Veränderung aufzuzeigen, werden wir in den beiden ersten Kapiteln erläutern, was agiles Arbeiten bedeutet, welche Konsequenzen sich daraus für das Thema Lernen ergeben, und darstellen, wie unser Verständnis davon aussieht, was agiles Lernen eigentlich ist. Das führt uns zunächst von der Realität in den meisten Unternehmen weg, und manches in dieser Darstellung wird auch in Zukunft nicht für alle Unternehmen und Personen relevant sein. Wir glauben jedoch, dass ein umfassendes Verständnis agilen Lernens die Voraussetzung dafür ist, das mögliche Extrem einer rein agil arbeitenden Organisation und Belegschaft zu kennen. Erst mit dieser Kenntnis ist es möglich, den eigenen Status und die für den eigenen Kontext sinnvollen Schritte zu erkennen.

Die ersten beiden Kapitel werden vielleicht manche Leser in eine Welt führen, in der sie noch nicht zu Hause sind. Wir würden uns freuen, wenn Sie sich trotzdem darauf einließen und dem gewählten Aufbau folgen wollten. So erhalten Sie ein vollständiges Bild dessen, was agiles Lernen wirklich bedeutet. Das wiederum versetzt Sie später in die Lage, sich zu entscheiden, was Sie wann und wie tun wollen.

Der weitere Aufbau des Buches ist dann deutlich konkreter und praxisnäher. Wir gehen vom aktuellen Status des Lernens in der Mehrheit der Organisationen aus und diskutieren Lernen in der real existierenden Wirtschaft. Wir stellen Ihnen Studien, Ideen, Modelle und Vorgehensweisen vor, die es Ihnen erlauben, das Lernen in Ihrer heutigen Organisation zu analysieren, fördern und zukunftsfähig zu gestalten. Insbesondere gehen wir dabei auch auf die Veränderungen der Verantwortlichkeiten zwischen Mitarbeiter, Führungskraft und Personalentwicklung ein und thematisieren die Bedeutung verschiedener Formate und Ansätze. Dadurch können Prozesse ausgelöst werden, die es Ihrer Organisation erlauben, den Schritt in eine agilere Organisation zu beschreiten. Für diejenigen, die genau diesen Schritt jetzt schon gehen wollen, vielleicht in einzelnen Pilotprojekten, haben wir im Anhang umfangreiche Informationen bereitgestellt. Lassen Sie sich also von uns mitnehmen auf eine Reise in die agile Zukunft des Lernens. Wir wünschen Ihnen viel Spaß!

Prof. Dr. Nele Graf, Denise Gramß und *Dr. Frank Edelkraut*
Braunschweig, April 2017

P.S.: Wir haben bewusst die wissenschaftliche Diskussion zu Definitionen von Lernen etc. außen vorgelassen, um den Fokus nicht zu verlieren. Wer daran Interesse hat, dem seien die Lehrbücher aus der Erwachsenenbildung und pädagogischen Psychologie empfohlen.

P.P.S.: Wir haben uns als Autorenteam aufgrund der besseren Lesbarkeit für die männliche Person entschieden, möchten hier aber ausdrücklich betonen, dass dies kein Akt der Diskriminierung ist.

Teil 1: Gegenwart und Zukunft des betrieblichen Lernens

1 Die VUCA-Wirtschaft: Willkommen im neuen Normal!

Die letzten Jahre sind durch eine immer schnellere Entwicklung in vielen Bereichen wirtschaftlichen (und gesellschaftlichen) Handelns gekennzeichnet. Die Vorhersage der Zukunft wird nicht zuletzt dadurch immer schwieriger: Willkommen in der VUCA-Welt!

Wie verändert sich die Welt konkret? Können wir diese Veränderungen überhaupt noch vorhersehen? Wie müssen wir uns darauf vorbereiten? Und was hat das mit Lernen und Personalentwicklung zu tun? Fragen, die für einzelne Menschen ebenso relevant sind wie für Unternehmen überlebenswichtig. Nur wenn ein Unternehmen die Zukunft des eigenen Geschäftes aktiv gestaltet und idealerweise sogar selber zum Treiber des Marktes wird, kann es nachhaltig erfolgreich sein. Dazu gehören Mitarbeiter, die gut qualifiziert und motiviert sind, um die Herausforderungen des permanenten Wandels zu meistern. Dies ist die Grundlage für die Fähigkeit, das Organisationsdesign neu zu denken, zu transformieren und kontinuierlich weiterzuentwickeln. Es gibt viel zu entdecken, zu tun und – vor allem – viel zu lernen!

Bevor wir uns im weiteren Verlauf des Buches intensiv mit dem Thema agiles Lernen und Lernen in agilen Welten befassen, wollen wir zunächst aufzeigen, was wir unter einer agilen Welt und agilem Lernen verstehen. Dazu schauen wir, wie sich die Wirtschaft in den letzten Jahren verändert hat, welche Treiber hinter dieser Veränderung stecken und was das für die unterschiedlichen Funktionen und Menschen in Unternehmen bedeutet. Auch die Nutzung agiler Methoden und die daraus resultierende Notwendigkeit, Unternehmensorganisationen zu verändern und neue Methoden, Prozesse und Arten der Zusammenarbeit zu erlernen, sind Treiber der VUCA-Welt. Daher verschaffen wir uns zunächst einen Überblick, bevor wir uns intensiver mit »agil« selbst befassen.

1.1 Die Welt, in der wir leben (werden)

Die Herausforderung, über die »moderne Wirtschaft« und ihre Antreiber zu schreiben, war zu allen Zeiten schwierig. Es ist schließlich eine allgemeine Erkenntnis, dass die einzig sichere Vorhersage zur Zukunft die ist, dass Vorhersagen stets falsch sind. Im Jahr 2017 ist das Ansinnen einer klaren Vorhersage von vornherein zum Scheitern verurteilt. In dem Moment, in dem das Buch fertig ist, werden neue Technologien, soziale Themen, Geschäftsmodelle und so weiter entstanden sein, die während des Schreibens nicht vorhersehbar waren. Fast täglich werden wir von neuem überrascht. Somit muss es in diesem Buch vor allem darum gehen, größere Entwicklungen aufzuzeigen, die eine besondere Rolle spielen werden, anstatt auf einzelne Technologien einzugehen. Es gibt einige Trends, die in den kommenden Jahren deutliche Auswirkungen auf die Wirtschaft und die Beschäftigten haben werden. Diese wollen wir genauer betrachten.

Beginnen wir unsere Überlegungen mit dem Akronym VUCA selbst. VUCA beschreibt die vier Faktoren, die in der modernen Welt zunehmend Entscheidungen und Management beeinflussen:

V	Volatility	Where things change fast but not in a predictable trend or repeatable pattern.
U	Uncertainty	Where major »disruptive« changes occur frequently. In this environment, the past is not an accurate predictor of the future, and identifying and preparing for »what will come next« is extremely difficult.
C	Complexity	Where there are numerous difficult-to-understand causes and mitigating factors involved in a problem.
A	Ambiguity	Where the causes and the »who, what, where, when, how, and why« behind the things that are happening are unclear and hard to ascertain.

Tab. 1: VUCA- Erklärung englisch (eigene Darstellung)

Übertragen ins Deutsche könnte VUCA so erläutert werden:

V	Volatilität	Geschwindigkeit, Umfang und Dynamik von Veränderungen werden größer und die Schwankungsbreite steigt. Schauen Sie sich z. B. die Schwankungen an der Börse an.
U	Unsicherheit	Vorhersehbarkeit und Vorhersagbarkeit von Themen und Ereignissen werden geringer. Neues entsteht aus dem Nichts und kausale Zusammenhänge werden unklarer – Konsequenzen von Handlungen können kaum vorhergesagt werden.
C	Komplexität	Die Anzahl von Handlungsmöglichkeiten steigt, allerdings nehmen auch widersprüchliche Interessen und Dilemmata zu.
A	Mehrdeutigkeit	Die Welt wird »unscharf«, d. h. Rahmenbedingungen, Voraussetzungen etc. werden schwerer greifbar und Informationen sind auf mehreren Wegen interpretierbar.

Tab. 2: VUCA-Erklärung, deutsche Übersetzung (eigene Darstellung)

Das Akronym VUCA wurde erstmals vom US-Militär verwendet (Stiehm, Townsend and Townsend, 2012). Die Historie des Akronyms und die organisatorische Veränderung, die unter anderem die U.S. Army in den letzten Jahren durchlaufen hat, sind sehr spannend. Sie selbst fasst es folgendermaßen zusammen: »*You cannot control your environment. Do not try to control your environment. Instead, understand your environment, including its terrain, risks, fluidity, and opportunities. Assess, then execute, and correct as you go.*« US Marine Corps (http://www.marines.mil/)

Sie kann damit als Beispiel für die Wirtschaft dienen, ganz besonders auch hinsichtlich der Bedeutung von Ausbildung und agilem Lernen. Wir haben daher in Anhang 11.1 eine ausführlichere Diskussion hierzu aufgenommen.

Treiber der VUCA-Wirtschaft

Bevor wir die Konsequenzen von VUCA für die Wirtschaft und das Lernen betrachten, lassen Sie uns einen kurzen Blick auf die übergeordnete Ebene, die sogenannten Megatrends, werfen. Sie führen dazu, dass sich die Welt, das Arbeiten und das Lernen in der Art verändern. Als exemplarisches Beispiel haben wir Ihnen die Megatrends des Zukunftsinstitutes (Abb. 1) in 2016 herausgesucht: https://www.zukunftsinstitut.de/dossier/megatrends/

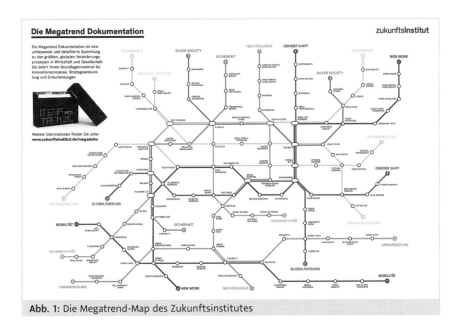

Abb. 1: Die Megatrend-Map des Zukunftsinstitutes

Die gewählte Form der Abbildung in Form einer U-Bahn-Linienübersicht (Abbildung 1) zeigt, zu welcher Komplexität sich die verschiedenen Themen verbinden. Insgesamt entsteht (oder besteht bereits) ein System untereinander vielfältig verknüpfter und sich gegenseitig beeinflussender Faktoren, die sich nicht genau vorhersehbar entwickeln werden. Manche Dinge werden in der Rückschau logisch erscheinen, andere Entwicklungen werden uns überraschend begegnen. Die Welt ist also zunehmend komplex und immer öfter chaotisch. Daher benötigen Verantwortliche in der Wirtschaft neue Modelle und Kompetenzen für den Umgang mit Komplexität und chaotischen Systemen – Unternehmen, Führungskräfte und Mitarbeiter müssen den Umgang damit neu lernen.

Wir wollen uns einmal drei Megatrends näher anschauen, die das Zukunftsinstitut herausgearbeitet hat, um ein Gefühl dafür zu bekommen, wovon genau eigentlich die Rede ist.

! **Beispiel 1: Megatrend New Work**

»Umbrüche in der Gesellschaft und neue Prozesse in der Wirtschaft führen zu fundamentalen Veränderungen in der Arbeitswelt, sie bestimmen den Megatrend New Work. In einer so digitalisierten wie globalisierten Zukunft wird Arbeit im Leben der Menschen einen neuen Stellenwert einnehmen, Arbeit und Freizeit fließen ineinander. Technologie ist wichtig, aber nicht dominant – der Mensch bleibt entscheidend. Seine Talente zählen, in der neuen Arbeitswelt setzt die Ära des Talentismus ein.«[1]

! **Beispiel 2: Megatrend Wissenskultur**

»Im Umbruch von der Industrie- zur Wissensgesellschaft wird Bildung zu einer Kulturfrage, die die ganze Gesellschaft betrifft. Am Megatrend Wissenskultur entscheidet sich die Zukunftsfähigkeit von Individuen, Unternehmen und ganzen Volkswirtschaften. Wissen bleibt Macht, aber in Zukunft können immer mehr Menschen Zugang zu dieser Macht haben. Digitalisierung von Wissen und Bildung ist ein Treiber dafür.«[2]

! **Beispiel 3: Megatrend Konnektivität**

»Das Leben wird total vernetzt. Moderne Kommunikationstechnologien mit dem Internet im Zentrum verleihen dem Megatrend Konnektivität eine unbändige Kraft. Kein Megatrend kann mehr verändern, zerstören und neu schaffen. Kein Megatrend löst mehr Disruption aus. Durch seinen Einfluss entstehen neue Formen der Gemeinschaft, des Zusammenarbeitens, Wirtschaftens und Arbeitens. Aber es gibt auch Gegenbewegungen – eine neue Achtsamkeit im Umgang mit den Möglichkeiten von Konnektivität entsteht.«[3] (Zukunftsinstitut, 2016)

---

1 http://www.zukunftsinstitut.de/index.php?id=1532
2 http://www.zukunftsinstitut.de/index.php?id=1532
3 http://www.zukunftsinstitut.de/index.php?id=1532

Selbstverständlich werden sich die durch die Megatrends ausgelösten Veränderungen in verschiedenen (WH) Branchen und Unternehmen unterschiedlich auswirken, je nachdem, wie im Einzelfall der Markt insgesamt, der bisher bereits erreichte Digitalisierungsgrad und andere Faktoren einzuschätzen sind. In jedem Fall ist allerdings davon auszugehen, dass in den meisten Branchen ein massiver Handlungsdruck zur schnelleren und intensiveren Auseinandersetzung mit diesen Veränderungen besteht. Wie groß dieser Handlungsbedarf ist, wird vielfältig untersucht. Hier soll exemplarisch eine Studie von Deloitte (2015) erwähnt werden, in der die Konsequenzen der Digitalisierung für unterschiedliche Branchen diskutiert werden. Die meisten Branchen befinden sich in den Feldern (vgl. Abbildung 2), die durch eine hohe Betroffenheit und/oder einen hohen Zeitdruck gekennzeichnet sind. Abwarten ist hier sicher keine Option, dafür zählt zu den Maßnahmen, die ergriffen werden müssen, die umfassende Qualifizierung der Mitarbeiter.

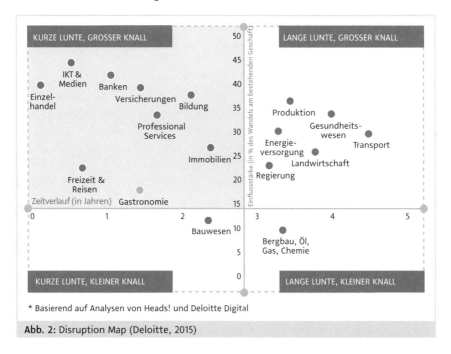

Abb. 2: Disruption Map (Deloitte, 2015)

Treiber der Entwicklung

Was sind nun die konkreten Treiber hinter der geschilderten Entwicklung, d.h. welche Prozesse oder Technologien tragen besonders dazu bei, dass unsere Welt volatiler und komplexer wird? Hierüber wird jeder Experte wahrscheinlich eine andere Meinung vertreten, aber schaut man in die einschlägigen Publikationen weltweit, dann stechen einige Entwicklungen besonders heraus:

- Digitalisierung: Neue Digitaltechnologien sind ebenso zu nennen wie neue Geschäftsmodelle. Stichworte: Internet of Things (IoT), Virtual Reality (VR), Artificial Intelligence (AI), Predictive Analytics …
- Internet: Auch hier geht die Entwicklung mit großen Schritten weiter voran, wobei die steigenden Übertragungsbreiten neue Anwendungsmöglichkeiten schaffen und der Vernetzungscharakter die Bildung neuer Netzwerke fördert. Stichworte: Streaming-Dienste, TED Talks, MOOCs …
- Non-digital Technologies: Robotik und Automatisierung, 3D-Druck, Biotechnologie, Energieerzeugung u.a. entwickeln sich schnell weiter. Stichworte: Sensoren, Smart Grids …
- Methoden: Auch die Art, wie wir arbeiten, verändert sich. Agiles Arbeiten verbreitet sich zunehmend. Stichworte: SCRUM, Kanban, Design Thinking …
- Soziale Strukturen: Ausgelöst durch die Vernetzungsmöglichkeiten im Internet, aber zunehmend auch aus Grundhaltungen zu sozialem Verhalten und der Arbeit heraus, verändern sich Prinzipien der sozialen Interaktion und der Zusammenarbeit. Stichworte: Co-Working, Crowd-Funding, Holacracy, Unternehmensdemokratie …

Diese Auflistung erhebt keinerlei Anspruch auf Vollständigkeit oder Priorisierung. Es geht nur darum zu zeigen, wie viele Entwicklungen aktuell bereits bekannt sind. Man muss auch nicht einmal sehr genau hinsehen, um zu erkennen, dass ein Element an Bedeutung gewinnt: Konnektivität. Viele der aufgeführten Beispiele sind nicht einem, sondern mehreren der genannten Entwicklungen zuzuordnen. So entstehen Abhängigkeiten, die immer schwerer vorhersehbar oder gar prognostizierbar sind.

! **Beispiel: 3D-Druck**

Lassen Sie uns das am Beispiel eines Reeders, verknüpft mit dem Stichwort Wettbewerb, betrachten. Sie sind Reeder und besitzen eine Reihe Containerfrachter, die auf den wesentlichen globalen Routen im Amerika- und Asienverkehr unterwegs sind. Wer ist Ihr Wettbewerber? Selbstverständlich die Konkurrenten, die ebenfalls mit Schiffen die Routen befahren und mit denen Sie um die Frachtaufträge konkurrieren. Das war schon immer so. Aber wie sieht es in der VUCA-Welt aus? Hier ist der größte Wettbewerb derjenige, der Ihre Geschäftsgrundlage bedroht. Dazu hat der 3D-Druck einiges Potenzial, und die Reeder, die Digitalisierung verstehen, schauen mit großer Sorge auf dessen weitere Entwicklung. Der Punkt ist, dass der 3D-Druck den Herstellern erlaubt, kleinere on-demand-Produktionszentren in der Nähe der eigenen Kunden aufzubauen. Damit entfällt die Notwendigkeit, Fracht von einem Hersteller auf einem Kontinent zum Abnehmer auf einem anderen Kontinent zu verschiffen. Es werden einfach digitale Druckanweisungen an die lokalen 3D-Drucker verschickt, und der Transportweg reduziert sich auf das letzte Stück bis zum Kunden. Die Frachtmengen sinken drastisch und die Reeder sitzen auf zu viel

Transportkapazität, die dann ihre Existenzgrundlage bedroht. Gleichzeitig werden regionale Lieferketten gestärkt und … Lassen wir uns überraschen, wie sich diese Entwicklung in den nächsten Jahren darstellt!

Die Bedeutung des 3D-Drucks wird nicht nur durch die vielfältigen Möglichkeiten der Technologie getrieben, ein weiterer Treiber ist der Trend zur zunehmenden Individualisierung. In der Wirtschaft spricht man von der Losgröße 1, und im Endkundengeschäft tauchen immer mehr Produkte auf, die der Kunde sich individuell produzieren lassen kann. So wirbt der Sportartikelhersteller adidas bereits mit dem maßgeschneiderten Sportschuh und hat mit einem Maschinenbauer ein erstes 3D-Druck-Zentrum in Bayern aufgebaut.

Die wichtigste Grundlage der Entwicklungen hierzu, die in den letzten Jahren immer wieder zitiert wurde und scheinbar noch immer gültig ist, ist das Mooresche Gesetz. Das 1965 von Gordon Moore aufgestellte Gesetz sagt in einfachen Worten, dass sich die Rechnerleistung (eigentlich geht es um Transistorendichte) von Computern alle zwölf bis 24 Monate verdoppelt. Diese Entwicklung gilt als die Grundlage der Digitalisierung, und der Trend setzt sich bis heute ungebrochen fort.

Die Schachbrettaufgabe !

Die wohl anschaulichste Anekdote zur Wirkung (und der dahinter stehenden Mathematik) des Mooreschen Gesetzes ist die Schachbrettaufgabe, die auch als Reiskornaufgabe bekannt ist. Nach der Legende hat der Erfinder des Schachspiels als Belohnung Reiskörner erbeten. Die Menge wurde wie folgt berechnet. Auf das erste Feld eines Schachbrettes wird ein Korn gelegt, auf das Zweite doppelt so viele (also zwei), auf das Nächste wieder doppelt so viele (vier) usw. Bei 64 Feldern resultiert am Ende eine Reismenge, die selbst die heutige, weltweite Reisproduktion um ein Vielfaches übersteigt.

Man muss kein Mathematiker sein, um sich vorzustellen, dass eine regelmäßige Verdopplung, d.h. eine exponentielle Entwicklung, nach einem verhaltenen Start irgendwann dramatische Veränderungen nach sich zieht. Viele Experten unterschiedlicher Fachrichtungen glauben, dass wir gerade in den letzten Jahren in die Phase eingetreten sind, ab der die weitere Entwicklung der Digitalisierung exponentielle Veränderungen nach sich zieht. Mehrere Technologien, die noch vor wenigen Jahren undenkbar waren, sind inzwischen so weit entwickelt, dass ihnen bereits heute oder in einigen Jahren disruptive Veränderungen der Wirtschaft zugetraut werden. Zwei davon wollen wir uns in der Folge genauer anschauen.

1.2 Robotik und selbstgesteuerte Maschinensysteme

Der erste Unfalltote in einem selbstfahrenden Auto hat 2016 für einige Aufregung gesorgt. Gleichzeitig zeigt dieser Vorfall aber auch, dass selbstfahrende Autos bereits Realität sind. Obwohl noch vor wenigen Jahren heftig bestritten wurde, dass solch komplexe Herausforderungen wie das Steuern eines Autos im Verkehr von Maschinen bewältigt werden können. Inzwischen werden selbstfahrende LKW-Flotten ebenso getestet wie die sukzessive Erweiterung der Fähigkeiten von Autos. Allerdings zeigt dieses Thema, dass die Komplexität nicht nur in der Maschine selbst zu suchen ist, sondern auch im Kontext. Die ethisch-philosophische Diskussion (die man als sozialen Lernprozess ansehen kann) um die Entscheidungssysteme der Maschinen (Wohin steuert das Auto bei einem unvermeidbaren Unfall?), aber auch die Fragen zur Infrastruktur (Ladestationen für E-Autos, Internetstandards und -leistung für die Kommunikation der Autos untereinander und mit zentralen Verkehrsleitsystemen) sind Beispiele dafür, dass sowohl die Leistung der Systeme exponentiell wächst als auch die Komplexität der zu beantwortenden Fragen. In der Folge werden sich viele der zugehörigen Berufe deutlich verändern. Repetitive Tätigkeiten, die automatisierbar sind, werden automatisiert werden, während die Bedienung der digitalen Systeme und Wartungsaufgaben immer stärker in den Vordergrund treten. Damit steht für immer mehr Berufstätige das Erlernen neuer Kompetenzen und das häufigere Umlernen an.

Neben den jeweils aktuellen Highlights entwickelt sich auch der »klassische Maschinenbau« weiter. Der Anteil der Software an den Systemen steigt, und die wachsende Flexibilität wird durch immer bessere Sensoren und andere Unterstützungssysteme gewährleistet. Mehr und mehr Maschinen werden zu Robotern, die immer mehr Aufgaben immer flexibler bewältigen können.

Beispiel: Werbung der Firma KUKA – The Duel: Timo Boll vs. KUKA Robot   !

Beschreibung: Man against machine.
The unbelievably fast KUKA robot faces off against one of the best table tennis players of all time. Who has the best technique? Who will win the first ever table tennis duel of human versus robot?
Watch this thrilling commercial of table tennis and robotics performed at the highest level. The KUKA KR AGILUS demonstrates its skills with the table tennis racket – a realistic vision of what robots can be capable of in the future.
https://www.youtube.com/watch?v=tIIJME8-au8

1.3   Künstliche Intelligenz

Reden Sie eigentlich mit Ihrem Handy oder Ihrem Auto? Bereits heute sind viele Geräte mit einer Sprachsteuerung ausgestattet, einer Vorstufe der künstlichen Intelligenz (KI). Der wohl bekannteste Durchbruch auf dem Weg zur KI war der Sieg des IBM-Systems WATSON in der amerikanischen Quizshow Jeopardy. Inzwischen ist das System so weit entwickelt, dass es Unternehmen wertvolle Dienste im Bereich Big Data-Analyse oder bei der Beantwortung von geschäftsrelevanten Fragen leistet. http://www-05.ibm.com/de/watson/

Auf dem DGfP-Lab 2016 hat ein Team von IBM den Stand der Entwicklung in Zusammenhang mit Aufgaben des Personalmanagements gezeigt. Hierzu gehörten unter anderem die Analyse von Mitarbeiterdaten daraufhin, welcher Mitarbeiter abwanderungsgefährdet ist oder wer als Talent eingestuft und gefördert werden sollte. Wenn Sie die Fähigkeiten von Watson selbst ausprobieren wollen, können Sie dies im Bereich der Personalanalytik tun. Auf der Website Personality Insights können Sie einen Text (aktuell in fünf

Sprachen) eingeben, der daraufhin auf Charaktermerkmale (auf Basis der Big Five) ausgewertet wird. Die Ergebnisse – nach Test eines Autors und Vergleich mit anderen vorliegenden Testergebnissen – sind erstaunlich präzise und innerhalb weniger Sekunden verfügbar. Der Link dazu lautet: http://www.ibm.com/watson/developercloud/personality-insights.html

Dieses und andere Beispiele zeigen, dass es nur eine Frage der Zeit ist, bis intelligente Computersysteme viele Aufgaben im Kundenservice, der Datenanalyse und -aufbereitung, der Steuerung von Produktionen und so weiter übernehmen. Derartige Konsequenzen für die Arbeitswelt und insbesondere der drohende Verlust von Arbeitsplätzen sind zwei der Diskussionen, die sehr intensiv geführt werden. Die Reaktionen bewegen sich in einem weiten Spektrum, von »Wir werden alle arbeitslos!« bis »Alles wird viel besser!«. Wahrscheinlich gilt allerdings auch hier die grundsätzliche Haltung der Zukunftsforschung: Die einzig sichere Zukunftsvorhersage ist, dass keine der Vorhersagen wirklich eintritt. In Abbildung 3 sind die wichtigsten Technologietrends der kommenden Jahre aufgeführt.

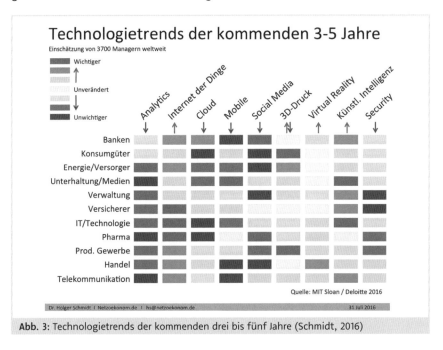

Abb. 3: Technologietrends der kommenden drei bis fünf Jahre (Schmidt, 2016)

Die bisher beschriebenen Trends können dazu verwendet werden, für das eigene Unternehmen abzuschätzen, welche Themen zu welchem Zeitpunkt relevant werden. Hieraus ist wiederum abschätzbar, welche Kompetenzen die Mitarbeiter dann benötigen werden und wie groß die Qualifizierungslücke sein wird. Die kontinuierliche Beobachtung der technologischen Entwicklung erleichtert somit die frühzeitige Einleitung geeigneter Lernmaßnahmen und Sensibilisierung der Betroffenen.

Zusammenfassend kann man sagen: Der Umgang mit VUCA, Trends, Technologie, agilem Arbeiten und die Fähigkeit, innovativ zu sein, gehören zu den Schlüsselkompetenzen der nahen und mittleren Zukunft. Ein zentraler Schlüssel dafür ist das Lernen! Wer schneller lernt, ist als Individuum oder Organisation besser für die agile Zukunft gerüstet.

Literatur

Adidas (2015) Pressemitteilung: maßgeschneidert aus dem 3D-Drucker: erschaffe Deinen individuellen Laufschuh http://www.adidas-group.com/de/medien/newsarchiv/pressemitteilungen/2015/massgeschneidert-aus-dem-3d-drucker-erschaffe-deinen-individuell/

Deloitte (2015) Überlebensstrategie »Digital Leadership«. https://www2.deloitte.com/content/dam/Deloitte/at/Documents/strategy/ueberlebensstrategie-digital-leadership_final.pdf

Schmidt, H. (2016) Internet der Dinge und Künstliche Intelligenz sind die wichtigsten digitalen Technologietrends, Linkedin https://www.linkedin.com/pulse/internet-der-dinge-und-k%C3%BCnstliche-intelligenz-sind-die-schmidt?trk=hp-feed-article-title-like

Stiehm, J., Townsend, H. Townsend, N. (2002). The U.S. Army War College: Military Education in a Democracy. *Temple University Press*.

Zukunftsinstitut (2016) Glossar https://www.zukunftsinstitut.de/mtglossar/

2 Agil Arbeiten, agil Lernen

Nach der bisherigen Diskussion zeigt sich, dass man kein Prophet sein muss, um vorherzusagen, dass alle Unternehmen mehr oder weniger stark von den VUCA-Veränderungen betroffen sind und allein die Frage nach den nötigen Qualifizierungen zügiges Handeln erfordert. Lernen ist eine Schlüsselkompetenz auf individueller und organisatorischer Ebene!

Für Unternehmen und deren Mitarbeiter sind somit umfassendere Ansätze nötig, um schnell genug die wirklich relevanten Kompetenzen zu erwerben und Lernsysteme zu etablieren, die auf die digitale bzw. die VUCA-Welt vorbereiten.

Daher werden wir im nächsten Kapitel einen umfassenderen Blick auf das Lernen in der agilen VUCA-Welt wagen und versuchen, daraus zukunftsfähige Lernstrategien abzuleiten.

2.1 Lernen – eine Schlüsselkompetenz in der agilen VUCA-Wirtschaft

Im vorherigen Kapitel haben wir gesehen, dass Unternehmen aktuell eine große Zahl technologischer, sozialer und anderer Veränderungen erleben, die häufig in unterschiedlichen Formen miteinander verbunden und voneinander abhängig sind. Somit hängt zukünftiger Erfolg immer mehr davon ab, Komplexität, Widersprüchlichkeit etc. professionell, d.h. flexibel, handhaben zu können.

Die Herausforderungen für die Unternehmen sind im Personalmanagement dabei besonders vielfältig:
- Globalisierung des Arbeitsmarktes
- alternde Belegschaften
- Mangel an qualifizierten Fachkräften
- Rückgang der Zahlen von Berufseinsteigern
- veränderte Erwartungshaltung der Mitarbeiter

Im Personalmanagement resultiert hieraus eine immer geringere Verfügbarkeit qualifizierter Arbeitskräfte. Die Situation wird durch die beschriebenen Veränderungen bei Technologien und Geschäftsmodellen weiter verschärft, da relevante Qualifizierungen erst noch erworben werden müssen.

In der Konsequenz gehört das kontinuierliche Lernen von Mitarbeitern, Führungskräften und der Organisation zu den zentralen Aufgaben moderner Personalentwicklung.

Der derzeitige Status der Weiterbildung in Firmen (vgl. auch Abb. 1) bestätigt einen hohen Handlungsbedarf (Oxford Economics, 2014):

- Der Bedarf an Technologie-Know-how wird steigen, doch nur wenige Mitarbeiter glauben, dass sie hier vertiefte Kenntnisse erwerben können. Mehr als die Hälfte von ihnen erwartet, dass sie in drei Jahren auch Fachexperte im Bereich Datenanalysen ist, doch weniger als ein Drittel glaubt, dass sie bei Cloud und mobilen Lösungen ausreichende Kompetenz erwerben wird.
- 53 % der deutschen Führungskräfte geben an, dass ihr Unternehmen in großem Umfang zusätzliche Schulungsprogramme zum Aufbau neuer Qualifikationen anbietet. Doch nur 48 % der Mitarbeiter meinen, dass ihr Unternehmen die richtigen Wege und Werkzeuge bereitstellt, die sie für eine Weiterentwicklung und die Steigerung ihrer Leistung brauchen.
- 39 % der Mitarbeiter geben an, dass ihr Unternehmen Fortbildungs- und Schulungsmaßnahmen zur Förderung der Karriereentwicklung unterstützt.
- Nur 6 % der Mitarbeiter geben an, den Großteil ihrer beruflichen Weiterentwicklung durch formale Ausbildung erzielt zu haben.
- Nur 59 % der Führungskräfte sagen, in ihrem Unternehmen herrsche eine Kultur der kontinuierlichen Weiterbildung.

Die bisherigen Überlegungen zeigen somit, dass Lernen eine zentrale Rolle in der Weiterentwicklung von Personen und Organisationen spielt, um die Herausforderungen der VUCA-Wirtschaft zu bewältigen – allerdings sind die meisten Personen und Unternehmen noch nicht wirklich darauf vorbereitet (Abb. 4).

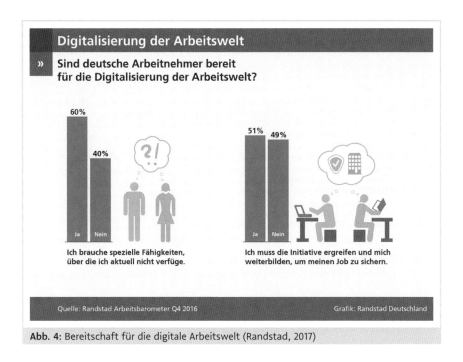

Abb. 4: Bereitschaft für die digitale Arbeitswelt (Randstad, 2017)

2.2 Agilität und das agile Manifest

Bis hierher haben wir immer wieder die Begriffe »agil« oder »Agilität« verwendet, und es dürfte offensichtlich geworden sein, dass Agilität in der modernen Wirtschaft eine zunehmende Bedeutung hat. Daher wird es Zeit, den Begriff und die dahinterstehenden Konzepte und Methoden etwas genauer zu betrachten und anschließend zu reflektieren, welche Konsequenzen sich für das Lernen in einer agilen Welt ergeben und was man unter agilem Lernen verstehen kann.

Was bedeutet »agil« eigentlich? Manche verstehen es im Sinne der Duden-Definition, d. h. als regsam und wendig (www.duden.de), und meinen damit, dass Organisationen sich entsprechend am Markt verhalten. Andere sehen allein die agilen Methoden wie SCRUM, während wiederum andere betonen, dass agil vor allem eine Haltung (engl. Mindset) sei.

Die Begriffsverwirrung resultiert zu einem Gutteil daraus, dass das Wort Agilität in den letzten Jahren immer umfassender verstanden wird, es wird nicht mehr nur synonym für »Agile Methoden« und »Agiles Arbeiten« verwendet. Ein Verständnis für die Historie »Agiler Methoden« hilft, die Bedeutung und Tragweite agilen Arbeitens zu verstehen. Agiles Arbeiten ist eine globale Bewegung, die nach allgemeinem Verständnis im Jahr 2001 mit dem Verfassen des »Agilen Manifests« (s. u.) ihren Ursprung hatte. Wie bei allen Bewegungen mag dieser Ursprung kontrovers diskutiert werden, entscheidend ist jedoch, dass sich agiles Arbeiten bis heute in fast alle Regionen, Branchen, Funktionsbereiche ausgebreitet hat. Agile Methoden und agiles Arbeiten sind Stand der Technik, spätestens seit der Leuchtturm des Management Harvard Business Review über »Agile« geschrieben hat (Rigby, Sutherland, Takeuchi 2016).

Was aber ist »Agiles Arbeiten« genau? Wenn man sich die Masse der Publikationen und Diskussionen zum Thema ansieht, entsteht eher Verwirrung, es gibt rund 40 Methoden, die unter agil zusammengefasst werden. Die aktuell am weitesten verbreitete Methode ist SCRUM. Gerade für diejenigen, die bisher keine eigene Erfahrung mit agilen Methoden haben, lohnt sich die intensivere Auseinandersetzung mit SCRUM, da hier die Grundwerte und Prinzipien des Agilen Manifestes und der agilen Arbeit gut erkennbar sind. Um den Rahmen dieses Kapitels nicht zu sprengen und den Fokus auf Lernen nicht zu verlieren, haben wir eine Diskussion zu agilen Methoden mit dem Schwerpunkt SCRUM in Anhang 11.2 (Agile Methoden, agiles Arbeiten und Personalmanagement) aufgenommen. Dort finden Sie auch Erläuterungen der Begriffe, die in Zusammenhang mit agilen Methoden immer wieder benutzt werden.

! **Das Agile Manifest**

Das Agile Manifest entstand 2011 während eines Skiurlaubs mehrerer Experten für Software-Entwicklung. Es resultierte im Wesentlichen aus einer tiefsitzenden Unzufriedenheit mit der Art, in der Software entwickelt wurde. In den Jahren zuvor war immer klarer geworden, dass die im sogenannten »Wasserfall-Projektmanagement« definierten Ziele für Entwicklungsprojekte, deren Planung und Abarbeitung der definierten Arbeitspakete nicht mehr in die Zeit passten. Software wurde immer wieder als monolithisches Produkt konzipiert, das für die Kunden nicht mehr tauglich war, wenn es endlich fertig entwickelt war. Es galt, eine dynamischere, kundennähere und vor allem an Veränderungen anpassbare Art der Programmierung zu finden.

Die Überlegungen zur Verbesserung führten zum Agilen Manifest, in dem vier Grundwerte agilen Arbeitens und vierzehn Prinzipien diese Anforderungen aufgreifen. In der allgemeinen Diskussion wird meist auf die Werte Bezug genommen, obwohl die Prinzipien mehr Aufschluss darüber geben, wie agiles Arbeiten konkret funktionieren sollte:

Agile Werte

- Individuen und Interaktionen sind wichtiger als Prozesse und Werkzeuge.
- Funktionierende Software ist wichtiger als umfassende Dokumentation.
- Zusammenarbeit mit dem Kunden ist wichtiger als Vertragsverhandlung.
- Reagieren auf Veränderung ist wichtiger als das Befolgen eines Plans.

»Das heißt, obwohl wir die Werte auf der rechten Seite wichtig finden, schätzen wir die Werte auf der linken Seite höher ein.«

Agile Prinzipien

- Unsere höchste Priorität ist Kundenzufriedenheit durch frühe und kontinuierliche Lieferung.
- Änderungswünsche sind willkommen, auch in späten Phasen, denn es geht um die Wettbewerbsfähigkeit des Kunden.
- Wir liefern regelmäßig, bevorzugt in kurzen Zyklen.
- Alle Funktionsbereiche arbeiten gemeinsam.
- Organisiere Teams um motivierte Menschen herum.
- Gib Teams die Ressourcen und Unterstützung, die sie brauchen, und vertraue ihnen.
- Die beste Art der Kommunikation ist von Angesicht zu Angesicht.
- Funktionsfähige Produkte sind die Maßeinheit des Fortschritts.
- Alle Stakeholder sollten einen kontinuierlichen Arbeitsfluss aufrechterhalten.
- Kontinuierliches Streben nach technischer Exzellenz und gutem Design verstärkt Agilität.
- Einfachheit, die Kunst, Dinge nicht zu tun, ist essentiell.
- Die besten Ergebnisse kommen aus selbstorganisierten Teams.
- In regelmäßigen Abständen reflektiert das Team Möglichkeiten, noch besser zu werden, und setzt entsprechende Maßnahmen um.

Quelle: Agiles Manifest, 2001: http://agilemanifesto.org/

2.3   Agiles Arbeiten – ein Erklärungsversuch

In einer agil arbeitenden Organisation fokussieren selbstorganisierte Teams darauf, neuen bzw. gesteigerten Nutzen für den Kunden zu realisieren. Dazu wird iterativ und in ständigem Austausch mit dem Kunden in kurzen Sprints gearbeitet, und das permanente Lernen und Suchen nach Verbesserungsmöglichkeiten besitzt einen hohen Stellenwert. Wenn agil richtig organisiert ist, basiert die Arbeit auf einem agilen Business-Modell und alle Ressourcen werden dazu eingesetzt, immer smarter zu arbeiten. Es geht darum, mit weniger Arbeit mehr Wert zu generieren.

Einige werden jetzt sagen, dass alle genannten Punkte doch nicht neu sind und auch die bestehenden Organisationen auf Kundennutzen und permanente Verbesserung ausgerichtet sind. Stimmt, keiner der im agilen Kontext genutzten Faktoren ist zu 100% neu. Aber werden die genannten Faktoren in »klassisch« arbeitenden Organisationen konsequent genutzt? Meist nicht, und hier liegt ein wesentlicher Vorteil der aktuellen Diskussion um agiles Arbeiten. Die eigenen Prozesse und die »gelebte Realität« kommen auf den Prüfstand, und dabei zeigt sich oft, dass in den Unternehmen viel zu lange nicht über sinnvolle Weiterentwicklungen nachgedacht wurde. Der Schwenk auf agiles Arbeiten erlaubt es den Unternehmen daher ganz nebenbei, viel des aufgebauten Ballasts in Form von Bürokratie, Prozessverschleiß etc. abzuschaffen und durch ein effizienteres System zu ersetzen.

Ein weiterer Faktor, der für eine Ausbreitung agilen Arbeitens spricht, ist die Kombination agiler Methoden mit den Entwicklungen, die allgemein unter dem Stichwort »4.0« zusammengefasst werden. Die meisten dieser Entwicklungen beinhalten eine technologische Komponente (IT-System, Software etc.), die vielfältigere Möglichkeiten schaffen und eine klare Entwicklung zur Individualisierung (Losgröße 1, 3D-Druck usw.) zum Ziel haben. Die drastisch steigende Anzahl technischer Möglichkeiten erlaubt neue Geschäftsmodelle, den Eintritt neuer Spieler in bestehende Märkte und dies in immer kürzeren Zyklen. Die Komplexität von Wirtschaft steigt in der Folge dramatisch. Hierzu sei das Buch von Salim Ismail et al. »Exponential Organizations« (2014) empfohlen, in dem aufgezeigt wird, wie die Kombination moderner Technologien und Managementmethoden zu völlig neuen, exponentiell skalierbaren Geschäftsmodellen führen kann.

Ismails These lautet: Klassische Organisationen, die als funktionale oder regionale Matrixorganisationen mit Produktgruppen organisiert sind, haben keine Chance, schnell mit Angeboten am Markt zu erscheinen, die den modernen Anforderungen entsprechen. Die Logik solcher Organisationen fördert die Fokussierung auf die Organisation selbst statt auf den Markt. U.a. deswegen sourcen Konzerne das Thema Innovation inzwischen häufig in sogenannte Startup-Hubs aus, um dort die organisatorischen Zwänge zu minimieren und agiles Arbeiten zu ermöglichen.

Agile Organisationen setzen auf cross-funktional besetzte Teams, die in schnellen Zyklen und mit permanenter Abstimmung mit dem Kunden zu nutzenstiftenden Ergebnissen kommen. Dabei wird bewusst auf das Experimentieren, d.h. das Prinzip von Versuch und Irrtum, gesetzt, um im Entwicklungsprozess schnell den größten Nutzen erzielen zu können.

Gehen wir noch eine Ebene tiefer und schauen uns die oben angesprochenen Kernelemente agilen Arbeitens etwas genauer an.

2.3.1 Selbstorganisierte Teams

Ein Charakteristikum agiler Organisationen ist die konsequente Ausrichtung auf kleine, autonome Teams, die in kurz getakteten Zyklen an relativ kleinen Aufgabenpaketen arbeiten und die Ergebnisse immer wieder mit dem Kunden evaluieren. Wie eine Mannschaft im Sport, eine Einsatzgruppe der Feuerwehr,

Polizei oder im Militär oder sonst einem Hochleistungsteam verstehen sich die Teams, vertrauen in die Leistung der anderen, entwickeln sich gemeinsam weiter und streben nach permanenter Verbesserung. Sie besitzen hierzu alle notwendigen Kompetenzen, den Freiraum, zu üben und zu experimentieren, und die Ermächtigung, eigenverantwortlich zu handeln. Spätestens hier ist der Unterschied zu den meisten heute existierenden Unternehmen klar: Diese sind auf Einhaltung und Konformität von Prozessen und Regeln aufgebaut und entmündigen den einzelnen Mitarbeiter weitgehend zu Gunsten einer zentralen Steuerung, klaren Struktur und möglichen Kontrolle.

Wie weit diese Fokussierung auf System- und Prozesskonformität geht, sieht man in vielen Projektteams, die eigentlich gebildet werden, um neue, unbekannte und variable Aufgaben zu lösen, die aber ganz klassisch organisiert sind. Fachaufgaben werden zugewiesen und der Projektleiter agiert wie jede andere Führungskraft in der bürokratischen Organisation auch.

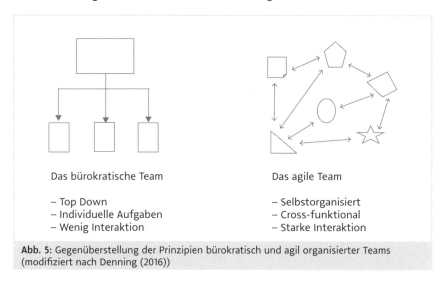

Das bürokratische Team

– Top Down
– Individuelle Aufgaben
– Wenig Interaktion

Das agile Team

– Selbstorganisiert
– Cross-funktional
– Starke Interaktion

Abb. 5: Gegenüberstellung der Prinzipien bürokratisch und agil organisierter Teams (modifiziert nach Denning (2016))

Unabhängig von der Organisation von Teams besteht immer die Hoffnung, dass sogenannte Hochleistungsteams entstehen. Unter Hochleistungsteams versteht man allgemein ein Team, dass mit großer Professionalität und hohem Zusammenhalt auch schwierigste Aufgaben bewältigen kann. Während solche Teams in durchorganisierten und regulierten Organisationen eher ein seltener Glücksfall sind oder mit großem Aufwand aufgebaut werden müssen, haben agil arbeitende Organisationen immer öfter die Erfahrung gemacht, dass die Mischung aus Selbstorganisation und diszipliniertem Einhalten der (selbstdefinierten) Regeln für agiles Arbeiten die Bildung von Hochleistungsteams massiv begünstigen. Dabei spielt eine große Rolle, dass Motivation und soziale Interaktion in selbstorganisierten Teams deutlich zunehmen.

2.3.2 Der Kundennutzen

Der zweite Erfolgsfaktor agilen Arbeitens ist der unverstellte Blick auf den Kundennutzen. Bereits im Agilen Manifest steht der Kundennutzen an erster Stelle, und inzwischen ist der regelmäßige Austausch mit dem Kunden oder zumindest mit dem sogenannten Product Owner etablierter Standard. Da auch in klassisch arbeitenden Unternehmen der Kundennutzen an erster Stelle steht, zumindest als Erkenntnis, dass er die Rechnungen zahlt, stellt sich die Frage, was genau anders geworden ist. Zum einen haben sich die Kunden selbst verändert. Globalisierung, Digitalisierung und weitere Trends haben es diesen ermöglicht, direkt auf individuell passende Angebote zuzugreifen. Die massive Verbreitung von Bewertungsmöglichkeiten und direktem Austausch in Kundenforen zwingt die anbietenden Unternehmen, ihre Leistungsfähigkeit hoch zu halten und genau zu schauen, wie der Kunde zufriedengestellt und sein Problem gelöst werden kann. Das eigene System mit all seinen Limitierungen ist nicht mehr der Maßstab für die Marktfähigkeit. Wenn ein Kunde nicht bekommt, was er benötigt, geht er einfach weiter.

Auf dem Weg zu einer wirklich kundenfokussierten Organisation nutzen viele Unternehmen das Design Thinking. Eigentlich als Methode zur Ideenfindung und Produktentwicklung erschaffen, stellt sie den potenziellen Nutzer und seine Bedürfnisse an den Anfang. Der anschließende Prozess führt sehr häufig zu grundlegend neuen Ergebnissen, und diejenigen, die sich bereits auf Design Thinking eingelassen haben, erkennen schnell, wie sehr sich die eigene Sicht- und Arbeitsweise verändern. Aus diesem Grund wird Design Thinking häufig zu den agilen Methoden gezählt, obwohl dies methodisch nicht ganz korrekt ist.

2.3.3 Netzwerke

Der Fokus agiler Praktiker auf die Bildung von Netzwerken resultiert unter anderem aus dem (scheinbaren) Grundwiderspruch der Organisation in kleinen, agil arbeitenden Teams und der Fähigkeit einer Organisation, große Projekte und Themen zu bewältigen (Skalierung). Um größere Projekte zu bewältigen, müssen viele Teams zusammenarbeiten, deren Koordination spielt somit eine wichtige Rolle. Weiterhin besitzen Gruppen aus mehreren kleinen Teams eine Tendenz, sich in unterschiedliche Richtungen und Geschwindigkeiten zu entwickeln und die Strategie des Unternehmens aus den Augen zu verlieren.

In der Anfangszeit agilen Arbeitens wurde dieser Aspekt entweder ganz vernachlässigt, wodurch die Unternehmen in der Folge massiv an Leistungsfähigkeit einbüßten, oder es wurde versucht, eine zentrale Koordination und Steuerung der Teams zu etablieren. Dieser Rückfall in die bürokratische Konformitätswelt war ebenfalls von wenig Erfolg gekennzeichnet. Heute gehen die meisten Agil-Praktiker davon aus, dass ein Netzwerk aus Teams die beste Möglichkeit ist, die Effektivität von Hochleistungsteams skalierbar zu machen. In einem Netzwerk agiler Teams erfolgt die Steuerung über den Austausch der Teams untereinander und dies auf Basis eines einheitlichen Mindsets (Abb. 6). Eine spannend zu lesende Auseinandersetzung mit dem Thema »Agile Netzwerke« findet sich in Stanley McChrystals Buch »Team of Teams« (2015).

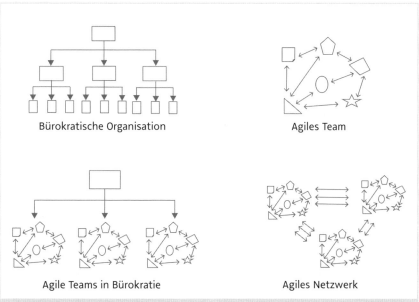

Bürokratische Organisation

Agiles Team

Agile Teams in Bürokratie

Agiles Netzwerk

Abb. 6: Gegenüberstellung der Prinzipien in bürokratischen Organisationen, agil organisierten Teams, agilen Teams in bürokratischen Organisationen und agilen Netzwerken. (modifiziert nach Denning (2016))

Reflexion: Mein Netzwerk   **!**

Die VUCA-Welt ist eine Netzwerkwelt. Die eigene Wirksamkeit und Karriere hängt zunehmend davon ab, wie der Einzelne vernetzt ist. Hierzu ein paar Anreize für eine kleine Selbstreflexion:

- In welchen Netzwerken bin ich präsent?
- Welche Aktivität zeige ich in den Netzwerken?
- Was bekomme ich aus den Netzwerken zurück, wie haben mir die Netze genutzt?
- Welche Netzwerke kann ich zukünftig intensiver nutzen, was muss ich dazu tun?

Wenn Sie Schwierigkeiten haben, die Fragen zu beantworten, weil Sie z.B. bisher relativ wenig auf Netzwerke geachtet haben, dann empfehlen wir, »agil« vorzugehen. Das heißt konkret:

- Definieren Sie für sich einen Nutzen, den ein Netzwerk bringen kann. Bsp.: Ich lerne schnell und einfach das Wichtigste über neue Technologien.
- Suchen Sie ein passendes Netzwerk. Hierbei kann Ihnen die Logik von Netzwerken helfen, indem Sie bspw. Kollegen, von denen Sie wissen, dass diese in Netzwerken aktiv sind, um Rat fragen.
- Legen Sie in dem von Ihnen ausgesuchten Netz eine relevante Präsenz an (offline: Veranstaltungen besuchen etc., online: Profil anlegen).
- Beginnen Sie aktiv zu sein und gehen Sie dabei iterativ vor: beobachten, erste indirekte Aktivität (Beiträge liken, Kommentare usw.), stellen Sie eigene Beträge ein.
- Werten Sie regelmäßig aus, welche Erfahrungen Sie machen und wie Sie die gewünschte Wirkung mit möglichst geringem Aufwand vergrößern können (Retrospektive).
- Erweitern Sie Ihr Netzwerk kontinuierlich.

Viel Erfolg!

Agiles Arbeiten ist noch relativ jung, dementsprechend befinden sich selbst die Vorreiter der Bewegung noch in einer Art Experimentierstadium. Agile Methoden selber und die Art, wie Teams effizient agil arbeiten, sind vielfach definiert. Die übergeordnete Organisation erweist sich jedoch als harte Nuss, hier sind noch einige Dinge zu regeln. Wie die Aufbauorganisation einer rein agil arbeitenden Organisation aussehen kann, haben Unternehmen wie Valve (s. Abb. 4) oder Spotify (Kniberg und Ivarsson, 2012) gezeigt. Valve hat konsequent auf agiles Arbeiten gesetzt und versteht es so, dass es quasi keine Organisation mehr geben soll. Die Mitarbeiter sind gefordert, sich selbst zu organisieren und sinnvolle Wege für ihren Beitrag zu finden. Als Hilfestellung gibt es das unternehmensinterne Handbuch, in dem einige typische Fragen geklärt sind.

Abb. 7: Ausschnitt aus dem Handbuch für neue Mitarbeiter der Firma Valve (Valve, 2012)

Als viel komplexer stellt sich dagegen die Organisationsfrage für die große Mehrheit der Unternehmen heraus. Sie werden nicht komplett auf agiles Arbeiten umstellen, und die Frage, wie »gemischte« Organisationen aussehen können (organisationale Ambidextrie), in denen teilweise agil und teilweise nach bestehenden Standards gearbeitet wird, ist noch weitgehend offen (Edelkraut und Eickmann, 2015). Klar ist jedoch, dass diejenigen Unternehmen, die hier besonders schnell zu Lösungen kommen, die größten Vorteile am Markt haben werden.

Vorreiter des agilen Arbeitens haben vehement dafür gekämpft, jede Form von Management und Regulierung des agilen Arbeitens zu verhindern und den Mitarbeitern in den Teams völlige Freiheit zu lassen. Es hat sich jedoch gezeigt, dass diese völlige Freiheit nicht zu der gewünschten Wirkung führt. Agiles Arbeiten erfordert unter anderem ein hohes Maß an Disziplin und Regeleinhaltung und die Skalierung (s.o.) eine Hierarchie, die sich um die Bereitstellung von notwendigen Ressourcen und die Nutzung des generierten Erfahrungsschatzes (u.a. aus den Retrospektiven) kümmert. In der weiteren Entwicklung agilen Arbeitens werden wir also vermutlich erleben, dass an manchen Stellen das Pendel wieder zurückschwingt.

Für Unternehmen, die sich erst jetzt mit agilem Arbeiten befassen, besteht also die große Herausforderung darin herauszufinden, in welchem Umfang, mit welcher Organisation und welchen Methoden die Vorteile agilen Arbeitens nutzbar gemacht werden können. Am Anfang dürften die wesentlichen Herausforderungen darin bestehen, die grundlegenden Werte und Haltungen aller Hierarchieebenen (WH) so zu ändern, dass neue Wege begangen werden und man sich den Problemen stellt, sollten welche auftauchen. Die Unterschiede zwischen der klassischen Organisation und agilen Organisationseinheiten sind fundamental, und es erfordert ein gewisses Durchhaltevermögen, um die notwendigen Annahmen und Vorgehensweisen zu erlernen und zu verfeinern.

Die gute Nachricht ist allerdings, dass die Prinzipien agilen Arbeitens in der Transformation genutzt werden können, ja sogar genutzt werden sollten. Ein kleines Team von innovativen Freiwilligen, die in dem geschützten Umfeld eines Labs in der Nutzung agilen Arbeitens die ersten Erfahrungen sammeln und diese dann an andere Mitarbeiter und Teams weitergeben, kann eine Vorgehensweise sein, die schnell zu einer agilen Organisation führt.

2.4 Agiles Lernen

Nach dieser Einführung zum Thema agiles Arbeiten möchten wir nun den Fokus auf das Thema »Agiles Lernen« selbst richten. Analog zum agilen Arbeiten hat agiles Lernen den Kunden (also den Mitarbeiter) und die Auswirkungen auf das Unternehmen im Fokus. Auch wird Lernen deutlich selbstgesteuerter und viel stärker in sozialen Netzwerken stattfinden.

Doch der Reihe nach. In unseren Diskussionen mit anderen Experten und Praktikern haben wir zwei unterschiedliche Auffassungen des Begriffs »agiles Lernen« gefunden. Die eine (»Lernen für Agil«) bezieht sich auf die agile Umgebung und wie Lernen für und in agilen Organisationen stattfinden kann. Die andere (»agiles Lernen«) bezieht sich auf den Paradigmenwechsel der Personalentwicklung, also wie Lernen im betrieblichen Kontext selbst agil werden kann. Auf beide Verständnismöglichkeiten möchten wir im Weiteren eingehen.

2.4.1 Lernen in und für agile Umgebungen

Was sind die Aspekte der bisherigen Diskussion, die in einer agilen Welt eine besondere Rolle spielen? Versuchen wir einmal, die (nicht vorhersehbare) Lernzukunft vorherzusehen und eine Vision für Lernen in einer agilen Umgebung zu entwickeln.

Zunächst könnte man versuchen, sich einen Überblick darüber zu verschaffen, was alles zum Begriff Lernen gehört, und daraus dann abzuleiten, wie sich agil jeweils auswirkt. Dies ist ein wichtiger Ansatz, der durch die Komplexität von Lernen jedoch den Rahmen eines Buches sprengen würde.

Stattdessen beschränken wir uns auf grundlegende Überlegungen und unterscheiden zunächst drei Ebenen des Lernens im agilen Umfeld:

- Person/Individuum: Haltung, Fähigkeiten, Motivation, Kompetenzen usw.
- Organisation: Lernkultur, Lernorganisation, Rollen usw.
- Umfeld: Sozialstruktur, Institutionen usw.

Bei der Organisation und Weiterentwicklung von Lernen in agilen Unternehmen werden alle drei Ebenen zu berücksichtigen sein. Die zugehörigen Teilaspekte werden sich mal verstärken, mal im Widerspruch zueinander stehen. So kann die Weiterentwicklung einer Lernorganisation in der Belegschaft entweder auf Zustimmung (»Endlich kann ich mich besser weiterentwickeln!«) oder Ablehnung (»Was soll das denn jetzt, das haben wir noch nie so gemacht.«) stoßen.

Lernen ist dann besonders erfolgversprechend, wenn die Bedürfnisse des Lerners (Person), der Organisation, in der er tätig ist, und des Umfeldes, in dem beide stehen, Überschneidungen aufweisen, etwa wenn die Einführung einer neuen Technologie im eigenen Arbeitsbereich das Interesse weckt. Umgekehrt wird Lernen schwer bis gar nicht erfolgen, wenn der Sinn nicht gesehen wird oder die eigenen Fähigkeiten unzureichend sind, sich ein Thema zu erarbeiten.

Sweet Spot

Die Konzeption und Operationalisierung von Lernen im agilen Umfeld sollte stets ein Optimum anstreben, dass wir als Sweet Spot des Lernens bezeichnen wollen. Je größer der Sweet Spot ist, desto professioneller und wirksamer wird das Lernen in einer Organisation erfolgen (Abb. 8).

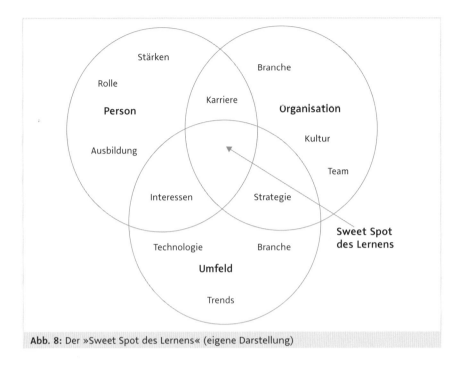

Abb. 8: Der »Sweet Spot des Lernens« (eigene Darstellung)

Denken wir an die Beschreibungen der Treiber in der VUCA-Welt und des agilen Arbeitens zurück, wird offensichtlich, dass es keinen vordefinierten Sweet Spot gibt, sondern jede Organisation, ja sogar jeder Einzelnen seinen eigenen Sweet Spot definieren muss.

Jede Person und jede Organisation sollte somit für sich selbst herausfinden, welche Werte, Vorgehensweisen und Methoden/Instrumente am besten geeignet sind, die eigenen Ziele zu fördern. Dazu können in der agilen Welt unter anderem gehören:

- flexible, dezentralisierte, ermächtigte Netzwerke innerhalb einer strategisch ausgerichteten Struktur;
- Lernen durch umfassende Erfahrung, Szenarien und Rapid Prototyping;
- Akzeptanz von Unsicherheit mit Intuition als einem wertvollen Beitrag zur Klarheit;
- strategische Sinnstiftung zusätzlich zu operationaler Problemlösung;
- Entkopplung von »Gewinnen« und Zwang, zu einer Lösung zu kommen;
- Umgang mit Komplexität als fokussiertes, werteorientiertes, konsequentes Handeln.

Ein Ansatz aus Sicht der Lerner/Mitarbeiter könnte aus der Logik agilen Arbeitens und des agilen Mindsets resultieren. Die wichtigste Frage ist ja, welche

Bedarfe und welchen Nutzen hat der Kunde? Hinsichtlich Nutzen und Erfolg der Mitarbeiter könnte die Leitfrage sein: Welche Fähigkeiten sollte ein Mitarbeiter in der nahen VUCA-Zukunft besitzen? Unser Vorschlag einer Antwort wäre:

- Auf Basis einer soliden Bildung verfolgt er aufmerksam die Entwicklungen und Trends und zeigt strategische Voraussicht.
- Er reflektiert kontinuierlich, wie Entwicklungen und der eigene Kontext zusammenpassen.
- Er ist in der Lage, unterschiedliche (eigene und fremde) Fähigkeiten zusammenzuführen.
- Er sucht die Vernetzung und Kooperation mit anderen, um Probleme kollektiv zu lösen.
- Er erweitert seine Fähigkeit, wertvolle Informationen vom »Informationslärm« zu unterscheiden, und entwickelt effektive Such- und Verarbeitungsstrategien in der Informationsbeschaffung.
- Er schult seine Fähigkeit, sich zu konzentrieren und fokussiert zu arbeiten.

Der ideale Mitarbeiter in der agilen Zukunft zeigt somit einen hohen Antrieb, permanent Neues lernen zu wollen, Bewährtes in Frage zu stellen und mit anderen gemeinsam zu lernen.

2.4.2 Der Weg zum Agilen Lernen – das agile Lernmanifest

Bisher haben wir viel über Agilität gesprochen und darüber, welche Bedeutung Lernen in der agilen und komplexen VUCA-Welt besitzt. Nun ist es an der Zeit, die beiden Begriffe zusammenzuführen und ein »Agiles Lernen« zu definieren.

Zur Erinnerung: Agiles Lernen kann auf zwei Arten verstanden werden:
1. Die Vorbereitung auf agile Welten → Qualifizierung für Agil
2. In agilen Welten lernen → Agil qualifizieren

Die Unterscheidung erscheint uns wichtig, da die beiden Szenarien unterschiedliche Parameter des Lernens betreffen und somit unterschiedliche Anforderungen an den Lerner und eventuell beteiligte Organisationen (Unternehmen, Trainingsanbieter etc.) nach sich ziehen. Wie wir sehen werden, sind für ein funktionierendes Lernen in agilen Welten noch einige Voraussetzungen zu erfüllen, die in vielen Unternehmen bisher nicht vorhanden sind. Daher haben wir das Buch im Weiteren so aufgebaut, dass der Schwerpunkt auf dem agilen Lernen als Voraussetzung für die Qualifizierung für agiles Arbeiten liegt; der Weg von dort zur Qualifizierung für agiles Arbeiten ist dann nicht mehr weit.

In den folgenden Kapiteln werden wir uns also damit beschäftigen, wie Lernen im Rahmen von Personalentwicklung in der Zukunft aussehen wird, welche Formate eine Rolle spielen und wie sich die Rollen der Beteiligten ändern. Am Ende jedes Kapitels werden wir noch einmal speziell auf das Lernen für eine agile Welt eingehen.

Vorab haben wir uns allerdings Gedanken gemacht, wie das agile Manifest für beide Perspektiven in Bezug auf Lernen aussehen müsste, wobei wir uns ganz dem Geist Steven Hawkings verschrieben haben, der da sagte: »Intelligenz ist die Fähigkeit, sich dem Wandel anzupassen.«

Das »Agile Manifest des Lernens«

Zu Beginn dieses Kapitels haben wir das Agile Manifest und seine Bedeutung für die Entwicklung agilen Arbeitens dargestellt. Zum Schluss wollen wir nun versuchen, ein »Agiles Manifest für das Lernen« zu definieren. Dies ist eher als Reflexion und Gedankenexperiment zu verstehen und soll helfen, die Veränderungen, die sich für das Lernen und die Personalentwicklung in den Unternehmen ergeben, aufzuzeigen.

Agile Werte (im Agilen Manifest)

- Individuen und Interaktionen sind wichtiger als Prozesse und Werkzeuge!
- Funktionierende Software ist wichtiger als umfassende Dokumentation!
- Zusammenarbeit mit dem Kunden ist wichtiger als Vertragsverhandlungen!
- Reagieren auf Veränderung ist wichtiger als das Befolgen eines Plans!

Werte für Agiles Lernen

- Individuelle Lernbedarfe und Interaktionen sind wichtiger als Prozesse und Werkzeuge!
- Funktionierende Angebote (im Sinne des Bedarfes) sind wichtiger als Zertifikate und Testergebnisse!
- Begleitung des individuellen Lernprozesses ist wichtiger als festgelegte Methoden und Modelle!
- Reagieren auf Veränderung ist wichtiger als die Abarbeitung von Maßnahmenplänen!
- Auch für das Agile Lernen gilt: Obwohl wir die Werte auf der rechten Seite häufig in der Praxis fokussieren, schätzen wir die Werte auf der linken Seite höher ein.

Wie Sie sehen, haben wir den ersten Wert kaum verändert. Wenn es um Menschen geht, empfinden wir die Formulierung im Agilen Manifest sogar als noch passender als in Zusammenhang mit Software. Auch bei den anderen Werten erscheint eine Übertragung auf agiles Lernen nicht nur einfach, sondern sogar sinnvoll. Die Übertragung der agilen Werte zeigt, wie sich die Haltung zum Lernen und das konkrete Vorgehen deutlich verändern können, häufig sogar ändern müssen. Die Diskussion in den folgenden Kapiteln wird an vielen Stellen zeigen, dass ein »agileres Denken« der Personalentwicklung angezeigt und erfolgversprechend ist.

Noch ein Hinweis: Die Übertragung der Prinzipien im Agilen Manifest ist eine weitere Reflexion, die gut geeignet ist, die eigene Haltung und den Status der Personalentwicklung in der eigenen Organisation zu reflektieren. Da diese Diskussion jedoch den Rahmen dieses Kapitels sprengen würde, führen wir sie im Anhang 11.3 (Agile Prinzipien werden zu Agilen Lernprinzipien).

Literatur

Denning, S. (2016) Explaining Agile, Forbes.com http://www.forbes.com/sites/stevedenning/2016/09/08/explaining-agile/#3abf6a592ef7

Edelkraut, F. und Eickmann, M. (2015) Agiles Management — jetzt wird es ernst! Wirtschaftsinformatik und Management, 01.2015 https://www.springerprofessional.de/agiles-management-jetzt-wird-es-ernst/6114008

Ismail, S., Malone, M.S., van Geest, Y. Diamandis, P.H. (2014) Exponential Organizations: Why new organizations are ten times better, faster, and cheaper than yours (and what to do about it). Exponential Organizations, Singularity University Book

Kniberg I., Ivarsson A. 2012, Scaling Agile @ Spotify with Tribes, Squads, Chapters & Guilds http://de.slideshare.net/xiaofengshuwu/scalingagilespotify und https://ucvox.files.wordpress.com/2012/11/113617905-scaling-agile-spotify-11.pdf (Anm.: Bei Slideshare.net finden sich einige weitere Dokumente zu der Art, in der Spotify sich organisiert)

McChrystals, S., Silverman, D., Collins, T., Fussell, C. (2015) Team of Teams, Penguin

Oxford Economics (2014): Workforce 2020. SAP internes Whitepaper. Eine Zusammenfassung finden Sie hier: https://www.sap.com/germany/documents/2014/11/86ead02e-3b7c-0010-82c7-eda71af511fa.html

Randstad (2017) Digitalisierung: Arbeitnehmer zeigen wenig Eigeninitiative bei Weiterbildung http://www.iwwb.de/weiterbildung.html?kat=meldungen&num=1556&utm_source=dlvr.it&utm_medium=twitter

Rigby, D.K., Sutherland, J., Takeuchi, H. (2016) Embracing Agile. Organizational Development. Harvard Business Review https://hbr.org/2016/05/embracing-agile

3   New Learning

3.1   Das Verständnis von Personalentwicklung ändert sich von Grund auf

Das letzte Kapitel schloss damit, dass sich die Denkweise der traditionellen Personalentwicklung ändern muss. Die Frage ist nur, wird es alter Wein in neuen Schläuchen sein oder wie weit wird diese Veränderung gehen? Muss das vorherrschende Grundverständnis von Personalentwicklung komplett in Frage gestellt werden?

Lassen Sie uns vorab einmal über die Definition von Personalentwicklung nachdenken. Im Lehrbuch heißt es dazu:

> »*Personalentwicklung sind Maßnahmen zur Vermittlung*
> *von Qualifikationen, welche die aktuellen und zukünftigen Leistungen*
> *von Führungskräften und Mitarbeitern steigern (Bildung),*
> *sowie Maßnahmen, welche die berufliche Entwicklung von Führungskräf-*
> *ten und Mitarbeitern unterstützen (Förderung).*«
> (R. Stock-Homburg, 2010, S. 205).

Interessant ist hier das klassische Verständnis der Vermittlung – frei nach dem Motto: Das Unternehmen entwickelt das Personal. Hierbei übernimmt die Personalentwicklung in hohem Maß die Verantwortung für das Lernen im Betrieb und gibt vor, was wann von wem in welcher Art gelernt werden soll, damit die Mitarbeiter ihre Arbeit gut verrichten. Die Personalentwicklung besitzt in diesem Fall eine Omni-Expertise und angeblich das Know-how, die Anforderungen aller Stellen im Unternehmen gut zu kennen, die Mitarbeiter einschätzen und daraus geeignete Entwicklungsmaßnahmen ableiten zu können sowie diese umzusetzen.

In diesem Verständnis spielen Instrumente wie standardisierte Kompetenzprofile und Stellenbeschreibungen sowie deren Verwaltung eine zentrale Rolle. Basis für diese Definition ist die Überzeugung, dass die Abteilung Personalentwicklung am besten weiß, was wer wann zu lernen hat. Dies ist inzwischen – nicht zuletzt aufgrund der VUCA-Welt – nicht mehr realistisch. Außerdem ist diese Vorstellung bereits spätestens seit dem Konstruktivismus veraltet.

Zu dieser Einschätzung kommt auch Nils Pfläging, wenn er schreibt: »Personalentwicklung haftet etwas Reaktionäres an. Das kommt nicht von ungefähr: Denn ebenso wie verwandte Disziplinen – betriebliches Bildungscontrolling, Wissens- und Kompetenzmanagement – unterstellt Personalentwicklung ein obsoletes Menschenbild: das Bild des Mitarbeiters als abhängiges, korrekturbedürftiges Mängelwesen. Dieses Mängelwesen bedarf der Entwicklung durch andere.« (Pfläging, 2016)

Viele Unternehmen haben bereits erkannt, wie falsch diese Sichtweise ist, und benennen ihre Abteilungen um in Corporate Learning, Learning & Development oder ähnliches. Im Deutschen haben wir allerdings bisher kein Äquivalent gefunden (ausgenommen die Übersetzung »betriebliches Lernen«, die den Charme eines Zahnarztbesuches versprüht).

Trotzdem, sämtliche Bestrebungen, dem Thema einen neuen Namen zu geben, zeigen, dass sich das Selbstverständnis der Abteilung und das grundlegende Verständnis von Personalentwicklung in den Unternehmen wandeln. Vom allwissenden Gestalter der Personalentwicklung zum Ermöglicher von Lernprozessen.

Hierzu passen auch drei Grundprinzipien, die Lernen in einer agilen Arbeitswelt ausmachen (Reimann, 2017):

- *From Delivery to Co-Creation*: Statt als Personalentwicklung neue Produkte im stillen Kämmerlein zu entwickeln und dann der Allgemeinheit zu präsentieren, wird der Lerner bereits in die Entstehung neuer Produkte mit eingebunden. Motto: Mit der Praxis für die Praxis – ein agiles Prinzip, wie wir oben diskutiert haben. Die Gründe hierfür sind zwingend. Zum einen sind Komplexität (differenzierte Arbeitsteilung) und dynamische Veränderung verantwortlich dafür, dass die PE-Abteilung im Zweifel keinen Überblick mehr über aktuelle und zukünftig relevante Inhalte aller Stellen hat. So besteht schnell die Gefahr von Fehlkonzeptionen. Zum anderen müssen PE-Produkte schnell und bedarfsorientiert entwickelt werden, was nur in Zusammenarbeit von Abteilung und Personalentwicklung passieren kann (siehe Kapitel 4: Agile Lernformate).
- *From Content to Context*: Die klassische Wissensvermittlung nach dem Gießkannenprinzip hat ausgedient bzw. wird sich drastisch reduzieren. Die Frage ist demnach nicht: Was sollten Mitarbeiter prinzipiell wissen? Sie muss vielmehr lauten: Was brauchen sie aktuell, um ihre konkreten Aufgaben besser bewältigen zu können (siehe Kapitel Neue Inhalte)?
- *From Training to Business Impact*: Personalentwickler (siehe Kapitel 8: Rolle der Personalentwicklung) müssen ihre Ausrichtung ändern und weniger auf das schauen, was an Trainings angeboten werden sollte, als vielmehr

auf das, was einen Unterschied in der täglichen Arbeit macht. Das zieht sich von der Bedarfsplanung bis zum Controlling. Return on Invest und Effizienzsteigerung durch Weiterbildung sind dabei nur zwei der Kernthemen.

Seminare sind out – vom Nutzen her denken

Womit wir beim Nutzen von Personalentwicklung wären. In vielen Unternehmen ist der Nutzen der Abteilung Personalentwicklung nicht klar. Das wird besonders deutlich, wenn man sich die Kennzahlen anschaut, mit denen die Abteilung PE bewertet werden.

Input & Output versus Outcome: Die Grundprinzipien zeigen bereits eine der fundamentalen Änderungen von Personalentwicklung: die Bewertungsgrundlage. Woran muss sich Personalentwicklung wirklich messen lassen?

In der Vergangenheit lag der Fokus häufig auf Input und Output der Abteilung Personalentwicklung. Kennzahlen wie Weiterbildungskosten pro Mitarbeiter, Weiterbildungsbudget insgesamt oder durchschnittliche Dauer von Veranstaltungen zeigten, wie emsig eine Personalentwicklung war – unabhängig vom realen Bedarf oder gar den erhofften Ergebnissen. Dazu kamen dann noch output-orientierte Evaluationskriterien wie Seminarangebote, Konzeption neuer Lernvideos (Input) oder realisierte Weiterbildungstage pro Mitarbeiter, Anteil von intern besetzten Führungspositionen etc. Man konnte als Personalentwicklung also belegen, was man im letzten Jahr »geleistet« hat.

All diese Controllingkennzahlen vermitteln aber eigentlich nur eines: die Ignoranz des tatsächlichen Stellenwertes von Weiterbildung im betrieblichen Kontext!

Interessant und relevant ist der Outcome, also das Ergebnis: Was hat sich durch Personalentwicklung verändert bzw. verbessert? Das können Arbeitsabläufe, Fehlerquoten aber auch die Innovationsfähigkeit der Organisation sein (Abb. 9).

Bereich	Faktor		Kann auch ein Indikator sein für (z. B.)?	orientiert sich über-wiegend am			Instrumente zur Erfassung
				Input	Out-put	Out-come	
Weiterbildung (WB)							
	WB-Kosten (z. B. pro Tag und TN)	(K)		X			Statistiken bzw. KLR, Honorarabrg. usw.
	Anteil der Weiterbildungskosten an den Gesamtper-sonalkosten	(K)		X			Statistiken bzw. KLR
	Entwicklung des WB-Budgets	(K*)	(steigender/sinkender) Stellenwert der WB	X		(X)	Statistiken bzw. KLR
	Kostenanteil einzelner Themenbereiche im Ver-gleich zu den Kosten des gesamten Angebots	(K)		X			Statistiken bzw. KLR
	Kosten externer Seminarteilnahmen	(K)		X			Statistiken bzw. KLR
	Anteil eingesetzter *interner* personeller Ressourcen (z. B. in Stunden, nach Kosten) zur Durchführung von Weiterbildungsveranstaltungen an den gesamten eingesetzten personellen Ressourcen	(K)		X			Statistiken
	Anteil eingesetzter *externer* personeller Ressourcen (z. B. in Stunden, nach Kosten) zur Durchführung von Weiterbildungsveranstaltungen an den gesamten eingesetzten personellen Ressourcen	(K)		X			Statistiken
	durchschnittliche Zeitdauer je Veranstaltung	(K)		X			Statistiken
	Ausfallzeiten durch WB-Zeiten pro MA in Tagen pro Jahr	(K)		X			Statistiken
	Anzahl der jährl. WB-Maßnahmen/-Tage pro MA *(davon weibl.)*	(K)		X			Statistiken
	Anzahl der jährl. WB-Maßnahmen/-Tage, die vom internen Servicecenter Personal durchgeführt wurden	(K*)	für „Wertschöpfungsarbeit" der Personalabteilung		X		KLR
	Entwicklung der jährl. WB-Maßnahmen/-Tage im Zeitreihenvergleich	(K*)	für steigenden/sinkenden Stellenwert der WB	X		(X)	Statistiken bzw. KLR
	Anzahl bedarfsorientierter Seminare am Gesamtan-gebot	(K*)	bedarfsgerechte WB		(X)	X	Auswertung Seminar-angebote
	Realisierungsgrad geplanter WB-Aktivitäten	(K)			X		Statistiken
	Anzahl der wiederholt durchgeführten Veranstal-tungen (nach Themen)	(K*)	Wichtigkeit von bzw. Nachfrage nach bestimmten Themen		X	(X)	Statistiken
	Nachfrage nach bestimmten Seminaren / am häufig -	(K*)	Wichtigkeit von bzw. Nachfrage nach		X	(X)	Statistiken

Abb. 9: Beispiel von Kennzahlen nach Input, Output und Outcome[4]

Bereich	Faktor		Kann auch ein Indikator sein für (z. B.)?	orientiert sich über-wiegend am			Instrumente zur Erfassung
				Input	Out-put	Out-come	
	sten besuchte Seminare		bestimmten Themen				
	Anteil der MA, die innerhalb von n Jahren an be-stimmten WB teilgenommen haben *(davon weibl.)*	(K*)	nachhaltige Einbindung der Belegschaft in die WB		X		Statistiken
	Anteil der MA, die von WB *nicht* erfasst werden *(davon weibl.)*	(K*)	Grad der Einbindung der Belegschaft in die WB		X		Statistiken
	Anteil Ist-TN im Verhältnis zu angemeldeten TN	(K*)	Interesse an bzw. Wichtigkeit der Maßnahme, Verbindlichkeitskultur		X		Anmelde- und TN-Liste
	durchschnittliche Gruppengröße von Seminaren	(K*)	Güte der Lernumgebung, Betreuungsqualität	X		X	Statistiken
	Anteil aktiver bzw. passiver Lehrmethoden in der WB-Maßnahme	(K*)	Qualität der WB, Transfermöglichkeiten			X	Beobachtung und Se-minarauswertung
	Einsatz moderner Lernmethoden und -mittel	(I)	Qualität der WB, Transferfähigkeit			X	Statistiken, Befragungen
	Qualifikation der Lehrkräfte bzw. Trainer/innen *(davon z. B. mit Hochschulabschluss, mit Erfahrungen im WB-Bereich in Jahren)*	(I)	Qualität der Seminare			X	Statistiken, Befragungen
	Anzahl erfolgreicher Abschlüsse im Verhältnis zur TN-Zahl *(davon weibl.)*	(K*)	„angemessene" Auswahl der TN, Seminarqualität		X	(X)	Zertifikate bzw. Statistiken
	Daten aus Leistungstests nach Trainingsmaßnahmen *(ggf. differenziert nach männlich/weiblich, Abteilun-gen, Standorten, FK/MA)*	(K*)	Qualität der Maßnahmen, Qualität der Trainer/innen		X	(X)	Statistiken
	Seminarbewertung durch TN	(I)	TN-Zufriedenheit mit Trainer/innen, Lernumgebung, Ausstattung, Betreuungsqualität, Seminargruppe usw.			X	Befragung
	Seminarbewertung durch die Trainer/innen	(I)	Trainer/innen-Zufriedenheit mit der Betreuung durch die PE-/WB-Abteilung, Lernumgebung, Ausstattung, Seminar-Teilnehmer/innen			X	
	Anzahl der Lernerfolgsüberprüfungen	(K)			X		Statistiken
	Anzahl der Kompetenz- bzw. Entwicklungsstufen, die FK/MA passiert haben *(davon weibl.)*	(K*)	Durchlässigkeit der Stufen, Durchhaltevermögen der TN		X		Statistiken
	Anzahl geführter Transfergespräche zwischen FK und MA	(K*)	Stellenwert der WB, Transfersicherung			X	Meldepflichten

Abb. 10: Beispiel von Kennzahlen nach Input, Output und Outcome

Die Beratungsgesellschaft Jetter-HR-Management-Consulting führte Anfang 2005 eine Studie durch, um herauszufinden, mit welchen Methoden die deut-

---

4   http://docplayer.org/12832792-Wirkungsmessung-von-personalentwicklung-mit-dem-permit-raster.html

schen Konzerne den Nutzen ihrer Personalentwicklung messen. 20 der 30 Dax-Unternehmen beteiligten sich an der Umfrage. Das Controlling von Personal-entwicklungsmaßnahmen orientierte sich noch überwiegend am Input, bezog also primär Aufwandskriterien mit ein, zum Beispiel die Bildungsausgaben pro Mitarbeiter, vernachlässigt aber den Outcome, also was es dem Unternehmen wirklich gebracht hat. Politisch gesehen ist das verständlich, sinnvoll ist es deswegen aber noch lange nicht.

Zugegeben, die Bewertung des Outcome ist deutlich schwieriger, und das Er-gebnis ist nicht eindeutig der Personalentwicklung zuzuschreiben. Dennoch ist ein Festhalten an einem In- und Output-orientierten Referenzrahmen ein Hemmnis, agiles Lernen und agile Personalentwicklung intern zu verkaufen und den Wert der PE-Arbeit klar zu machen.

Stellt man sich jedoch der Bewertung des Outcomes, so dreht sich der Fokus: Statt der PE stehen nun der bzw. die Lerner und ihre Bedürfnisse im Mittelpunkt.

3.2 Learning on demand statt Lernen auf Vorrat

Fassen wir die bisherigen Erkenntnisse zusammen, so muss Personalentwick-lung am Bedarf des individuellen Lerners in seiner Arbeitssituation ausgerich-tet werden, um den höchsten Impact für den Mitarbeiter und das Unterneh-men zu erreichen.

Klassische Personalentwicklung basiert allerdings eher auf der Philosophie »Lernen auf Vorrat«. In gut geplanten Weiterbildungskatalogen werden z.B. Mentoringprogramme jährlich einmal gestartet und Seminare vielleicht mehr-fach im Jahr angeboten, in denen die Teilnehmer dann einen ganzen Themen-komplex lernen können (z.B. Grundlagen des Projektmanagements). Ob und wann sie die gelernten Inhalte in die Arbeit integrieren, reflektieren und für sich adaptieren, bleibt allerdings in der Schwebe. Deswegen ist die Transferlü-cke (die Lücke zwischen dem im Seminar Gelernten und der realen Umsetzung im Arbeitsalltag) auch häufig so groß, und das wiederum lässt berechtigte Zweifel an der Effizienz der Maßnahme aufkommen.

Problemlösungen im Arbeitskontext bedürfen einer direkten, nicht derartig zeitlich verzögerten Unterstützung durch Weiterbildung. Im Neudeutschen nennen wir das »Learning on demand«: Ein Mitarbeiter hat jetzt ein Prob-lem und benötigt jetzt neues Wissen oder erweiterte Kompetenzen. Seminare und andere geplante Formate sind zumeist weder zeitlich passend noch spe-zifisch genug, um eine Lösung für die akuten Fragen zu finden.

Für eine zukunftsorientierte PE wird es unumgänglich sein, neue Formate das »Learning on demand« zu finden und zu unterstützen (siehe Kapitel 4 »Agile Lernformate«), ganz im Sinne etwa von Weiterbildung als »Performance Support« (Haidar, 2016). Dann rückt der Mitarbeiter mit seinen Bedürfnissen wirklich in den Mittelpunkt der Personalentwicklung und kann mit maßgeschneiderten Instrumenten gefördert werden.

3.3 Paradigmenwechsel des Grundverständnisses von PE: Angebots- vs. Nachfrageorientierung

Genau an diesem Punkt setzt der Paradigmenwechsel an, den Schermuly et al. herausgefunden haben:

> *»Im Jahr 2020 sind fast alle Aktivitäten der Personalentwicklung nachfrageorientiert und von den Bedarfsträgern selbst initiiert. Das klassische Seminarangebot ist out. Lernen/Qualifizierung ist verpflichtend für alle Mitarbeiter, langfristig angelegt und vollzieht sich immer mehr als Begleitung firmeninterner Prozesse.«*
> (Schermuly et al. 2012)

Doch zuerst zur Angebotsorientierung und damit zur Personalentwicklung, wie die meisten sie kennen. Hiermit ist gemeint, dass sich die Personalentwicklung zunächst damit auseinandersetzt, was im kommenden Jahr an Weiterbildung im Unternehmen benötigt wird und wie man dafür geeignete Angebote schaffen kann. Meist auf jährlicher Basis werden Weiterbildungsbedarfe erhoben und in Angebote umgesetzt.

Jeder kennt noch die jährlichen Seminarkataloge, die durch die Personalentwicklung veröffentlicht werden. Häufig dien(t)en diese in Mitarbeitergesprächen zwischen Führungskraft und Mitarbeiter als Bauchladen, aus dem z.B. zwei Seminare pro Jahr für den Mitarbeiter ausgesucht wurden.

Diese Angebotsorientierung hat klare Vorteile wie Planbarkeit der Aktivitäten, einfache interne Kommunikation der Angebote, Standardisierung der Weiterbildungsprozesse, gute Kalkulation von Budgets und Kapazitäten etc.

Allerdings hat die Angebotsorientierung auch viele Nachteile:
- Langfristige Planung bedeutet, auf aktuelle Anforderungen nur schwer reagieren zu können.

- Um die Angebote einer größeren Masse an Mitarbeitern zukommen lassen zu können, bedarf es eines Abstraktionsgrades, der selten die individuelle Problemlösung am Arbeitsplatz fördert.
- Terminierungen passen selten zum Bedarf der Mitarbeiter.
- Kurzfristig auftretende Bedürfnisse können nicht bedient werden.

Fazit

Personaler greifen in der angebotsorientierten Personalentwicklung auf Standardmethoden wie Seminare zurück, kaufen diese häufig extern als Einheitskost ein und verteilen die Angebote dann nach dem Gießkannenprinzip im Unternehmen. Doch ist das die Zukunft der Personalentwicklung?

NEIN! Zum einen, weil die Personalentwicklung nicht wissen kann, was welcher Mitarbeiter zu welchem Zeitpunkt an Lernbedarfen hat, und zum anderen weil Standardisierungen den Bedürfnissen in der VUCA-Welt und den Prinzipien agilen Arbeitens komplett widersprechen. Personalentwicklung muss sich in der Zukunft nachfrageorientiert aufstellen: Mitarbeiter sollten (in Absprache mit dem Vorgesetzten) individuell bestimmten können, was sie wann lernen. Die Aufgabe der Personalentwicklung wird es sein, diese Bedarfe bei der Ermittlung, Planung, Umsetzung und Transfersicherung zu begleiten. Damit ändert sich die Rolle der Personaler fundamental (siehe Kapitel 8 »Die Rollen der Personalentwicklung«) (Graf, 2017). In Zukunft müssen sie

- bei der Bildungsbedarfsanalyse methodisch unterstützen,
- einen individuellen Lernplan mit den Mitarbeitern erarbeiten, der als Baukasten-Prinzip sowohl diverse Inhalte als auch didaktisch unterschiedliche Methoden beinhaltet,
- die Umsetzung koordinieren und
- als I-Tüpfelchen eine Lernbegleitung zur Transfersicherung anbieten.

Der Fokus liegt auf der Individualisierung. Selbst in der Unterscheidungsdimension strategisch vs. individuell motivierter Weiterbildungsbedarf ist die Nachfrageorientierung relevant für den Outcome.

Individueller Weiterbildungsbedarf ist – wie oben schon erläutert – allerdings schlecht planerisch aufzunehmen und durch die PE zu koordinieren.

Das gleiche gilt jedoch auch für strategische Personalentwicklungsthemen: Stellen Sie sich vor, dass Ihr Unternehmen eine neue Software einführt. Die Schulung der Mitarbeiter im Umgang mit dieser Software ist ein strategisches Entwicklungsziel. Sie können nun klassische Angebote wie »Grundlagen der Software« anbieten. Dabei ist der Outcome aber entscheidend. Denn Ziel ist es, dass jeder Mitarbeiter in seinem Bereich die Software so nutzen kann, dass sie z.B. eine Arbeitserleichterung für ihn und die Organisation darstellt. Da nun jeder Mitarbeiter aufgrund seiner Tätigkeit die Software anders nutzen wird, jeder eine unterschiedliche Vorbildung und Affinität für Software hat und ggf. ein unterschiedliches Lerntempo/-stil etc., werden auch hier die standardisierten Angebote bei weitem nicht so gut greifen wie eine nachfrageorientierte Herangehensweise. Als Personalentwickler sollten Sie sich immer von der Frage leiten lassen: Was brauchst Du, Mitarbeiter, als Unterstützung, um mit der Software etc. gut arbeiten zu können?

Sicherlich ist diese Nachfrageorientierung ein hehres Ziel, aber die Weiterentwicklung von PE-Instrumenten bietet eine breite Palette in dieser Richtung an (siehe Kapitel 4 »Agile Lernformate«).

!   **Die Nachfrageorientierung**

Abb. 11: Ziele von PE (eigene Darstellung)

Bei der Nachfrageorientierung kann man grundsätzlich unterscheiden zwischen kurzfristigen und langfristigen Zielen sowie zwischen Zielen der Personalentwicklung (Mitarbeiter) und der Organisationsentwicklung (Unternehmen).
Kurzfristig Ziele sind ad-hoc und stellen eine momentane Notwendigkeit dar. Dies kann sowohl auf der persönlichen Ebene des Mitarbeiters sein (z.B. Englischkenntnisse, Projektmanagement) als auch auf der Ebene des Unternehmens (z.B. Lernen des IT-Systems bei der Einführung von SAP). Da beide eine akute Anforderung darstellen, muss das Lernen in kürzester Zeit passieren.
Bei den langfristigen Zielen ist die Unterscheidung zwischen Personalentwicklung und Organisationsentwicklung (OE) wichtiger. Bei der PE steht der Mitarbeiter im Fokus, etwa mit seiner Kompetenzentwicklung. Diese muss von der PE begleitet

werden und umfasst meist ein breites Spektrum an Instrumenten (Talentmanagement, Seminar, Jobrotation etc.). Eine gute PE ist zielgerichtet und begleitet die Nachwuchskraft über einen längeren Zeitraum.

In der OE liegt langfristig der Fokus auf dem Unternehmen. Die Organisationsentwickler müssen zukünftige Bedarfe ermitteln und ihre Ressourcen (Mitarbeiter) dorthin entwickeln, um nachhaltig erfolgreich zu sein. Außerdem ist das Thema der Mitarbeiterbindung sehr wichtig.

So haben wir verschiedene Ziele der PE und OE, die auch durch verschiedene Instrumente bedient werden. Es gibt jedoch ein Instrument, das alle Ziele verbindet, also eine Win-win-Situation für Mitarbeiter und Unternehmen darstellt: das Mentoring. Je nach Programmdesign, können unterschiedliche Schwerpunkte in der Lehrzieltaxonomie gelegt, aber auch alle gleichberechtigt unterstützt werden. Durch die Vernetzung der Ziele durch ein einzelnes Instrument werden Kosten und Ressourcen gespart sowie ein Rahmen um das Thema Entwicklung gespannt.

3.3.1 Informelles Lernen als Antwort auf nachfrageorientierte PE

Modelle wie 70:20:10 haben nicht umsonst seit einige Jahren Konjunktur. Insbesondere die »70« (Lernen am Arbeitsplatz) und »20« (Lernen von anderen) basieren jedoch selten auf gesteuerten Maßnahmen, sondern auf Eigeninitiative. Der Hauptanteil in diesen Bereich wird deswegen selten von der Personalentwicklung gesteuert und fällt unter den Bereich des informellen Lernens.

Die Datenbank von managerseminare.de bezeichnet informelles Lernen »das alltägliche Lernen am Arbeitsplatz, im Familienkreis oder in der Freizeit. Es ist nicht institutionell organisiert und nicht an Orte, Zeiten oder bestimmte Tätigkeiten gebunden.«[5] An diese Definition wollen wir uns im Folgenden halten.

Eine klare Linie ist hier wichtig, denn geht es unter anderem nach dem renommierten US-Lernexperten Elliott Masie, zählt informelles Lernen zu den wichtigsten »Learning Trends« der kommenden Jahre.

Studien wie die des US-amerikanischen Education Development Center (EDC) zeigen, dass rund 70 % der Kompetenzerweiterungen im betrieblichen Kontext durch informelles Lernen geschehen. Lediglich die restlichen 30 % sind das Ergebnis klassischer Personalentwicklung.

Auch in deutschen Unternehmen spielt das informelle Lernen – vorbei an der PE – eine große Rolle: Das »Berichtssystems Weiterbildung« des Bundesmi-

---

5 http://www.managerseminare.de/Datenbanken_Lexikon/Informelles-Lernen,158159

nisteriums für Bildung und Forschung (BMBF, 2006) zeigt, dass nur 26 % der Erwerbstätigen in Deutschland an berufsbezogenen Lehrgängen oder Kursen teilnehmen. Dagegen nutzen über 60 % der Erwerbstätigen eine oder mehrere Arten des informellen Lernens – vom Austausch mit Kollegen über selbstgesteuertes Lernen via Internet bis hin zu Fachbüchern.

3.3.2   Formen informellen Lernens[6]

Informelles Lernen kann sehr unterschiedliche Gestalt haben und wird häufig gar nicht als Lernen wahrgenommen, weil es sich um niedrigschwellige oder eher beiläufige Formate handelt.

Informelles Lernen kann beispielsweise sein:
- Lesen von berufsbezogenen Büchern und Zeitschriften,
- Lernen durch Beobachten und Ausprobieren (»trial and error«),
- berufsbezogener Besuch von Fachmessen, Kongressen etc.,
- Unterweisung oder Anlernen am Arbeitsplatz durch Kollegen, Vorgesetzte,
- Lernen mit Hilfe von computerunterstützten Selbstlernprogrammen,
- Besuch anderer Abteilungen/Bereiche,
- Teilnahme an Lernstatt, Qualitäts- oder Werkstattzirkeln,
- Coaching und Supervision am Arbeitsplatz oder
- Arbeitsplatzwechsel (z. B. Job-Rotation).

Der Wunsch, das Potenzial des informellen Lernens besser zu nutzen, ist daher aus Unternehmenssicht nur zu verständlich. Allerdings ist informelles Lernen nur sinnvoll, wenn einige Voraussetzungen erfüllt sind, denn die eigentliche Qualität des informellen Lernens offenbart sich erst im Prozess, wie der Mitarbeiter sich selbstständig Know-how aneignet. Dazu zählen unter anderem folgende Aspekte:
- Wie viel Zeit benötigt der Mitarbeiter, um zu einem Ergebnis zu kommen?
- Wie fällt die Qualität des Arbeitsergebnisses aus?
- Inwieweit ist der Mitarbeiter in der Lage, seine neu erworbenen Kenntnisse und Fertigkeiten auch in einem anderen Kontext einzusetzen? Verfügt er über entsprechende Abstraktionsfähigkeit?
- Ist sich der Mitarbeiter seines eigenen Lernprozesses überhaupt bewusst und kann er ihn kontinuierlich optimieren?

---

6   Quelle: Bundesministerium für Bildung und Forschung: Berichtssystem Weiterbildung. Integrierter Gesamtbericht zur Weiterbildungssituation in Deutschland. Berlin 2006.

Entscheidend sind also die Metakompetenzen der Mitarbeiter wie Reflexions-fähigkeit und Lernkompetenz, um informelles Lernen effizient zu nutzen. Auf das Thema der Lernkompetenzen gehen wir im Kapitel 7 genauer ein, da wir dazu ein Modell mit über 10.000 Mitarbeitern entwickelt haben.

Aber neben den persönlichen Vorrausetzungen für informelles Lernen sind auch organisationale Voraussetzungen wichtig:

- Informelles Lernen braucht Autonomie, Vertrauen und einen hierarchie-freien Raum.
Informelles Lernen funktioniert dann besonders gut, wenn es kontrollfrei passieren kann. Das ist der Grund, warum mit Millionen und bester Absicht installierte Wissensmanagementsysteme oft verwaist sind, während der zwanglose Know-how-Austausch in der Kaffeeküche bestens läuft. Ohne eine Unternehmenskultur, die von Vertrauen, Austausch und Offenheit ge-prägt ist, geht es nicht.
- Die Personalentwicklung kann informelles Lernen unterstützen, indem sie
  - Räumlichkeiten zur Verfügung stellt, in denen Mitarbeiter lernen, dis-kutieren und sich konzentrieren können – ausgestattet mit Flipchart, Moderationsmaterial, Internetzugang, Lernprogrammen, einer Biblio-thek etc.;
  - Angebote bereitstellt, die den Mitarbeitern das selbstgesteuerte Ler-nen vermitteln. Mögliche Themen: Recherche und Auswertung von Informationen, Internetnutzung, Formulierung von Lernzielen und Or-ganisation von Lernprozessen, Möglichkeiten zur Selbst- und Fremd-einschätzung;
  - regelmäßige abteilungs- oder teamübergreifende Treffen organisiert, auf denen sich die Mitarbeiter zwanglos bei einer Tasse Kaffee über Erfahrungen und Probleme austauschen können;
  - die technischen Kommunikationsmöglichkeiten zum Erfahrungsaus-tausch zu optimiert, angefangen bei Chats bis hin zu Blogs und Wikis;
  - Vertrauenspersonen, Coachs oder Mentoren beruft, die die Mitarbeiter auf freiwilliger Basis zu Problemstellungen und Reflexionsprozessen konsultieren können.

Die Liste möglicher Maßnahmen verdeutlicht: Informelles Lernen unterstützt und fördert das Unternehmen vor allem dadurch, dass es den Mitarbeitern entsprechende Freiräume und Möglichkeiten hierfür gewährt und Angebote auf freiwilliger Basis bereithält.

Die Formalisierung des informellen Lernens dagegen läuft schnell auf die Qua-dratur des Kreises hinaus. Deswegen macht es auch wenig Sinn, formelle Lern-angebote zugunsten des informellen Lernens zurückzufahren. Vielmehr ist die sinnvolle Kombination und Balance beider Formen der Weg, der im Sinne des effektiven Lernens den größten Erfolg verspricht.

Doch wenn die informellen und non-formalen Ansätze der PE wie Mentoring, Lernen am Arbeitsplatz und Lernen im Austausch mit anderen stärker als Methoden der agilen PE in den Vordergrund rücken, müssen wir uns auch Gedanken über verschiedene Wertaspekte der Weiterbildung machen.

3.4 Neue Werte in der Weiterbildung – informell statt zertifikatsorientiert

Bedeutung für Lernen und Kompetenzerwerb

Durch den starken schnellen Wandel und die steigende Komplexität der Arbeitswelt wird das lebenslange kontinuierliche Lernen immer wichtiger. Daher wurde der Begriff des »Knowledge Workers«, also des Arbeiters mit entsprechendem Wissen, auch schon in »Learning Worker« umgetauft: der Arbeiter, der stets weiter lernt. Umlernen, Neues Lernen, Informieren je nach neuem Projekt, Kontext oder genutzte Technologie – weder die Berufsausbildung noch ein Studium und schon gar nicht zwei Schulungen im Jahr reichen alleine mehr aus für den beruflichen Werdegang. Auch setzt sich die Erkenntnis durch, dass effektives Lernen im sozialen Austausch und so nah wie möglich am Arbeitsprozess stattfinden sollte, um nachhaltig zu sein. Unter dem Leitbild des 70:20:10-Ansatzes ist dies in den meisten Firmen inzwischen angekommen. Wie aber werden sich die verschiedenen Elemente des Lernens in Zukunft weiterentwickeln? Damit wollen wir uns in diesem Kapitel etwas eingehender beschäftigen.

Nicht das Zertifikat, sondern die Kompetenz ist der Wert einer Weiterbildung

Insbesondere in Deutschland sind wir noch sehr »zertifikatshörig«. Hat jemand ein bestimmtes Zertifikat erworben, gilt das als Gütesiegel für Kompetenz. Selbst der Deutsche Qualifikationsrahmen ordnet den Ausbildungen Niveaus zu, die etwas über die Kompetenz aussagen sollen. Allerdings fehlt auch hier noch ein Ansatz, die informell oder non-formal erworbenen Kompetenzen aufzunehmen und zu belegen. Handlungskompetenz, z.B. erworben in alltäglichen Lernprozessen, kann in Deutschland noch lange nicht mit dem Stempel eines Zertifikats mithalten. Lohneingruppierungen und Karrierepfade werden noch zu gerne an Abschlüsse und formale Weiterbildungen geknüpft.

Recruiting schlägt PE

Schaut man sich die Kongress- und Buchlandschaft der Personaler-Szene an, so spielt das Recruiting in Form von Personalbeschaffung und -auswahl eine deutlich größere Rolle als die Personalentwicklung. Diskutiert wird viel mehr darüber, neue Mitarbeiter zu finden, anstatt die bereits bestehende Beleg-schaft weiterzuentwickeln. Dies wird sich in der Zukunft ändern müssen – nicht zuletzt aufgrund des sich steigernden Fachkräftemangels in einigen Branchen. Doch zurzeit liegen der Fokus und das Budget der Personalarbeit selten auf der Weiterentwicklung und Förderung der Mitarbeiter.

Lernen als Schlüsselkompetenz

In den heutigen Debatten zu Personalentwicklung wird verstärkt über die Gestaltung neuer und moderner Formate gesprochen. Dies ist verständlich, da, wie oben erläutert, neue Bedarfe entstehen. Allerdings haben alle neuen Formate eines gemeinsam: die Flexibilisierung und Individualisierung. Der Mitarbeiter bekommt neue Freiheitsgrade, was er wo und wie lernt. Mit dieser neuen Freiheit kommen allerdings auch Pflichten. So bedeutet der Wandel, dass Mitarbeiter zu Gestaltern ihrer Weiterbildung werden und sich aus der Konsumentenhaltung in Seminaren lösen müssen. Dieser Wechsel setzt eine deutlich höhere Selbstverantwortung und -steuerung der eigenen Lernpro-zesse der Mitarbeiter voraus. Ohne eine Befähigung auf dieser Metaebene werden viele Mitarbeiter zuerst im Weiterbildungsprozess und dann in der Arbeitswelt abgehängt.

3.5   Neue Rollen – Ownership of learning

Wenn also der Paradigmenwechsel von einer angebotsorientierten zu einer nachfrageorientierten Personalentwicklung stattfindet, dann ändern sich die Rollen aller Beteiligten in erheblichem Maße. Was aber muss geschehen, damit der Mitarbeiter nicht abgehängt wird in der neuen Arbeitswelt?

Grundlegend muss der Mitarbeiter selbst die Verantwortung für sein Lernen im beruflichen Kontext übernehmen. Nur er erkennt den direkten Weiterbildungs-bedarf und kann diesen steuern. Jeder Mitarbeiter wird so sein eigener erster Personalentwickler. Das erfordert allerdings von vielen Menschen ein völliges Umdenken: Lernen muss von einem fremdgesteuerten zu einem selbstgesteu-erten Prozess werden. Da wir das aber bisher weder in der Schule noch in der Ausbildung oder Weiterbildung gelernt haben, überfordert dieser Wechsel der Grundhaltung die meisten Mitarbeiter zunächst. Als Ergebnis sehen wir dann beispielsweise Verweigerung oder hohe Abbruchquoten beim E-Learning.

Dass es zukünftig auch anders aussehen kann, zeigen moderne Bildungskon-ten: Jeder Mitarbeiter erhält ein jährliches, individuelles Bildungsbudget, das er für seine kurz- und langfristige Kompetenzentwicklung einsetzen kann. Das gibt ihm ganz konkret das Gefühl, für sich selbst verantwortlich zu sein, ohne dabei sein Unternehmen aus dem Blick zu verlieren. So erkennt er die Wichtigkeit von Eigenständigkeit und kommt beinahe unweigerlich zu der Erkenntnis: Mangelnde Entwicklung ist mangelnde Selbstführung.

Für Unternehmen heißt das, sie müssen die Lohnkosten in Zukunft nach der Formel planen:
Gehalt + Nebenkosten + Lernbudget
(Siehe Kapitel 7 »Der Mitarbeiter – Lernkompetenzen als Schlüssel zum Erfolg«)

Neue Rolle der Führungskraft

Während der Transformationsphase von der angebots- zu nachfrageorientierten PE muss insbesondere die Führungskraft unterstützend tätig sein. Die Rolle der Führungskraft wird die eines Lernunterstützers und -begleiters (siehe Kapitel 9 »Die Rolle der Führungskraft«).

Der Personalentwickler wird dagegen zum Coach, Berater, Stratege. Seine neue Aufgabe wird es sein, aus der Unternehmensstrategie die zukünftig geforderten Kompetenzen abzuleiten, die in Jahresgesprächen und Abteilungsbesprechungen weitergegeben werden. Er berät Abteilungen bei der Teamentwicklung und -zusammensetzung und unterstützt Mitarbeiter in deren individuellen Lernkarrieren. Die Administration von Seminarbuchungen etc. übernimmt die Technik.

Die reale Komplexität von Lernen und Entwicklung hebelt bereits heute die herkömmliche Arbeit der Personaler aus. Von zentraler Bedeutung sind dabei:

- Lernen und Weiterbildung finden in ihrem Kern außerhalb organisatorischer, d.h. betriebsgesteuerter, Weiterbildung statt;
- Teams und Lernende erhalten die Verantwortung für ihre Weiterbildung rückübertragen, was alle einschließt, die Führungskraft ebenso wie den einzelnen Mitarbeiter;
- Die Lernenden steuern ihr Lernen und ihre Weiterentwicklung selbstständig;
- Lern- und Entwicklungsformate, die den Bedarf der Zeit treffen, müssen stets sozial, vernetzend und selbst gesteuert sein.

Das große Ziel dieser Entwicklung muss also lauten: Wir müssen wegkommen von Beschulung und Belehrung im Seminarraum – selbst wenn dieser virtuell ist – und stattdessen hin zur Entwicklung von Könnerschaft in der Arbeit selbst.

Alle Rollen werden so neu definiert und müssen gewissenhaft diskutiert sowie die Veränderungen begleitet werden.

Fazit

Die Änderungen der Personalentwicklung (Fokus des informellen Lernens, Nachfrageorientierte Gestaltung, Fokus des Ergebnisses ...) sind nicht nur alter Wein in neuen Schläuchen, sondern eine fundamentale Änderung des Grundverständnisses und der Wertevorstellung im Bereiche PE, die sowohl die Änderung von Formaten als auch Rollen und Kompetenzen nach sich ziehen. Mit einer Ergänzung neuer Formate ist es also nicht getan sondern PE erlebt eine Transformation, die aktiv gestaltet werden muss.

Literatur

Bundesministerium für Bildung und Forschung (2006) Berichtssystem Weiterbildung. Integrierter Gesamtbericht zur Weiterbildungssituation in Deutschland. Berlin 2006.

Graf, N. (2016) Werte in der Weiterbildung – vom Zertifikat zum informellen Lernen, Wissenswertjournal 2/2016, S. 19-24 http://www.wissenswert-journal.de/wissenswert_2016_02.pdf

Graf, N. (2017) Die Personalentwicklung hat den Fokus verloren In: Human Resources Manager 03/2017 https://www.humanresourcesmanager.de/ressorts/artikel/die-personalentwicklung-hat-den-fokus-verloren-1329888328#comment-1787

Harrison, M. (2006) 13 Ways of Managing Informal Learning. Kineo, Januar 2006 http://www.managerseminare.de/Datenbanken_Lexikon/Informelles-Lernen,158159

Jetter, W. et al. (2005) Der Wert der Weiterbildung, Harvard Business Manager, Heft 6/2005

Leila Haida, L. (2016) E-Learning für Eilige. In Managerseminare, Heft 221, August 2016, S. 78-86. https://www.uni-oldenburg.de/fileadmin/user_upload/wire/fachgebiete/orgpers/download/Diskussionspapier01-03.PDF

Pfläging, N. (2016) Personalentwicklung ist Gängelung. In Managerseminare, Heft 225, S. 16.f

Reimann, S. (2017) Lernen für die agile Arbeitswelt Trainingaktuell, Januar 2017, S. 6-8.

Schermuly, C. et al (2012)Die Zukunft der Personalentwicklung. Eine Delphi-Studie In: Zeitschrift für Arbeits- u. Organisationspsychologie 56 (N. F. 30) 3, 111 – 122 Hogrefe Verlag, Göttingen https://www.researchgate.net/profile/Carsten_Schermuly/publication/273417643_Die_Zukunft_der_Personalentwicklung_Eine_Delphi-Studie/links/564b89db08aeab8ed5e76c4a.pdf?origin=publication_detail

Stock-Homburg, R. (2010) Personalmanagement: Theorien – Instrumente – Konzepte. 2. Auflage. Gabler, Wiesbaden 2010.

4 Agile Lernformate

In der bisherigen Diskussion wird der ein oder andere Leser sicher schon einmal darüber nachgedacht haben, inwieweit die beschriebenen Veränderungen der agilen und digitalen Welt mit der traditionellen Personalentwicklung zusammenpassen. Sie tun es nicht! Denn auch die Rolle der Personalentwicklung ändert sich in dieser veränderten Arbeitswelt, sie erhält einen neuen Stellenwert. Wie also das Verhältnis der neuen Lernformate zur Personalentwicklung austariert werden könnte, darum soll es in diesem Kapitel gehen.

4.1 Merkmalsdimensionen von Lernformaten

Die Grundprinzipien und die Organisation von Personalentwicklung gehören zu den Bereichen, die sich besonders stark verändern müssen. Das heißt auch, die bisher eingesetzten Formate zur Weiterbildung auf ihre Zukunftstauglichkeit zu überprüfen und neue Formate zu identifizieren oder zu entwickeln, die Ziele und Bedürfnisse der Lerner und der Organisation unterstützen. Der Kreativität bei der Entwicklung neuer Formate sind keine Grenzen gesetzt: TED Talks, CooC (Corporate Open Online Cources), Hackathons und vieles mehr. Um sich allerdings im Dschungel der Möglichkeiten zurechtzufinden, macht es Sinn, sich die Landschaft der Lernformate einmal genauer anzusehen und Dimensionen zu identifizieren, die eine Strukturierung möglich machen. Dabei kann die Auflistung der Dimensionen, nach denen man Lernformate unterscheidet, aufgrund der Komplexität und der Innovationen keinen Anspruch auf Vollständigkeit erheben. Nachstehend haben wir die in unseren Augen wichtigsten Dimensionen aufgeführt, die wir dann in der Folge eingehender betrachten wollen.

	Dimension	Traditionelles Lernen	Agiles Lernen
1	Initiative	strategisch (Unternehmen)	individuell
2	Auslöser	Learning for supply	Learning on demand
3	Arbeitsbezug	Off the job	On the job
4	Lernergebnis	Wissen	Kompetenz
5	Abschluss/Zertifikat	formal	informell u. non-formal
6	Freiheitsgrad	fremdgesteuert	selbstgesteuert
7	IT-Unterstützung	analoge Formate	digitale Formate
8	Kommunikation	synchron	asynchron

	Dimension	Traditionelles Lernen	Agiles Lernen
9	Kollaboration	Individuelles Lernen	Soziales Lernen
10	Lerntiefe (Lernzieltaxonomie nach Bloom)	Wissen, Verstehen	Analysieren, Evaluieren
11	Zeitliche Orientierung	Vergangenheit (Reflexion)	Zukunft

Tab. 3: Merkmalsdimensionen von Lernformaten (eigene Darstellung)

4.1.1 Initiative: strategisch vs. individuell

Die erste Dimension gibt wieder, wer die Idee zum Lernen einbringt, also sie initiiert. Zum einen kann das jeder Mitarbeiter individuell sein, weil er, bezogen auf seinen aktuellen Arbeitsplatz, entweder Defizite erkannt hat oder Stärken ausbauen möchte, um seine Arbeit besser gestalten zu können. Alternativ kann der Mitarbeiter aber auch im Rahmen seiner individuellen Karriereplanung bestimmte Themen lernen/ausbauen wie z.B. Führungskompetenz, um in seine Karriere zu investieren. Dazu absolviert er vielleicht eine IHK-Fortbildung, um einen qualifizierten Abschluss zu machen.

Das Pendant zum individuell initiierten Lernen bildet das strategisch initiierte Lernen (siehe Kapitel 8.3.1 »PE als Stratege und Sicherer des Unternehmenserfolgs«) und wird vom Unternehmen aus eingesteuert. Es kann einerseits bedeuten, die Mitarbeiter für neue Ziele in der Zukunft zu befähigen (z.B. neue Produkte oder Führungsnachwuchsförderung), oder andererseits, eine Leistungssteigerung bzw. deren Erhalt am jetzigen Arbeitsplatz zu sichern.

Im besten Fall greifen die Bedürfnisse von Unternehmen und Mitarbeiter ineinander. Meistens jedoch werden Lernprozesse entweder aufgrund der unternehmerischen Belange oder der individuellen Ziele angestoßen. In beiden Fällen der einseitigen Initiative bedarf es einer klaren Erwartungshaltung, die Mitarbeiter und Führungskraft und ggf. Personalentwicklung miteinander diskutieren müssen, um keine falschen Erwartungen auf der anderen Seite zu wecken. Inzwischen versuchen Unternehmen häufig auch den individuellen Initiativen Raum zu geben, sei es durch individuelle Karriereplanungen und -pfade oder berufsbegleitendes Studieren etc. Dahinter stecken allerdings oft auch unternehmerische Ziele wie Mitarbeiterbindung, Arbeitgeberattraktivität usw.

Strategisch motivierte Lernformate sollen nach wie vor skalierbar sein, um für eine größere Gruppe von Mitarbeitern zugänglich sein zu können. Je mehr Mitarbeiter betroffen sind, desto eher rentieren sich für Unternehmen größere Investitionen wie z.B. Serious Games. Digitale Formate bieten sich hier an, da sie schnell und global ausgerollt werden können.

4.1.2 Auslöser: Learning on demand vs. Learning for supply

»Lernen ist wie Rudern gegen den Strom. Hört man damit auf, treibt man zurück.«

Diese Weisheit stammt von Laozi. Und seine Erkenntnis gilt noch heute: Lernen ist wichtiger denn je. Lernen ist eine Investition in die Zukunft: Schule, Studium, Seminare – das alles bedeutet ein Lernen auf Vorrat (Learning for supply).

Allerdings hat sich die Art des Wissens- und Kompetenzerwerbs erheblich verändert. Lernen auf Vorrat, wie es lange Zeit in der Weiterbildung Standard war, weicht immer mehr vom Lernen on demand ab: Man lernt nur noch das, was man gerade braucht. Dazu tragen nicht zuletzt die technologischen Entwicklungen (z.B. Datenbanken, Künstliche Intelligenz, Social Media) bei, die Learning on demand erst ermöglichen. Wichtig beim Lernen on demand ist die Selektion des richtigen Angebots. Basis hierfür ist eine gute Verschlagwortung, um den richtigen Content zu finden.

Alternativ bieten sich soziale Formate an, da der »Experte« sehr gezielt auf die individuellen Bedürfnisse eingehen kann. Mentoring, kollegiale Fallberatung, Qualitätszirkel, Communites of Practice aber auch einfach Austauschforen etc. sind hierfür gute Beispiele.

Ein weiteres Beispiel für Learning on demand ist das Befragen eines Kollegen (auch mediengestützt über digitale Angebote). Der Lernende kann aber auch ein Video im Internet anschauen oder Informationen aus E-Learning-Angeboten des Unternehmens nutzen. Durch das gezielte Lernen bezogen auf die eigenen Arbeitsaufgaben findet ein effizienterer Transfer des Gelernten in den Arbeitsprozess statt. Der Mitarbeiter lernt und wendet das Gelernte direkt in seiner Arbeitstätigkeit an.

4.1.3 Arbeitsbezug: »Off the job« und »on the job« – Trend »Workplace learning«

Eine der momentan am meisten diskutierten Formen von Lernen verbirgt sich hinter dem englischen Begriff »Workplace Learning«, also das Lernen direkt am Arbeitsplatz. Lernen soll in den Arbeitsprozess integriert werden.

Dabei benutzen Experten den Begriff unterschiedlich, was wir nachfolgend als »Workplace learning im engeren Sinne« und »Workplace learning im weiteren Sinne« beschreiben und verständlich machen wollen.

»Workplace learning im engeren Sinne« bezieht sich im 70:20:10-Modell auf die 70 % Lernen direkt am Arbeitsplatz. Dazu zählt zum einen der Umgang mit realen Problemen oder spezifischen Aufgaben, aber zum anderen auch das Übernehmen neuer Aufgaben und Verantwortung im Job. Lernen und Arbeit sind nicht mehr entkoppelt voneinander zu verstehen, sondern zunehmend miteinander verwoben. Lernen wird zum Bestandteil der Arbeit. Aber auch umgekehrt zählen Erfahrungen im Rahmen der Arbeit zum Lernen. Lernen findet somit zu einem großen Teil selbstgesteuert und ohne externe Vorgaben oder Strukturierung statt. Mitarbeiter warten nicht, bis ein Seminar angeboten wird, sondern beschaffen sich selbst benötigte Informationen, die sie für die Bearbeitung aktueller Aufgaben brauchen. Damit kann Lernen ort- und zeitnah erfolgen und Gelerntes direkt im Arbeitsprozess angewendet werden.

In Projektarbeiten können Formate wie Peer groups bzw. Communitys für das Lernen im Austausch mit anderen genutzt werden. Somit können zum Beispiel interkulturelle Kompetenzen in der gemeinsamen Projektarbeit gelernt und weiterentwickelt werden. Im Rahmen von Projektarbeit werden einerseits Inhalte und Informationen ausgetauscht und andererseits in der eigenen Arbeit genutzt. Auch kontinuierliches Feedback zu Erfahrungen in Kollaborationen unterstützen das Lernen sowie die Verankerung des Gelernten im Arbeitsprozess.

> **!** **Projektarbeit**
>
> Die Projektarbeit ist ein gutes Mittel für Unternehmen, den Anforderungen der neuen, agilen Arbeitswelt zu begegnen und diese umzusetzen. Ihre Vorteile sind vielfältig, da sie ebenso vielfältige Anforderungen an die Mitarbeiter stellt und so die Ausbildung vieler zukunftsweisender Qualitäten fördert:
>
> - Sie fördert die Form der kooperativen Zusammenarbeit von Mitarbeitern ggf. aus unterschiedlichen Unternehmensbereichen.
> - Mitglieder einer Projektgruppe bearbeiten gemeinsam ein komplexes Problem, wodurch ein hoher Praxisbezug besteht.
> - Es besteht weitgehend Entscheidungsfreiheit, wie das spezifische Problem gelöst wird.
> - Projektergebnisse werden innerhalb des Unternehmens präsentiert.
> - Projektmitarbeiter erhalten Einblick in andere Unternehmensbereiche und die Gesamtstruktur des Unternehmens.
> - Sie erfordert und fördert durch die kooperative Zusammenarbeit soziale Kompetenz, aber auch methodische Kompetenzen für die Präsentation der Ergebnisse.
> - Sie setzt hohes Engagement und Motivation der Projektmitarbeiter voraus.

Typische Themen für Projektarbeit sind Kundenprojekte oder die Entwicklung neuer unternehmensinterner Arbeitsprozesse.

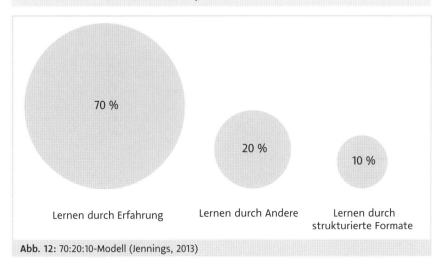

70 %

20 %

10 %

Lernen durch Erfahrung   Lernen durch Andere   Lernen durch
strukturierte Formate

Abb. 12: 70:20:10-Modell (Jennings, 2013)

»Workplace learning im weiteren Sinne« ist alles, was spezifisches Lernen für den eigenen Arbeitsplatz bedeutet. Neben dem informellen selbstgesteuerten Lernen in der Arbeitstätigkeit gehören auch – allerdings mit einem deutlich geringeren Anteil – formale Lernformate dazu.

20% des Lernens erfolgen über Mentoring, Coaching, Teamwork und informelles Feedback. Das Lernen wird somit zu einem geringeren Teil von außen begleitet, strukturiert und angeleitet.

Traditionelle Weiterbildungsformate haben beim Workplace learning nur noch wenig Relevanz. Klassische Workshops, Seminare und andere vorstrukturierte Lernangeboten machen nur 10% des Lernens am Arbeitsplatz aus und zählen zu den Angeboten off the job: Der Mitarbeiter muss seinen Arbeitsplatz verlassen bzw. seine Arbeit unterbrechen, um zu lernen.

Solche Lernformate haben noch Bestand, spielen aber insgesamt eine untergeordnete Rolle für das Lernen am Arbeitsplatz.

4.1.4   Lernergebnis: Wissen vs. Kompetenz

Wissen umfasst Fakten ebenso wie Theorien und wird in Videos, Seminaren, Schulungen etc. erworben, um bestimmte Aufgaben und Anforderungen bewältigen zu können. Durch die Aneignung und die Reproduktion des Wissens soll zum Beispiel ein erfolgreicher Schulabschluss erlangt werden. Häufig wird dabei aber auch sogenanntes träges Wissen erzeugt, das zwar in Schulungen und Ausbildung gelernt, aber später nicht angewendet wird. Bei bestimmten Inhalten wie zum Beispiel Arbeitssicherheit und Arbeitsschutzbelehrungen ist der Wissensaufbau dagegen besonders wichtig. Dazu können Lernformate wie E-Learnings, Videos, Podcasts, aber auch Printmedien genutzt werden. Für den Wissens- und Know-how-Transfer innerhalb des Unternehmens bieten sich auch interne Schulungen an, etwa punktuell durch einmalige Veranstaltungen oder durch längerfristige Schulungen.

! **Lernvideos**

Schlagwörter: digital, informell, formal, Learning on demand, selbstgesteuert
Lernvideos sollen Lerner für Wissensinhalte begeistern und Lernprozesse anregen. Sie können sowohl als Informationsquelle für das Lernen genutzt (Lerner als Konsument) als auch in der Auseinandersetzung mit einer Thematik selbst erstellt werden (Lerner als Produzent).

- **Lerner als Konsument:** Die lernförderliche Wirkung von Lernvideos (z. B. bei YouTube) liegt zum einen in der gleichzeitigen Vermittlung visueller und auditiver Information und zum anderen in der hohen Flexibilität ihrer Nutzung. Außerdem können Videos auch in einzelnen Sequenzen angesehen werden, wenn man parallel erklärte Schritte durch Ausprobieren nachvollziehen möchte (z. B. Erlernen einer neuen Software-Funktion). Um den gewünschten Nutzen von Lernvideos zu erzielen, ist die didaktische Aufbereitung der Informationen wichtig.

- **Lerner als Produzent:** Für die Auseinandersetzung mit Lerninhalten können Mitarbeiter auch eigene Lernvideos erstellen, die sie wiederum anderen Mitarbeitern zur Verfügung stellen. Lerner setzen sich bei der Erstellung von Videos aktiv und intensiv mit Inhalten auseinander und bereiten diese strukturiert visuell und auditiv auf. Dabei erstellen sie selbst das Storyboard und setzen dieses eigenständig in ein Video um. Der Fokus liegt dabei nicht auf pädagogisch-didaktischen Prinzipien, sondern auf dem Peer-to-peer-Lernen: Mitarbeiter bereiten Lerninhalte aus ihrer Sicht für andere Mitarbeiter auf. Mit Anwendungen wie Pixton (https://www.pixton.com/de/) können zum Beispiel Videos im Comic-Stil erstellt werden.

Abb. 13: Beispiel: Comic mit Pixton

Typische Anwendungsbeispiele sind die Einarbeitung von neuen Mitarbeitern, das Führen von Kundengesprächen oder die Bereitstellung von Informationen für Mitarbeiter
zur Wissensvertiefung (z.B. Aufzeichnungen von Workshops oder Präsentationen).

Für viele Arbeitstätigkeiten reicht jedoch Wissen allein nicht aus. Vielmehr ist
das »Können«, also die Umsetzung in erfolgreiches Handeln, zentral. Deshalb
gewinnen Kompetenzen immer mehr an Bedeutung. Sie beschreiben allgemein
Fähigkeiten, Fertigkeiten und Kenntnisse, die für die berufliche Tätigkeit erforderlich sind und zur Handlung befähigen. Kompetenzen werden bei der Lösung
von Praxisproblemen erworben. Im Speziellen sind vor allem die Methoden-
kompetenzen, die für die Bewältigung von Problemen und zur Entscheidungs-
findung gebraucht werden, in der heutigen Zeit relevant. Bei der Nutzung sozialer Lernformate sind insbesondere die Sozialkompetenzen als Fähigkeiten,
zielorientiert in sozialen Kontexten zu handeln, wesentlich. Gerade im Hinblick
auf die zunehmende Selbststeuerung von Lernen und Weiterbildung spielen
auch die personalen Kompetenzen, also die Einschätzung eigener Fähigkeiten,
Leistungsbereitschaft und Flexibilität sowie Lernkompetenz, eine große Rolle.

Durch ständig wechselnde, neue Anforderungen, Entwicklungen sowie zunehmende Digitalisierung und Technologisierung ist reines Wissen schnell über-
holt. Zukunftsorientierte Lernformate sind von daher vielfältiger und dienen
nicht nur dem Wissenserwerb, sondern darüber hinaus der Aneignung von
Kompetenzen, die Mitarbeiter zum erfolgreichen Handeln und zum Umgang
mit Veränderungen befähigen. Kompetenzorientierte Lernformate knüpfen
also an Fertigkeiten und Fähigkeiten der Mitarbeiter an, sind praxisnah und
an den Anforderungen der Arbeitsaufgaben orientiert. Dazu gehörten zum

Beispiel spezifische Anwendungsfälle, Selbsterfahrung, Erfahrungsaustausch und kollegiale Beratung sowie Business-Simulationen.

! **Business-Simulation**

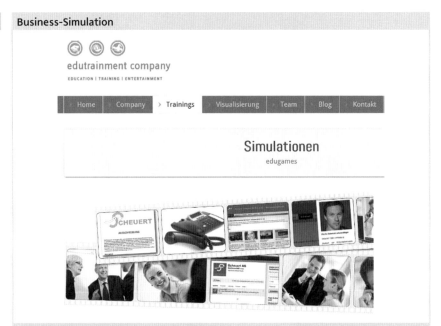

Abb. 14: Business-Simulation der edutrainment GmbH

»Stellen Sie sich folgende Situation vor:
Sie sind Teilnehmer eines Präsentationstrainings für Vertriebsmitarbeiter. Statt einer Einladung zu einem üblichen Training erhalten Sie jedoch eine Ausschreibungsunterlage der Hans Scheuert KG, die Sie zu einem Pitch einlädt. Von der Firma haben Sie noch nie gehört. Ein Blick ins Internet verrät Ihnen, dass es sich um ein edutrainment-Planspiel handelt, denn Sie finden einen Webauftritt der Scheuert KG, in dem alle üblichen Informationen zum Unternehmen enthalten sind. Die Personalentwicklung spendiert Ihnen zur Vorbereitung auf das Training noch einen Coachingtag, und dann begegnen Sie dem Geschäftsführer und dem Einkaufsteam der Scheuert KG bei einem echten Vertriebstermin. Bei dem Einkaufsleiter handelt es sich um einen Seminarschauspieler, der mit Bild und Namen auf der Internetseite vorgestellt wurde. Im firmeneigenen CRM-System haben Sie sich mit den dortigen Einträgen beschäftigt und konnten wichtige Insiderinformationen zur Scheuert KG und der besonderen Persönlichkeit des Einkaufsleiters und des Geschäftsführers finden. Gemeinsam mit den Kollegen aus ihrem Team bereiten Sie den Präsentationstermin vor, die Trainer stehen als Coach zur Verfügung. Die Präsentation selbst wird von drei Kameras gefilmt und live in einen anderen Seminarraum übertragen, wo die Kollegen und das Trainerteam schon eine erste Bewertung auf Basis einer Checkliste mit klar definierten Verhaltensindikatoren vornehmen. Die detaillierte Auswertung erfolgt dann gemeinsam, und Sie erhalten einen sehr konkreten Umsetzungsplan.« (Aus der Bewerbung zum HR Innovation Slam 3/2011)

4.1.5 Abschluss: formal vs. informell (und non-formal)

Lernen kann sowohl gezielt erfolgen, um eine bestimmte Qualifikation zu erreichen, also formal sein, als auch und sozusagen nebenbei im Alltag und im Arbeitsprozess. Das ist gemeint, wenn von informell die Rede ist.

Formales Lernen bezeichnet das Lernen in Schule, Ausbildung und Weiterbildung. Dabei sind Lerninhalte und Lernziele festgelegt, systematisch und organisiert. Der Lernprozess ist strukturiert und konsequent auf ein angestrebtes Lernergebnis ausgerichtet, das überprüft werden kann. Ebenso sind Lernort und -zeiten von Anfang bis Ende festgelegt. Das formale Lernen ist überwiegend fremdgesteuert, häufig institutionalisiert und dient oft dem Erwerb eines anerkannten Abschlusses oder Zertifikates. Gebräuchliche Lernformen für formales Lernen sind IHK-zertifizierte Weiterbildungen und MOOCs mit Abschlusstest. Aber auch Blended Learning-Szenarien (z. B. an semi-virtuellen Hochschulen) können zu formalen Abschlüssen führen.

Dagegen haben Bildungsforscher kein einheitliches Verständnis, was genau unter »informellem Lernen« zu verstehen ist.

Dohmen (2001) definiert es folgendermaßen: Der »Begriff des informellen Lernens wird auf alles Selbstlernen bezogen, das sich in unmittelbaren Lebens- und Erfahrungszusammenhängen außerhalb des formalen Bildungswesens entwickelt«.

Informelles Lernen beschreibt somit das Lernen außerhalb formaler Strukturen, z. B. in Lebenszusammenhängen wie Arbeitsplatz, Gemeinschaft, Familie, und ergibt sich aus den Anforderungen der Arbeitsaufgaben und -prozesse.

Es ist also ein individueller Prozess, dessen Lernergebnis meist offen ist bzw. sich erst im Lernprozess selbst entwickelt. Damit unterliegt das informelle Lernen allerdings auch einer gewissen Zufälligkeit. Eine pädagogische oder berufsbildende Begleitung, wie sie durch eine Lehrperson gegeben ist, gibt es nicht. Das Lernen ist vielmehr selbstmotiviert und selbstgesteuert durch den Lerner und von daher oft interessengeleitet.

Die Unterscheidung von formalem und informellem Lernen ist nicht immer einfach, da Lernen häufig Anteile beider Lernformen hat (siehe semi-virtuelles Studium). Denkt man an die externe Steuerung und Motivation zum Lernen gehen beide Formen oft ineinander über.

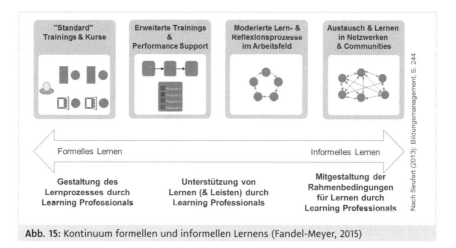

Abb. 15: Kontinuum formellen und informellen Lernens (Fandel-Meyer, 2015)

Gerade im Hinblick auf eine zunehmend komplexer werdende Umwelt und steigende Anforderungen am Arbeitsplatz gewinnt das informelle Lernen immer mehr an Bedeutung. Zum Beispiel kann der Besuch von Kongressen oder Fachmessen, aber auch Videos, Bücher, Zeitschriften sowie der Austausch mit Kollegen u. a. in Communities of Practice informelles Lernen ermöglichen.

Neue Informations- und Kommunikationstechnologien unterstützen informelles Lernen im Arbeitskontext und sind deutlich flexibler, individueller, spezifischer und autonomer als formales Lernen. Der informative Austausch mit einem Kollegen etwa über die Handhabung eines Programms ist deutlich effektiver und zeitsparender als ein Seminar zur Software.

! **Community of Practice**

Schlagwörter: informell, kooperativ, digital

Wenn es ein Instrument zur Wissensvermittlung gibt, das auf der Höhe der neuen Zeit ist, dann sicherlich die Community of Practice. Sie setzt auf gleich mehreren Ebenen an und fördert nicht nur das eigentliche Lernen, sondern zugleich auch andere Kompetenzen, die in der zukünftigen Arbeitswelt von Nutzen sein werden. Ihre speziellen Eigenschaften sind:

- kooperative Form des Lernens;
- praxisbezogene Arbeitsgruppe, die informell miteinander lernt und sich selbst organisiert;
- Mitglieder sind durch Interesse an einem Thema als Gemeinschaft vereint;
- intensive Kommunikation;
- der Wissenstransfer, der arbeitsbezogene Erfahrungsaustausch und die Weitergabe von Erkenntnissen;
- individuelle und kollektive Lernprozesse tragen zum Wissens- und Erfahrungsbestand bei;

- basierend auf Kommunikationsprozessen bilden sich Identitäten wie aktive oder weniger aktive Mitglieder, Moderator, Experten; ggf. werden externe Themenexperten hinzugeholt;
- Ziele, Aufgaben und Kommunikationswege werden von der Gemeinschaft bestimmt;
- Inhalte können konkrete Problemstellungen, allgemeine interessante Informationen, Zusammenarbeit von verschiedenen Wissensträgern sein;
- mittels digitaler Medien ist der Austausch zwischen den Beteiligten unabhängig von räumlichen und zeitlichen Bedingungen möglich.

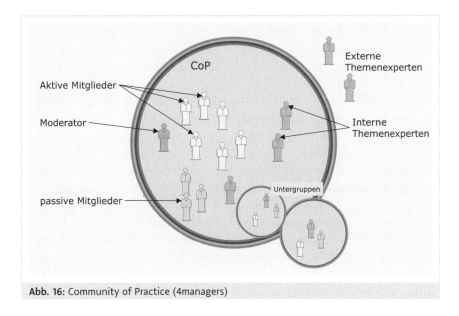

Abb. 16: Community of Practice (4managers)

Voraussetzungen am Arbeitsplatz wie die technische Ausstattung (z.B. Internetzugang für Recherche), aber auch Lernräume als Möglichkeit, sich an einen ruhigen Lernort zurückzuziehen, sich Lernzeiten zu nehmen oder mit anderen auszutauschen, können das informelle Lernen unterstützen. Gegebenenfalls müssen Vereinbarungen getroffen werden, etwa über die Nutzung des Internets während der Arbeitszeit. Aber auch die Verfügbarkeit vielfältiger Lernangebote kann wesentlich zum informellen Lernen beitragen.

Betrachten wir die zunehmende Nutzung agiler Methoden insgesamt, fällt auf, dass informellem Lernen dort ein größerer Stellenwert zukommt und die Unterschiede zwischen formellem und informellem Lernen immer geringer werden. Diesen Aspekt werden wir in der Diskussion von Lernen in agilem Kontext weiter unten in diesem Kapitel erneut aufnehmen.

4.1.6   Freiheitsgrad: selbstgesteuert vs. fremdgesteuert

Lernen kann weiterhin nach der Art der Freiheitsgrade unterschieden werden. Fremdgesteuertes Lernen wird gänzlich von außen gesteuert und strukturiert. Dabei sind Lernziele, -inhalte, -prozesse und -methoden vorgegeben. Mitarbeiter nehmen teil, führen aus und konsumieren, haben aber selbst keine Kontrolle über den Lernprozess. Bedürfnisse und Voraussetzungen des Lerners werden nicht berücksichtigt. Die Fremdsteuerung kann durch die Führungskraft erfolgen, z.B. in Form von Gesprächen oder Kollegen, aber auch durch entsprechend vorstrukturierte Lernangebote wie Seminare, synchrone E-Learning-Module und Workshops.

Beim selbstgesteuerten Lernen als Pendant liegt das Lernen gänzlich in der Hand des Mitarbeiters, der selbst bestimmt, ob, was, wie, wann und wo er lernt. Wesentlich im Prozess zur Selbststeuerung ist zunächst das Initiieren des Lernens. Mitarbeiter bzw. Lerner müssen sich zunächst erst einmal selbst zum Lernen motivieren, um dieses dann auch aktiv zu gestalten. Durch die Selbststeuerung kann das Lernen entsprechend der eigenen Lernbedürfnisse bzw. gemäß dem eigenen Lernbedarf gestaltet werden. Ziele und Inhalte sowie der entsprechende Lernweg werden vom Mitarbeiter bestimmt und knüpfen direkt an bestehendes Wissen und Erfahrungen an. Dadurch wird auch den eigenen Ressourcen Rechnung getragen. Man lernt, was man braucht, und zwar auf die Art und Weise, wie es den eigenen Präferenzen entspricht. Damit ist diese Form des Lernens wesentlicher individueller und bedarfsgerechter als beim fremdgesteuerten Lernen. Mitarbeiter wissen schließlich am besten, was sie lernen müssen und für ihre Arbeit brauchen.

Hier sieht man bereits die enge Verflechtung mit der vorherigen Dimension formal und informell: Je selbstgesteuerter ein Lernprozess ist, desto individueller wird er und desto weniger ist er in formale Abschlüsse zu überführen.

Gerade im Hinblick auf die steigende Dynamik von Arbeitsprozessen und die zunehmende Digitalisierung der Arbeit, ist effektives selbstgesteuertes informelles Lernen essentiell, um mit den Veränderungen Schritt halten zu können. Lernen erfolgt demnach hauptsächlich flexibel, zeitnah und direkt am Arbeitsplatz, genau dann, wenn der Lernbedarf besteht. Dies kann durch Recherche im Internet oder den Austausch mit Kollegen stattfinden, aber auch anhand frei zugänglicher Quellen wie MOOCs geschehen. Damit wird die Flexibilität der Mitarbeiter gesteigert, sie müssen nicht mehr warten, bis ein entsprechendes klassisches Lernformat angeboten wird, in dem womöglich auch nicht die spezifische Problemstellung im Fokus steht. Motivation und Lernbereitschaft sind bei selbstgesteuerten Lernprozessen oft hoch, wodurch nicht nur das Lernen erleichtert wird, sondern auch die Umsetzung des Gelernten in entsprechende Handlungen: Man lernt, was man braucht und nutzt.

Abbildung 17 fasst die Vielfalt möglicher Lernformate anhand der Dimensionen Abschluss und Freiheitsgrade zusammen.

Abb. 17: Übersicht Lernformate: »formell vs. Informell« und »selbst- vs. fremdgesteuert« (Meyer und Seufert, 2012)

4.1.7 IT-Unterstützung: digital vs. analog

Lernformate können nach dem Ausmaß der IT-Unterstützung in analog und digital kategorisiert werden.

Analoge Lernformate sind zum Beispiel klassische Präsenzveranstaltungen wie Seminare, aber auch moderne Formate wie »Lunch & Learn«, die den direkten Austausch unter den Teilnehmern ermöglichen. Solche analogen Formate können sowohl zur reinen Wissensvermittlung als auch zur Reflexion und zum Kompetenzaufbau genutzt werden, wenn beispielsweise Übungen und Rollenspiele integriert werden. Durch eigenes, praktisches Erleben werden Lernerfahrungen gemacht. Darüber hinaus bieten analoge Formate die Möglichkeit der direkten, unmittelbaren Interaktion zwischen den Teilnehmern. Lernen resultiert hierbei aus der gemeinsamen Erfahrung und dem gemeinsamen Reflektieren.

Allerdings ist mit Präsenzlernen häufig auch ein hoher Aufwand wie Reisetätigkeit, Vertretungssuche etc. verbunden. Die Terminierung der Veranstaltungen schränkt zusätzlich die Flexibilität solcher Formate ein.

Im Gegensatz dazu steigt die Vielzahl der digitalen Lernformate mit dem technischen Fortschritt. Digitale Lernformate sind weitgehend unabhängig von zeitlichen und räumlichen Einschränkungen, so können etwa E-Learning-Module nach Bedarf direkt am Arbeitsplatz genutzt werden. Bei vorstrukturierten digitalen Lernangeboten kann der Lerner dagegen häufig nur passiv konsumieren und nicht direkt interagieren. Interaktive Anwendungen wie Lernquizzes können derartige Lernprozesse bereichern. Andere digitale Lernformate bieten hingegen viele Gestaltungsmöglichkeiten zur Interaktion und Kollaboration, hierzu zählen unter anderem Communities of Practice oder Onlinespiele. Durch Gamification-Ansätze (Wettbewerbe, Geschichten, Spiele) können zum Beispiel Hemmschwellen für das Lernen abgebaut werden. Allein schon durch das große Spektrum digitaler Lernangebote wie Videos, Communities, Webinare, Wikis, Mobile Learning usw. erfolgt das Lernen wesentlich vielfältiger und damit ansprechender.

> **!** **Game based learning**
>
> **Schlagwörter: individuell, digital, selbstgesteuert, sozial & individuell, informell, synchron & asynchron**
>
> Schon die Schlagwörter zeigen, wie vielfältig und umfassend ein spielbasiertes Lernen sein kann. Seine Eigenschaften und Vorteile sind:
>
> - implizites Lernen durch Verbindung von E-Learning und Computerspiel;
> - anhand eines komplexen Szenarios müssen Probleme gelöst und Entscheidungen getroffen werden (z. B. Wirtschaftssimulation);
> - durch Interaktivität können direkt Konsequenzen von Handlungen und Entscheidungen erlebt werden;
> - »spielerisches« Lernen erhöht das positive Empfinden beim Lernen;
> - durch gemeinsames Spielen findet soziale Interaktion zwischen den Beteiligten statt;
> - erfordert Kooperations- und Konfliktlösefähigkeit, kommunikative Fähigkeiten, Durchsetzungsfähigkeit;
> - ermöglicht die Übernahme spezifischer Aufgaben und Verantwortlichkeiten;
> - Spielwelten sind so gestaltet, dass neues Wissen und Fähigkeiten erworben werden können.
>
> Wie ein spielbasiertes Lernen aussehen kann, wollen wir abschließend noch anhand eines sogenannten »Serious Game« zeigen und da gleich die Fachleute von game-learn.com zu Wort kommen lassen:
>
> »Bestandteile eines »Serious Game«:
>
> Gamification: Der zweite grundlegende Baustein eines Serious Game sind die Spieldynamiken: Rankings, Bonusse, Badges und Punktsysteme. Diese Gamification

spornt die Spieler an und motiviert sie, denn wir alle freuen uns, wenn wir mehr Münzen oder Leben gewinnen oder zur nächsten Spielrunde aufsteigen.

Sofortiges und individuell zugeschnittenes Feedback: Im Unterschied zu Präsenz-schulungen, an denen normalerweise dutzende von Lernern teilnehmen, bieten Serious Games ein sofortiges, individualisiertes Feedback. Der Spieler interagiert direkt mit dem Spiel und erhält umgehend positive Rückmeldung oder Verbesse-rungsvorschläge. Bei modernen Videospielen kann dieses Feedback detailliert sein und Begründungen enthalten.

Simulation: In den meisten Fällen ahmen die Serious Games Situationen aus dem echten Leben nach. Der Spieler, der in einer nachgestellten Umwelt mit fiktiven Charakteren interagiert, taucht in eine Welt ein, die der jenseits von Computern und Smartphones ähnelt. Dank dieser Art von Simulatoren interagieren die An-wender mit dieser neuen Realität und wenden die während des Spiels erworbenen Fertigkeiten und Konzepte an.«[7]

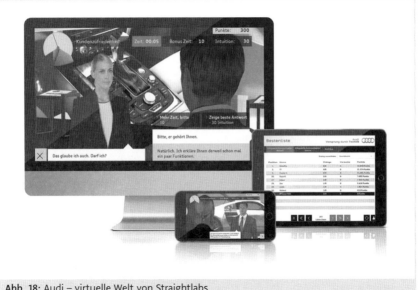

Abb. 18: Audi – virtuelle Welt von Straightlabs

---

7   https://game-learn.com/alles-was-sie-uber-serious-games-und-game-based-learning-wissen-sollten-acht-beispiele/

Abb. 19: Audi – virtuelle Welt von Straightlabs

Auch Mischformen aus digitalem und analogem Lernen sind eine Option. So können Wissensinhalte zunächst durch digitale Lernmodule oder Webinare erlernt und danach in einer Workshop- bzw. Seminarphase vertieft und geübt werden. Umgekehrt besteht auch die Möglichkeit, ergänzendes Material zu Seminaren digital zur Verfügung zu stellen und eine Plattform für den kollaborativen Austausch (z. B. learning communities) zu schaffen. Solche Blended Learning-Konzepte nutzen die breite Vielfalt von Lernformaten und integrieren beide Ansätze, um damit neue Möglichkeiten zum Lernen schaffen.

! **Mobile Learning**

Schlagwörter: selbstgesteuert, Learning on demand, individuell, digital, informell
Eine weitere Vertiefung des digitalen Lernens ist durch das Mobile Learning geboten. Wie der Name schon sagt, kann es nicht nur damit punkten, ortsungebunden zu sein. Weitere Vorteile und Dimensionen sind:
- Spezialform von E-Learning;
- lernen mit mobilen Endgeräten (Smartphones, Handys, Tablets etc.);
- mobiles Gerät als Kommunikationsmittel und kognitives Werkzeug verwendet;
- handlungsorientiertes Lernen integriert in den Arbeitsprozess möglich;
- situiertes, problembasiertes Lernen: Bewältigung authentischer Probleme durch Aktivitäten des Lernenden in sozialer Realität;
- aufgabenorientiertes Lernen: strukturierte Lerninhalte orientiert an Anforderungen von Aufgaben, reale Arbeitsaufträge in systematisch aufbereitete Aufgabenstellungen überführt;
- informelles Lernen: unmittelbare, zeitnahe Lösung einer spezifischen Situationsanforderung oder eines Problems.

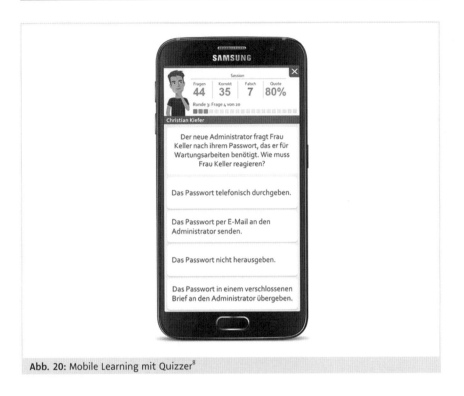

Abb. 20: Mobile Learning mit Quizzer[8]

Allerdings ist gerade die Vielfalt der verfügbaren digitalen Lernformate und -angebote für Mitarbeiter Fluch und Segen zugleich. Ihnen steht zwar ein breitgefächertes Angebot von Lernformaten im Internet und durch Lernangebote im Unternehmen zur Verfügung, aus dem sie für sich das geeignete Format wählen können. Oft reicht das reine Angebot digitaler Lernformate jedoch für das erfolgreiche Lernen von Mitarbeitern allein nicht aus. Zusätzlich benötigen Mitarbeiter Orientierung, Beratung, Begleitung und Unterstützung beim digitalen Lernen durch Personalverantwortliche und Führungskräfte.

4.1.8 Kommunikation: synchron vs. asynchron

Eng verbunden mit der IT-Unterstützung ist die Frage der Kommunikation. Die synchrone Kommunikation ermöglicht den gleichzeitigen Austausch miteinander. Dadurch können lebhafte und anregende Diskussionen entstehen. Teilnehmer können in Chats, Webkonferenzen oder virtuellen Klassenzimmern miteinander kommunizieren, aber ebenso durch Application sharing, oder sie

---

8   http://ml-labs.com/mobile_learning_labs_quizzer-2/

und tauschen Informationen in Echtzeit miteinander aus. Damit können u.a. auch Gruppenarbeiten oder virtuelle Teammeetings für das gemeinsame Lernen genutzt werden.

Aber auch mittels asynchroner Kommunikation werden Informationen ausgetauscht, nur eben zeitversetzt und ortsunabhängig; E-Mail, Foren, Wikis oder Lernplattformen sind Beispiele hierfür. Außerdem besteht die Möglichkeit, Aufgaben zu bearbeiten oder die Ergebnisse online zur Verfügung zu stellen, um Feedback zu erhalten. Kollaboratives Arbeiten in virtuellen Teams kann ebenso asynchron erfolgen. Durch die zeitlich versetzte Kommunikation ist eine intensivere und reflektierte Auseinandersetzung mit einem Thema möglich als in der synchronen Kommunikation, die dem unmittelbaren Austausch dient. Allerdings sind gerade Anwendungen wie Wikis oder Foren vom Engagement der Einzelnen abhängig, um den Informationsfluss und -austausch am Laufen zu halten. Dafür gilt es ggf. Verantwortlichkeiten und Rollen (z.B. Moderation in Foren) zu klären.

4.1.9 Kollaboration: soziale vs. individuelle Formate

Durch die Vielfalt der Lernformate kann auch die Unterscheidung in sozial und individuell getroffen werden. Dazwischen liegt ein Kontinuum verschiedenster kollaborativer Lernformate.

Individuelle Lernformate sind viele E-Learnings, Podcasts, das Internet, Handouts, WBT-Fachzeitschriften und vieles mehr, also Formate, die unabhängig von anderen für das eigene Lernen genutzt werden können. Sie ermöglichen es Mitarbeitern, selbstständig und entsprechend ihres Bedarfs zu lernen. Der Austausch und die Kooperation mit anderen stehen dabei nicht im Mittelpunkt.

Auf der anderen Seite setzen kollaborative, soziale Lernformate auf die Interaktion zwischen den Beteiligten einer Gruppe, die Informationen, Inhalte und Wissen austauschen und gemeinsam bearbeiten. Dazu gehören Webkonferenzen und MOOCs, aber auch Präsenztrainings und Mentoring. Wesentlich ist dabei nicht das individuelle Lernen des Einzelnen, sondern das gemeinsame Lernen in einer Gruppe. Dies fördert die kritische Auseinandersetzung mit Inhalten. Im Rahmen kollaborativer Lernformate generieren und produzieren Mitarbeiter u.a. neue Inhalte und Informationen zu einem bestimmten Thema und stellen sie anderen zur Verfügung. Konkret können von einigen Mitarbeitern zum Beispiel kurze Videos für die Arbeitsschutzbelehrung erstellt werden, die dann von der Gesamtbelegschaft genutzt werden können.

MOOCs (Massive open online course)   **!**

Schlagwörter: digital, selbstgesteuert, sozial und individuell, informell und formal, synchron und asynchron

Nachdem sie nun schon sooft Erwähnung gefunden haben, wollen wir uns jetzt einmal genauer anschauen, was MOOCs überhaupt sind. Nicht nur gibt es zwei verschiedene Arten von MOOCs, sondern auch ihr Nutzen ist vielfältiger Natur:

- kostenlose Onlinekurse zu verschiedensten Themenbereichen;
- Kombination traditioneller Lernformen zur Wissensvermittlung wie Videos, Skripte etc. mit Foren und sozialen Netzwerken zur Kommunikation und Interaktion zwischen den Beteiligten;
- MOOCs ermöglichen selbstbestimmtes Lernen durch die auf dem Lernbedarf basierende Auswahl geeigneter Inhalte und Informationen;
- Zu unterscheiden sind zwei Arten von MOOCs:
  - **xMOOC**: Webvideos und ggf. Zusatzmaterial sind für das Selbststudium verfügbar. Begleitende Onlineforen unterstützen zusätzlich. xMOOCs nutzen spezielle Plattformen. Anwendungen wie Coursera, Udacity oder edX bieten kurze Videolektionen kombiniert mit kurzen Quizzes;
  - **cMOOC**: kein zentral zur Verfügung gestelltes Lernmaterial, kein Curriculum oder Lernziel, sondern das Lernen erfolgt konnektivistisch. Wissen wird also getauscht, Interaktion ersetzt die Instruktion. Der Lerner wird damit vom Rezipienten zum Produzenten. Thema und zeitlicher Verlauf sind festgelegt, der Rest erfolgt über soziale Medien (z.B. Blogs, Twitter, Facebook etc.), die auf einer zentralen Website verlinkt sind. Voraussetzung ist eine große Teilnehmerzahl, da oft nur wenige Nutzer tatsächlich aktiv sind. Bisher gibt es nur wenige cMOOCs.

Corporate Learning 2.0 MOOC (http://colearn.de/cl2025/) beschäftigt sich zum Beispiel damit, wie MOOCs und Cooperate Learning in Verbindung miteinander und über Organisationsgrenzen hinweg zukünftig genutzt werden kann. Im Rahmen dieser offenen Plattform kann der Austausch sogar über verschiedene Unternehmen erfolgen, um Einblick in Konzepte zu gewähren, Formen und Formate auszutauschen und Anregungen zu gewinnen.

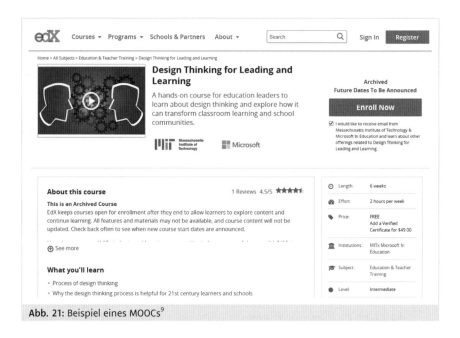

Abb. 21: Beispiel eines MOOCs[9]

Ein wesentlicher Vorteil des kollaborativen Lernens ist der motivierende Aspekt der Zusammenarbeit mit Kollegen, weil so ein gemeinsames Ziel erreicht werden kann. Für eine konstruktive Zusammenarbeit ist es jedoch wichtig, dass sich alle Teilnehmer daran beteiligen, einen Beitrag leisten und Verantwortung im Sinne der Gruppe übernehmen. Unter diesen Bedingungen können zum Beispiel Projektarbeiten, aber auch Maßnahmen zum Teambuilding realisiert werden. Zu den sozialen Lernformaten gehören außerdem Coaching und Mentoring, die gezielt das Lernen im direkten Miteinander unterstützen.

---

9   https://www.edx.org/course/design-thinking-leading-learning-mitx-microsoft-education-11-155x

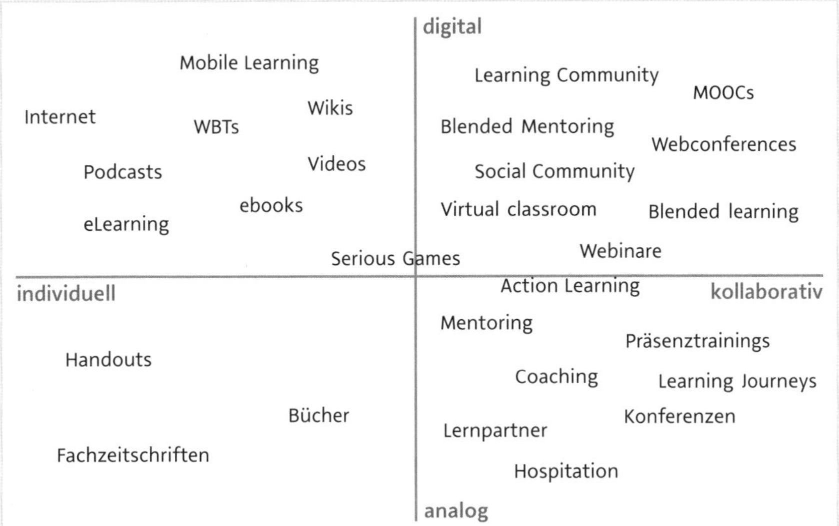

```
                                    │ digital
              Mobile Learning       │        Learning Community
                                    │                          MOOCs
    Internet              Wikis      │  Blended Mentoring
                 WBTs               │                   Webconferences
        Podcasts          Videos    │    Social Community
                  ebooks            │  Virtual classroom    Blended learning
      eLearning                     │                Webinare
                   Serious Games    │        Action Learning
  individuell                       │                        kollaborativ
                                    │   Mentoring
                                    │                  Präsenztrainings
       Handouts                     │          Coaching
                                    │                  Learning Journeys
                  Bücher            │                 Konferenzen
                                    │   Lernpartner
    Fachzeitschriften               │          Hospitation
                                    │ analog
```

Abb. 22: IT-Unterstützung und Kollaboration (eigene Darstellung)

Mentoring

Schlagwörter: kollaborativ, analog, sozial

Schon bei Homer kommt der Mentor vor in Person eines väterlichen Freundes und Erziehers. Er ist sprichwörtlich geworden für einen Fürsprecher, Förderer und erfahrenen Berater. Ein ähnliches Beziehungsverhältnis drückt sich aus, wenn wir beim agilen Lernen von Mentoring reden. Es beinhaltet folgende Aspekte:

- Weitergabe von Wissen und Fähigkeiten von einer Person an eine unerfahrene Person, Vermittlung von informellen und impliziten Regeln;
- Mentor hat keine neutrale Position, sondern vermittelt sein Wissen mit viel Engagement, der Mentor ist Förderer, Ratgeber, Vorbild, Coach und Kritiker;
- das Mentoring kann organisationsintern oder organisationsübergreifend durch externen Mentor erfolgen;
- der Mentee, der Wissensempfänger, kann eigene Fähigkeiten besser einschätzen, erhält Unterstützung bei Tätigkeiten, Möglichkeit, Kontakte zu knüpfen, Einbindung in Netzwerk, praktische Tipps für das Erreichen beruflicher Ziele, langfristige Förderung der Karriere;
- Mentor kann selbst frische Ideen und Impulse erhalten, eigenes Arbeiten reflektieren, soziale und kommunikative Kompetenzen trainieren, Kooperationen ausbauen.

Typische Anwendungsbeispiele sind das Mentoring für Führungskräfte oder die Einarbeitung neuer Mitarbeiter.

4.1.10 Lerntiefe: Lernzieltaxonomie nach Bloom

Zusätzlich zum Lernformat, dem Lernweg, also die Gestaltung des Lernprozesses mit all seinen Facetten gehört auch die Definition von Lernzielen: Sie müssen sich frühzeitig darüber im Klaren sein, was Sie am Ende können wollen! Das ist die sogenannte Lernzieltaxonomie.

Wir orientieren uns im Folgenden an der Lernzieltaxonomie von Bloom.

An ihr lassen sich verschiedene Lernziele abstufen. Am Anfang steht der Erwerb von Wissen, also Faktoren und Informationen über ein Thema. Dazu können zum Beispiel Informationen aus Wikis, eBooks o.ä. genutzt werden. Weiterhin kann es ein Ziel sein, Dinge genauer zu verstehen, zu erläutern oder anzuwenden. Letzteres ermöglicht etwa das Lösen von Problemen in einem ähnlichen Zusammenhang. Passende Lernformate für diese Ziele sind serious games, aber auch Übungssequenzen in Trainings, in denen man sich intensiver mit Inhalten und Informationen auseinandersetzt. Auch das Analysieren kann ein Lernziel sein. Dieses befähigt zum Prüfen von Informationen und Schlussfolgerungen. Dazu eignen sich Lernformate wie MOOC oder Präsenztrainings. Letztere können auch für das Lernziel der Synthese, also das Formulieren neuer alternativer Lösungen und neuer Zusammenhänge, genutzt werden. Dafür ist eine intensive Auseinandersetzung mit einem Thema erforderlich, um ein tieferes Verständnis aufzubauen. Gilt es, Dinge zu beurteilen und Meinungen zu verteidigen, eignen sich vor allem Social Communities. Diese ermöglichen die kritische Auseinandersetzung mit Inhalten und so das Reflektieren von Informationen.

Schon dieser kurze Überblick macht deutlich, dass für verschiedene Lernziele im Sinne der angestrebten Lerntiefe unterschiedliche Lernformate genutzt werden können. Das Setzen von Lernzielen ist somit nicht nur für die Zielorientierung relevant, sondern bereits für die Wahl einer geeigneten Realisierung des Lernens und damit für die Ausgestaltung des Lernprozesses.

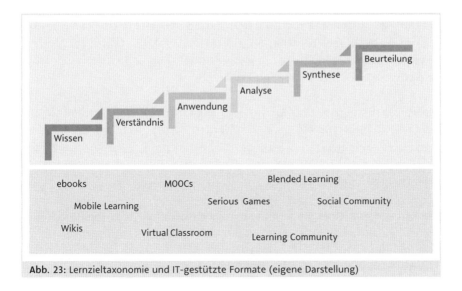

Abb. 23: Lernzieltaxonomie und IT-gestützte Formate (eigene Darstellung)

4.1.11 Zeitliche Orientierung: Zukunft, Gegenwart, Vergangenheit

Lernen kann zeitlich unterschiedlich orientiert sein. Dazu gehört das vorbe-
reitende Lernen, bei dem vorbereitend Wissen und Kompetenzen erworben
werden, womit es auf die Zukunft bezogen ist. Dies kann zum Beispiel eine
Grundausbildung oder die berufliche Weiterbildung sein, deren Notwendigkeit aus sich verändernden Technologien und Methoden etc. resultiert. Digitale Lernformate sind hierfür hilfreich, ihre Nutzung setzt aber ein Mindest-
maß an Medienkompetenz voraus, die es vorbereitend zu erwerben gilt.

Weiterhin kann Lernen situativ veranlasst oder gewollt sein. Damit liegt der
Anlass des Lernens in der Gegenwart, nämlich dann, wenn beim Mitarbeiter
im Arbeitskontext Fragen oder Probleme aufkommen, die für das Bearbeiten
der Aufgabe situativ geklärt werden müssen. Für die Lösung solcher Probleme
könnten Onlinebibliotheken oder Foren genutzt werden.

Liegt die zeitliche Orientierung in der Vergangenheit, kann retrospektiv das
Lernen reflektiert werden, etwa in Form einer Rückschau auf ein Ereignis oder
einen bestimmten Zeitraum. Was wurde in diesem gelernt bzw. was kann aus
einem betrachteten Element gelernt werden? Digitale Lerntagebücher erwei-
sen sich hierfür oftmals als ein brauchbares Mittel.

Die Übersicht der verschiedenen Dimensionen macht die Vielfalt möglicher
Lernformate deutlich. Die Verschiedenartigkeit der Formate bietet unterschiedliche Zugänge, um Lernen zu gestalten und für die eigene Weiterent-

wicklung zu nutzen. Die ausgewählten Beispiele geben nur einen kleinen Einblick in die Fülle verschiedener Angebote. Interessierten Lesern sei geraten, selbst einmal im Internet nach Angebote zu schauen und sich mit den Möglichkeiten des Lernens vertraut zu machen.

Die gängigen Formate des Lernens sind allerdings nur eingeschränkt in der Lage, die sich hieraus ergebenden Anforderungen zu erfüllen. Sie basieren meist auf vordefinierten Standards (Kompetenzprofile, Karrierepfade etc.) und von daher nicht dazu geeignet, das situative, individuelle Lernen nah am Arbeitsplatz zu unterstützen.

Die Kernaufgabe einer modernen Personalentwicklung wird somit darin bestehen, die bisher eingesetzten Formate auf ihre Zukunftstauglichkeit hin zu überprüfen und bei Bedarf neue Formate zu identifizieren oder gleich selbst zu entwickeln, die die Ziele und Bedürfnisse der Lerner ebenso wie die der Organisation unterstützen.

4.2   Lernformate im agilen Umfeld

In agil arbeitenden Organisationen verändert sich nicht nur die Art des Arbeitens, auch Lernen erfolgt nach anderen Prinzipien und zum Teil mit anderen Formaten. Im Folgenden wollen wir daher den Fokus auf Lernen in agilen Organisationen legen und diskutieren, wie agile Lernformate aussehen können.

Lassen Sie uns zur Erinnerung vorher jedoch noch einmal die wichtigsten Eigenschaften der agilen Lernwelt auflisten. Agiles Lernen ist: selbstverantwortet, selbstorganisiert, vernetzt, digital, individualisiert usw.

Wenn wir in die Welt des agilen Arbeitens schauen, hat sich dort eine Reihe von Lernformaten etabliert, die Spezifika der agilen Arbeitswelt aufnehmen und umsetzen. Diese Formate zielen direkt auf spezifische Eigenheiten des agilen Arbeitens bzw. fügen sich in die neue Arbeitswelt dadurch ein, dass sie Grundprinzipien agilen Arbeitens (vergl. Agiles Manifest in Kapitel 2) repräsentieren. Was zeichnet agile Lernformate im Sinne der obigen Dimensionen aus?

4.2.1 Agile Lernformate

Agile Lernformate

- zeigen ein hohes Maß an Selbststeuerung und Kooperation,
- sind meist direkt mit den Aufgaben/dem Arbeitskontext verbunden (Learning on demand),
- fokussieren auf »das Wirksame«, statt Regeln, Prozesse etc. in den Vordergrund zu stellen, d.h. sie sind informell, und
- gehen davon aus, dass es viele »Wahrheiten« und Möglichkeiten gibt und der Lerner selber fähig ist, die für sich beste Variante zu finden.

In Anhang 11.4 haben wir ein paar weitere Überlegungen zu den Prinzipien agiler Lernformate angestellt. Dazu werden die Prinzipien, die im Agilen Manifest genannt sind, auf die Personalentwicklung übertragen.

4.2.2 Beispiele agiler (Lern-)Formate

Hackathon
Ein Hackathon (aus »Hack« und »Marathon«) ist eine meist eintägige Software- und Hardwareentwicklungsveranstaltung. Alternative Bezeichnungen sind »Hack Day«, »Hackfest« und »Codefest«. Ziel eines Hackathons ist es, innerhalb der Dauer dieser Veranstaltung gemeinsam nützliche, kreative oder unterhaltsame Softwareprodukte herzustellen. Die Teilnehmer kommen üblicherweise aus verschiedenen Gebieten der Software- oder Hardwareindustrie und bearbeiten ihre Projekte häufig in funktionsübergreifenden Teams. Hackathons haben oft ein spezifisches Thema oder sind technologiebezogen. Quelle: https://de.wikipedia.org/wiki/Hackathon

ShipIT Day (FedEx Day)
Manche Software-Unternehmen geben ihren Mitarbeitern an einem Tag im Quartals (andere Rhythmen sind möglich) die Möglichkeit, sich mit irgendeinem Thema aus ihrem Arbeitsumfeld zu beschäftigen. Nach 24 Stunden (daher auch als FedEx Day bezeichnet) werden die fertigen Ergebnisse vorgestellt.

Mit einem ShipIT Day werden mehrere Ziele verfolgt:
- Kreatitvität fördern. Das Format zielt bereits auf Kreativität, die Beteiligung aller Mitarbeiter steigert zusätzlich die Chance, dass etwas Kreatives entwickelt wird.
- Die vielen kleinen und meist auch bekannten Probleme der eigenen Produkte erhalten eine Bühne und werden beseitigt.

- Radikale Ideen erhalten die Chance, umgesetzt zu werden. Das ist in diesem Format möglich, während im Alltag kaum eine Chance (und vor allem keine Lust) besteht, über radikale Änderungen zu sprechen.
- Spaß! Die Zusammenarbeit an selbstgewählten Themen macht einfach Spaß.

Ein Erfolgsfaktor für gelungene ShipIT Days ist die gute Planung des Tages. Hierzu überlegen sich die Mitarbeiter, woran sie arbeiten wollen, und erstellen erste Mockups (nicht funktionsfähige Demos). Aus den eingereichten Ideen werden in Meetings zwei bis drei ausgewählt, an denen dann am ShipIT Day gearbeitet wird.

Ein lesenswertes FAQ zum eigenen ShipIT Day hat Atlassian ins Netz gestellt: https://confluence.atlassian.com/display/SHIPIT/ShipIt+Day+FAQ Von Atlassian stammt auch das folgende Zitat: »Shipit. 24 hours to innovate. It's like 20 % time. On steroids.«

Brown Bag Meetings (Lunch & Learn)
Brown Bag Meetings sind vor allem dazu gedacht, die kontinuierliche Weiterbildung zu fördern. Hierzu wird über Mittag zu kurzen Veranstaltungen – max. 1 Stunde – eingeladen, in denen ein Mitarbeiter des Unternehmens über seine Arbeit berichtet bzw. einen Lehrvortrag zu einem Thema hält. Anschließend wird über das Thema diskutiert. Die Zuhörer nehmen freiwillig an dem Meeting teil und bringen ihr Mittagessen (engl: Lunch) mit. Daher stammt der Begriff Brown Bag Meeting, denn in den USA wird Lunch häufig in braunen Papiertüten verpackt. Da die Mitarbeiter ihre Pause für die Weiterbildung einsetzen, übernehmen einige Unternehmen die Kosten für das Lunch und stellen die braunen Tüten mit einem Mittags-Snack.

Brown Bag Meetings haben sich als gute und sehr einfach zu organisierende Möglichkeit erwiesen, den Wissenstransfer in Teams und im Unternehmen zu fördern. Werden Meetings gemeinsam mit anderen Unternehmen organisiert, kommt es sogar zum Wissenstransfer zwischen den Organisationen.

Rotation Days
Ein Rotation Day ist eigentlich eine banale Idee, zugleich aber auch eine hervorragende Möglichkeit, zu lernen und das eigene Netzwerk im eigenen Unternehmen zu stärken. Die Idee ist, dass fünf Teams mit je drei bis fünf Mitgliedern und unterschiedlicher Fachrichtung an einem Tag pro Monat ein Mitglied eines anderen Teams aufnehmen. An diesem Tag arbeitet der Gast voll mit, was wiederum bedeutet, dass sein Einsatz durch eine klare Aufgabenbeschreibung gut vorbereitet sein muss. Am Ende des Tages treffen sich Gast

und Team, um die Erfahrungen des Tages zu dokumentieren und ihren Lern-
effekt zu beschreiben. Der Rotation Day ist leicht organisierbar und erleichtert es, grundlegendes Wissen und wichtige Erfahrungen im Unternehmen zu
verteilen. Gleichzeitig wird der Silobildung im Unternehmen vorgebeugt. In
agilen Arbeitsumgebungen ist dies besonders wichtig, da die selbstorganisierten Teams stets eine Tendenz zu verengten Sichtweisen und Abkopplung
vom Rest der Organisation zeigen. Der Ausbildung von sozialen und fachlichen »Blasen« sollte daher durch die Führungskräfte und Formate wie dem
Rotation Day vorgebeugt werden.

Working Out Loud – WOL

Working Out Loud (WOL) steht für eine transparente, offene Zusammenarbeit
innerhalb eines Netzwerkes. Hierzu werden eine Grundeinstellung zu trans-
parentem Arbeiten, ein gutes persönliches Netzwerk und moderne Kommunikationsmittel benötigt. Inzwischen steht WOL als Synonym für Arbeiten in
der digitalen und agilen Welt.

Der Begriff Working Out Loud geht auf Brace Williams zurück, der ihn 2010
prägte. Berühmt wurde dieses Vorgehen durch das gleichnamige Buch von Jon
Stepper, in dem er die Idee weiterentwickelte. Er schreibt hierzu:

»Working Out Loud ist eine Lebenseinstellung, zugleich aber auch eine Reihe
praktischer Techniken, um diese Einstellung im Alltag umzusetzen. Eine Art
‹Dale Carnegie trifft das Internet›: Durch einen großzügigen und einfühlsa-
men Einsatz moderner Arbeitswerkzeuge baut man Beziehungen auf. Auf
diese Weise entwickelt man nach und nach eine offene, freigiebige und vernetzte Arbeits- und Lebenseinstellung. Mithilfe dieses Ansatzes macht der
Alltag mehr Spaß und man entdeckt ungeahnte neue Möglichkeiten.« Quelle:
Jessica Rush auf http://workingoutloud.de/

Jon Stepper hat fünf Kernelemente für Working Out Loud aufgeführt:
1. Mache Deine Arbeit sichtbar: Arbeitsergebnisse, auch Zwischenergebnisse,
   veröffentlichen.
2. Verbessere Deine Arbeit: Querverbindungen und Rückmeldungen helfen,
   Deine Ergebnisse kontinuierlich zu verbessern.
3. Leiste großzügige Beiträge: Biete Hilfe an, anstatt Dich großspurig selbst
   darzustellen.
4. Baue ein soziales Netzwerk auf: So entstehen breite, interdisziplinäre Beziehungen, die Dich weiterbringen.
5. Arbeite zielgerichtet zusammen: Um das volle Potenzial der Gemeinschaft
   auszuschöpfen.

Wie sieht WOL konkret aus? WOL wird in sogenannten Circles genutzt. Dies sind Gruppen von zwei bis fünf Personen, die möglichst unterschiedliche Hintergründe (Diversität) haben. Einer der Teilnehmer übernimmt die Rolle des Moderators und organisiert die Treffen, manchmal muss er auch motivierend eingreifen. Die Gruppe trifft sich zwölf Mal (ggf. auch virtuell) für eine Stunde pro Woche. In den Treffen tauschen sich die Teilnehmer über die Ziele, die sie erreichen wollen, und die Fortschritte, die sie im Prozess erzielt haben, aus. Im Fokus der zwölf Treffen steht das eigene Netzwerk und wie dieses für die Erreichung der eigenen Ziele optimal gestaltet sein sollte. Dabei herrscht die Grundeinstellung, dass die Nutzung von Kontakten immer auch bedeutet, selber viel in ein Netzwerk zu investieren und dieses durch eigene Beiträge zu fördern.

Drei Leitfragen für WOL stellt sich jeder Teilnehmer eines Circle:
1. Was will ich erreichen?
2. Wer kann mir dabei helfen?
3. Was kann ich anderen Personen meinerseits anbieten, um eine tiefere Beziehung aufzubauen?

Damit WOL funktioniert, ist die Definition des eigenen Ziels wichtig. Als hilfreich hat sich erwiesen, dass die Zielsetzung eng umrissen und innerhalb von zwei Wochen realisierbar sein sollte. Das Ziel selbst ist in ein bis zwei Sätzen präzise zu formulieren.

Hinweis: John Stepper hat auf einer TEDx-Konferenz über die Entstehung von WOL gesprochen. Hier der Link zum Videomitschnitt: http://tedxnavesink. com/project/john-stepper/

TED Talks (Webvideos) und TED-Konferenzen
Die Digitalisierung hat etliche Erfolgsgeschichten geschrieben. Allerdings sind nicht alle rein technischer Natur. Manchmal schafft die Digitalisierung einfach Rahmenbedingungen für den Erfolg, so wie es bei den TED-Konferenzen und den TED Talks (www.ted.com) der Fall ist. TED Talks wurden bis heute mehr als 3,5 Milliarden Mal angesehen, und inzwischen finden täglich rund zehn TED-Konferenzen weltweit statt. Dieser Erfolg basiert vor allem auf einer Eigenschaft von TED: Inspiration.

Jeder maximal 18-minütige TED Talk findet vor Live-Publikum statt und soll inspirierend sein, d.h. Emotionen müssen geteilt und geweckt werden. Es geht darum, eine Geschichte zu erzählen und diese Geschichte gut zu erzählen. Gleichzeitig muss die Präsentation auf eine organisierte, überzeugende Art und Weise geschehen. Zahlen, Daten und Fakten werden mit einer Handlung, mit persönlichem Erleben verbunden und der persönliche Bezug zwischen Sprecher und dem Thema aufgezeigt. Weiterhin soll immer nur eine einzige Idee pro TED Talk vermittelt werden, um maximalen Effekt zu erzielen. Zur Unterstreichung der Kernaussage können wenige, aber gute visuelle Materialien verwendet werden. Neben der hochwertigen Produktion steht bei TED die Auswahl des Publikums im Vordergrund, sodass nicht nur die TED Talks und Speaker, sondern auch der Austausch mit den anderen Teilnehmern zwischen den einzelnen Sessions (TED Talk-Blöcken) möglichst anregend ist. Wie der Erfolg von TED zustande gekommen ist und worauf er beruht, hat der aktuelle Kurator Chris Anderson in einem eigenen TED Talk aufgezeigt.

Chris Anderson: TED Talk !

Chris Anderson: How web video powers global innovation

TED's Chris Anderson says the rise of web video is driving a worldwide phenomenon he calls Crowd Accelerated Innovation – a self-fueling cycle of learning that could be as significant as the invention of print. But to tap into its power, organizations will need to embrace radical openness.
http://www.ted.com/talks/chris_anderson_how_web_video_powers_global_innovation

Veränderungen, wie die von Chris Anderson aufgezeigten, betreffen alle Bereiche, in denen es um die Verbreitung von Informationen geht. So ist auch der Bildungsbereich im Umbruch. Klassische Bildungsanbieter wie Schulen, Hochschulen, Seminarveranstalter etc. verlieren an Bedeutung, da die Zahl und Qualität der Alternativen stark zunimmt. So kann man mit gutem Gewissen behaupten, dass Youtube und Wikipedia heute bereits mehr zur Weiterbildung beitragen als die Mehrheit der klassischen Bildungsformate. Die Masse der »Erklärvideos« ist enorm, und die häufig sehr professionelle Machart verändert auch die Wahrnehmung der Nutzer von Bildung. Ein Beispiel ist die Khan Academy (s. Kasten), die aus der Idee entstand, Schülern Mathematik näher zu bringen, und heute eine Vielzahl an Fächern anbietet. Die Videos sind viele Millionen Mal gesehen worden, und die positiven Kommentare bei Youtube sprechen für sich. Warum? Sie sind nutzergerecht aufgebaut, inspirieren und sind jederzeit verfügbar.

! **For free. For everyone. Forever. – Die Khan Academy**

https://www.khanacademy.org/
Die Khan Academy ist ein weiteres Beispiel dafür, wie die Möglichkeiten des Internets, intelligent genutzt, schnell zu großer Verbreitung und Weiterentwicklung führen.
Ursprünglich als privates Nachhilfe-Projekt eines Hedge Fond Managers in den USA gegründet, ist die Khan Academy heute eine non-profit Organisation, die sich selbst folgende Mission gegeben hat:
»A personalized learning resource for all ages:
Khan Academy offers practice exercises, instructional videos, and a personalized learning dashboard that empower learners to study at their own pace in and outside of the classroom. «
Die Khan Academy stellt Selbstlernmaterial zur Verfügung, die es allen Menschen mit Internetzugang erlaubt, sich in vielen Fächern Wissen anzueignen. Inzwischen entstehen internationale Ableger, die Videos mit Untertiteln in verschiedenen Sprachen versehen oder eigenen Content produzieren. Der Erfolg der Khan Academy beruht auf den hochwertig produzierten Videos, die didaktisch hervorragend auch sehr komplexe Themen aus Mathematik und Naturwissenschaften erklären. Viele Nutzer haben erst durch die Videos Sachverhalte verstanden, die im normalen Schulunterricht nicht verstanden wurden.
Der größte Einfluss der Khan Academy kann darin gesehen werden, dass immer mehr Lehrer und Schulen dazu übergehen, die Schüler zum Selbststudium mit Hilfe der Khan Academy zu ermuntern. Sie nutzen die Unterrichtszeit in der Schule primär dazu, die Dinge zu vertiefen, die nicht verstanden wurden. Der übliche Ablauf schulischer Lehre wird somit gedreht, weshalb die Logik auch »Flipped Classroom« genannt wird. Diese Methodik hat inzwischen auch in die Personalentwicklung vieler Unternehmen Einzug gehalten, die Selbstlernmaterial elektronisch verfügbar machen und Präsenzzeiten in (meist verkürzten) Seminaren nur noch zur Vertiefung, Einübung von Fertigkeiten und sozialem Lernen generell nutzen. Dieser Trend aus verstärktem Einsatz elektronischer Lernformate für die Vermittlung von Wissen und Präsenzzeiten für soziale Lernformate verbreitet sich rasch, da deutlich bessere Ergebnisse bei geringerem Aufwand verzeichnet werden.

Mit dem Erfolg der Onlinemedien verändern sich die Nutzungsgewohnheiten der Menschen also ebenso wie ihre Erwartungen an Kommunikation und Lehrformate. In einer digitalen Welt, in der nahezu jede Information verfügbar ist und auf ansprechende Formate wie TED Talks, Blogs oder Wikipedia jederzeit zugegriffen werden kann, besteht keine Notwendigkeit mehr, Medien und

Menschen zuzuhören, die ihre Nachrichten nicht in ansprechender Weise präsentieren. Dozieren ex cathedra muss heute nicht mehr akzeptiert werden ebenso wie eine Lehre, die zu lange braucht, bis sie die Fragen der Menschen beantwortet.

Was aber bedeuten die neuen Kommunikationsformate und die durch sie ausgelösten Veränderungen für die Wirtschaft und einzelne Unternehmen? Die beschriebenen Erwartungen und Gewohnheiten lassen Mitarbeiter nicht am Werkstor zurück, wenn sie zur Arbeit erscheinen, und vielleicht sind sogar eigene Mitarbeiter diejenigen, die zum enormen Erfolg der digitalen Formate beitragen, vielleicht als Produzenten von Webvideos, Autoren bei Wikipedia oder in anderen Formaten. Daher wird es Zeit, darüber nachzudenken, wie die Unternehmenskommunikation, die Personalentwicklung sowie die Führungskultur und -arbeit von den digitalen Medien betroffen sind und wie das enorme Potenzial der digitalen Formate in der Personal- und Organisationsentwicklung genutzt werden kann.

Nehmen wir die Art, wie üblicherweise Veränderungen von Geschäftsmodellen, Umstrukturierungen oder andere Transformationen von Unternehmen kommuniziert werden: In einer Mitarbeiterversammlung oder Pressekonferenz werden Fakten präsentiert, die die anstehenden Veränderungen als unvermeidlich und alternativlos darstellen. Die Reaktionen sind selten positiv. Nun stellen Sie sich vor, wie die gleiche Nachricht bei den Mitarbeitern ankommt, wenn ein Vorstand in der Art eines TED Talks seine ganz persönliche Geschichte zum gleichen Sachverhalt erzählt. Seine Ideen, Ängste, Überzeugungen, die Widerstände und Unterstützung im Umfeld und wie die Entscheidung zustande gekommen ist. Was verbindet er mit dem Neuen, das erreicht werden soll, was sind die Erwartungen an die Mitarbeiter, wie wollen alle miteinander umgehen? Die Nachricht an sich bleibt gleich, die andere Art, der menschliche Zugang erlaubt es den Mitarbeitern jedoch, besser zu verstehen und nachzufühlen, warum die anstehende Veränderung sinnvoll ist, und sich mit dem neuen Weg zu identifizieren. Menschen vertrauen und folgen Menschen und nur Menschen.

Es müssen aber nicht immer die großen Themen und Anlässe sein, die durch TED Talks unterstützt werden können. Auch im operativen Führungsalltag kann eine Führungskraft verhindern, dass die Scheuklappen des operativen Geschäfts zu eng werden, indem sie TED Talks einsetzt. Die Videomitschnitte der TED Talks sind ja frei verfügbar und können zum Beispiel als Inspiration an den Beginn eines Meetings gestellt werden. Wie wäre es also mit einem Brown Bag Meeting (Lunch & Learn, s. o.) zum Thema Innovation, das mit dem TED Talk von Eli Pariser mit dem Titel »Beware online filter bubbles« (http://www.ted.com/talks/eli_pariser_beware_online_filter_bubbles) beginnt? Fragen nach den eigenen Wahrnehmungsblasen und ausgetretenen Pfaden, die eine Gruppe von einer umfassenderen Sicht auf die Welt und Innovationen abhalten, werden automatisch entstehen und diskutiert.

Aus Sicht der Personalabteilung und der Personalentwicklung bieten TED Talks und die dahinter stehenden Kommunikationsprinzipien eine hervorragende Chance, die Führungskultur und -fähigkeiten im Unternehmen positiv zu entwickeln und das eigene Portfolio an Lernformaten zu erweitern. Sowohl die kommunikative Kompetenz als auch die digitale Kompetenz der Führungskräfte und Mitarbeiter lassen sich positiv beeinflussen und tragen dazu bei, die Führungsleistung zu verbessern. Die Arbeiten von Zenger und Folkman (u. a. in managerseminare 2009 und 2014) haben 16 Kernkompetenzen exzellenter Führung aufgezeigt. Die Mehrheit davon kann geschult und weiterentwickelt werden, indem Videos und Talks genutzt werden. Insbesondere die in der Praxis am schwächsten ausgeprägte Kompetenz »Inspiration & Motivation« ist mit einer Qualifizierung für TED Talks einfach und nachhaltig zu entwickeln. Die Inspiration, die von den TED Talks ausgeht, ist schließlich das, was dieses Format groß gemacht hat.

> **!** **The TED Commandments**
>
> These 10 tips are given to all TED Conference speakers as they prepare their TEDTalks. They will help your TEDx speakers craft talks that will have a profound impact on your audience.
> Dream big. Strive to create the best talk you have ever given. Reveal something never seen before. Do something the audience will remember forever. Share an idea that could change the world.
> Show us the real you. Share your passions, your dreams … and also your fears. Be vulnerable. Speak of failure as well as success.
> Make the complex plain. Don't try to dazzle intellectually. Don't speak in abstractions. Explain! Give examples. Tell stories. Be specific.
> Connect with people's emotions. Make us laugh! Make us cry!
> Don't flaunt your ego. Don't boast. It's the surest way to switch everyone off.
> No selling from the stage! Unless we have specifically asked you to, do not talk about your company or organization. And don't even think about pitching your products or services or asking for funding from stage.
> Feel free to comment on other speakers' talks, to praise or to criticize. Controversy energizes! Enthusiastic endorsement is powerful!
> Don't read your talk. Notes are fine. But if the choice is between reading or rambling, then read!
> End your talk on time. Doing otherwise is to steal time from the people that follow you. We won't allow it.
> Rehearse your talk in front of a trusted friend … for timing, for clarity, for impact.
> http://www.tedxsandiego.com/the-ted-commandments/

Ein praktisches Beispiel liefert der Vorstand eines Chemiekonzerns (Edelkraut und Balzer, 2016). Zur Vorbereitung einer internationalen Managementkonferenz bereiteten alle Mitglieder einen kurzen Talk vor, der jeweils einen Themenbereich der Konferenz eröffnete und inspirieren und motivieren sollte. Dabei wurden die Prinzipien und Regeln für TED Talks (Commandments) für die Entwicklung inspirierender Geschichten und einer professionellen Präsentation eingehalten. Die Geschichten wurden über mehrere Wochen, unterstützt durch TED Coaches, entwickelt und mehrfach verfeinert. Die Vorbereitung auf den Auftritt und den Videomitschnitt erfolgten in einem halbtägigen Bootcamp. Die Teilnehmer der Konferenz waren vom neuen Stil begeistert, die Videomitschnitte sind heute im Intranet verfügbar und helfen, die Botschaften weiter zu verbreiten.

Dieses und andere Beispiele zeigen, dass die Nutzung von TED Talks nicht nur die jeweiligen Kommunikationssituationen verändern, sondern darüber hinaus auch mit Effekten auf die Kommunikations- und Führungskultur zu rechnen ist. Wenn die Fokussierung auf ein Thema, das präzise und ansprechend dargeboten wird, Schule macht, wie werden sich wohl Meetings verändern? Es ist davon auszugehen, dass sie deutlich effizienter werden, da niemand mehr langwierige Powerpoint-Schlachten und politisches Blabla akzeptiert. Oder Zielvereinbarungen, Leistungs-Feedbacks, Projektaufträge. Überall, wo intensiv kommuniziert wird, können die Regeln für TED Talks und die Fertigkeiten, die dazu gehören, positiv genutzt werden. Last but not least werden Videos als Format der Kommunikation, Schulung und Dokumentation häufiger eingesetzt und sind durch einfache Zusatzinstrumente wie eine Kommentierung oder Like-Buttons problemlos in Kollaborationsplattformen integrierbar.

Als Inhalt aber immer mehr auch als Kommunikationsformat nutzen Führungskräfte oder Personaler die Art, in der TED Talks gemacht sind, für die eigene Kommunikation (Edelkraut und Balzer 2016). Lassen Sie uns hier noch drei Beispiele ansehen und überlegen, wie Personalverantwortliche die Talks nutzen können.

! **Beispiel 1: Der Managementvordenker – Simon Sinek: How great leaders inspire action**

Simon Sinek »How great leaders inspire action«

Ein simples aber sehr inspirierendes Modell für Führung und die Positionierung von Ideen und Produkten beschreibt Simon Sinek. Alles basiert auf der Frage »Why?« oder besser gesagt, der Umkehrung üblicher Kommunikationsmuster, die mit Fakten (What?) und Vorgehen (How?) starten und erst dann zum eigentlichen Kern kommen: Worum geht es (Why)?

http://www.ted.com/talks/simon_sinek_how_great_leaders_inspire_action

Key Lesson: Dieser Talk motiviert dazu, die eigenen Kommunikationsmuster zu überprüfen und sich selbst darüber klar zu werden, wofür man steht. Danach ist es relativ offensichtlich, was vermittelt werden muss, um Menschen zu motivieren, mitzuarbeiten oder meine Produkte zu kaufen. Für die Personalarbeit und die (Weiter-)Entwicklung der bestehenden Führungskultur kann dieser Talk wertvolle Denkanstöße geben, gleichzeitig dient das simple Modell des »goldenen Kreises« als Leitfaden für die Entwicklung neuer, wirksamerer Führungs- und Kommunikationsmuster.

Beispiel 2: Die Lehrerin – Angela Lee Duckworth: Der Schlüssel zum Erfolg? – Durchhaltevermögen!

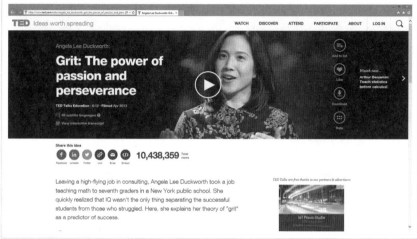

Angela Lee Duckworth: The key to success? – Grit

Nachdem Angela Lee Duckworth einen prestigeträchtigen Job in der Beratungsbran-
che aufgegeben hatte, unterrichtete sie Siebtklässler an öffentlichen New Yorker
Schulen in Mathe. Schnell bemerkte sie, dass IQ nicht das einzige war, was die erfolgreichen Schüler von denen mit Schwierigkeiten unterschied. Hier erklärt sie ihre
Theorie über »Durchhaltevermögen« als Vorbote von Erfolg. Ihre Untersuchungen
zeigten bei unterschiedlichen Gruppen (auch in Unternehmen) und Zusammenhängen, dass Durchhaltevermögen ein signifikant stärkerer Indikator für Erfolg ist als
alle anderen Faktoren.
http://www.ted.com/talks/angela_lee_duckworth_the_key_to_success_grit

Key lesson: Für Personalverantwortliche ergeben sich einige Fragen aus diesem TED Talk. Zuerst natürlich, ob die eigenen Beobachtungen von mehr oder
weniger erfolgreichen Mitarbeitern und Führungskräften die These von Angela Duckworth stützen. Wenn sie dies tun, was wahrscheinlich ist, dann
sollte der nächste Schritt darin bestehen, die eigenen Systeme der Personalentwicklung und der Identifikation und Förderung von Talenten zu überprüfen. Wird Durchhaltevermögen überhaupt in die Bewertung einbezogen und
wird sie in unseren PE-Instrumenten und -Maßnahmen ausreichend berücksichtigt?

! **Beispiel 3: Der Unternehmer und Marketingexperte – Seth Godin: The tribes we lead**

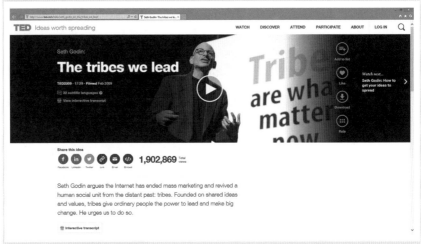

Seth Godin: The tribes we lead

Wie wird Wandel ermöglicht? Wie verbreiten sich Ideen? Und was bedeutet das für Führung in der Zukunft? Marketingguru Seth Godin stellt die These auf, dass das Internet die Ära des Massen-Marketings beendet hat, d. h. den Ansatz, eine Idee oder ein Produkt mit Geld und Macht in den Markt zu pushen. Stattdessen ist die soziale Organisationsform der »tribes« (»Stämme«) wiederbelebt worden. Basierend auf gemeinsamen Ideen und Werte geben »tribes« jedem die Chance, zu führen und echte Veränderungen herbeizuführen. Sein Konzept von Führung bedeutet in Zukunft: eine authentische Geschichte denjenigen zu erzählen, die die Geschichte hören wollen. In einer »tribe« (einer Community, einem »Stamm«) Verbindungen herzustellen und Kontakte zwischen den Mitgliedern einer tribe (und auch Kontakte zu anderen tribes) zu ermöglichen. Leadership bedeutet, eine Bewegung anzuführen, wirkliche Veränderung bewirken zu wollen und diese dann auch zu bewirken.
http://www.ted.com/talks/seth_godin_on_the_tribes_we_lead

Key Lesson: Die Implikationen für die Personalarbeit sind nicht zu unterschätzen. Um Veränderungen anzustoßen, muss man jemanden aufregen, sonst fordert man nicht den Status quo heraus. Man muss Leute miteinander in Verbindung bringen – das ist das Hauptinteresse der meisten Menschen. Und man muss sich sehr genau überlegen, WEN man führen will und wie. Denn daher kommt der Wandel, nicht aus der Mechanik hinter den eigenen Produkten. Dafür ist Engagement (»Commitment«) und echte Neugier auf die Menschen nötig. Im Vergleich zu vielen üblichen Konzepten des Changemanagements ist dies eine These, die vielleicht erklärt, warum so viele Veränderungsprojekte scheitern.

4.2.3 Innovationsformate als Lernformate

Die Diskussion der TED Talks hat bereits gezeigt, dass modernes Lernen nicht nur auf dezidierten Lernformaten beruhen muss. Vielmehr können andere Formate als Möglichkeit zu lernen genutzt werden. Hierzu wollen wir ein weiteres Beispiel anführen, diesmal aus dem Bereich Innovationsförderung. Viele Unternehmen versuchen, die Innovationsfähigkeit ihrer Organisation zu steigern, indem passende Formate etabliert werden. Zu Beginn des Kapitels war bereits von ShipIT Days und Hackathons die Rede, die explizit darauf angelegt sind, neue oder verbesserte Produkte zu generieren. Einen Schritt weiter geht Adobe, das Mitarbeiter ermuntert und ermächtigt, eigene Ideen umzusetzen. Speziell hierfür wurde die Kickbox entwickelt.

Adobe Kickbox   !

What is Kickbox? Kickbox is a new innovation process that Adobe developed for its own use and then open-sourced so everyone can use it. It is both a process for individuals and a system for deploying that process across an organization at scale. It's designed to increase innovator effectiveness, accelerate innovation velocity, and measurably improve innovation outcomes. It can also optimize innovation investments by reducing costs compared to traditional approaches.

Who is Kickbox for? Kickbox is designed for both individual innovators and organizations. Individuals can use this site to go through the Kickbox process on their own and organizations can deploy the Kickbox process to their employees at scale.

What does Kickbox do? Adobe Kickbox delivers an actionable process for discovering new opportunities, validating customer engagement, and evaluating new business potential. It includes tools that help innovators define, refine, validate, and evolve their idea.

Kickbox helps innovators

- Be more effective and have more impact
- Build valuable life skills and experience (for example, ideation, divergent thinking, and business creation)
- Increase job satisfaction and engagement (as demonstrated by participant evaluation scores)
- Discover (or rediscover) their passion for delighting customers

Kickbox helps organizations

- Increase innovation quantity, quality, and speed across the organization
- Empower existing innovators to be more effective and more engaged
- Identify and activate latent innovators (who may not know they're innovators)
- Foster an innovation culture and attract innovators to the organization

What does Kickbox cost? You can download and use Kickbox for free because Adobe is making Kickbox distributable under a creative commons, share-alike, attribution license. For details see the license in the download package.

What's the story behind Kickbox? Kickbox was developed at Adobe by building on 30 years of experience successfully innovating. We wanted to empower individual

---

employees to follow their instincts about emerging opportunities so we created an »innovation-in-a-box« kit. Each red box contains everything we think an enterprise innovator needs, including:

Money. Each red box contains a pre-paid credit card in the amount of US$1,000. Innovators use these funds to validate their idea.

Instructions. Kickbox includes quick reference cards outlining the six levels in the red box. Each card includes a checklist of actions innovators must complete to advance to the next level.

Other innovation tools. These include scorecards, frameworks, exercises, and other materials you'll use to develop ideas.

Caffeine and sugar. Each red box includes a Starbucks gift card and a candy bar, since we all know that two of the four major food groups of innovators are caffeine and sugar!

To date, we've distributed over 1,000 red boxes to Adobe employees around the world. If you'd like to accelerate innovation in your organization, Kickbox may be able to help.

This keynote, given by Adobe VP of Creativity Mark Randall, goes into more detail with examples: https://www.youtube.com/watch?v=aiOuDYUYv3s

Quelle: https://kickbox.adobe.com/ (Abruf März 2017)

Als Innovationsformat etabliert, hat die Kickbox einen hohen Anteil Bildung implementiert, indem die Mitarbeiter durch einen lehrreichen Prozess zu Innovation geführt werden. Darüber hinaus wird das gesamte Format im Internet jedem für die Nutzung zur Verfügung gestellt, die kooperative Grundhaltung im Agilen Mindset zeigt sich also auch hier. So sieht ein modernes Format zur Innovationsförderung aus.

Zum Schluss noch ein Gedanke aus dem Adobe-Lehrmaterial: »Bad ideas are good ideas«. Alle wirklich guten Ideen werden zuerst als schlechte Ideen angesehen. Erst durch deren Weiterverfolgung, Weiterentwicklung und Ausprobieren entstehen die guten Anwendungen. Dies gilt sicher auch für Lernformate.

4.2.4 Digitale und agile Transformation

Digitalisierung und die Einführung agiler Methoden sind die beiden großen Themen – und eigentlich ist es nur ein Thema –, die Unternehmen in den kommenden Jahren bewältigen müssen. Auf der einen Seite gehören dafür die grundlegenden Annahmen der Unternehmensorganisation und des eigenen Geschäftsmodells auf den Prüfstand, auf der anderen Seite werden die notwendigen Veränderungen sehr viele Menschen in der Organisation betreffen. Während aber die technischen Aspekte, neue Technologien etc., früh und umfassend diskutiert werden, gerät die soziale Transformation zu spät in den Fokus. Die relevante Veränderung des Denkens und Handelns, denn genau das ist mit sozialer Transformation gemeint, ist allerdings mindestens ebenso wichtig wie die rein technische Ebene. Transformation bedeutet, von ihrem Ende her gedacht, dass sich die Verhaltensweisen bereits verändert haben. Dazu müssen natürlich vorher die nötigen neuen Technologien vorhanden sein, aber wichtiger noch sind die neue Kultur und Grundhaltung sowie die ggf. neu zu erlernenden Fertigkeiten.

Eine Transformation ist zuallererst ein Lernprozess!
Für die erfolgreiche Bewältigung digitaler und agiler Transformationen werden Unternehmen auf die Fähigkeiten und die Motivation ihrer Beschäftigten setzen müssen. Das hat zwei Gründe. Der erste ist die Geschwindigkeit, mit der die anstehenden Transformationen zu bewältigen sein werden. Der zweite Grund liegt in den zu realisierenden Endzustände selbst, die nicht mehr allgemein gültig, sondern sehr individuell sein werden. Logiken wie Best Practice oder 5-Stufen-Pläne funktionieren dann nicht mehr. Daher macht es auch keinen Sinn, mit Beratern und anderen externen Experten zu arbeiten. Eine digitale oder agile Transformation muss aus dem Unternehmen selbst heraus realisiert werden.

Die Herausforderung für das Personalmanagement besteht somit darin, ein Kernteam an Transformationsexperten im Unternehmen zu qualifizieren, die die Transformation als internen Lern- und Veränderungsprozess steuern. In den meisten Unternehmen werden dafür aber weder ausreichend viele noch ausreichend qualifizierte Mitarbeiter verfügbar sein. So fehlt es meist an Experten für agiles Arbeiten bzw. die vorhandenen Agil-Experten stammen aus der IT-Abteilung und besitzen keine Erfahrung als Führungskraft oder in der Organisationsentwicklung. Es gilt also, intelligente Lösungen zu finden. Wie eine solche Lösung aussehen kann, haben wir im Anhang 11.5 anhand eines Train-the-Trainer-Programms Agile Transformation dargestellt.

4.2.5 Toolbox: Agile Lernformate

Der kleine Ausschnitt an Lernformaten in der agilen Arbeitswelt zeigt, dass permanent neue und sich schnell verändernde Formate entstehen. So wird es für Führungskräfte und Personalverantwortliche zur Hauptaufgabe, einen Rahmen zu schaffen, in dem die selbstorganisierten Teams und die einzelnen Mitarbeiter, die ihre Weiterqualifizierung in der modernen Welt eigenverantwortlich gestalten, passende Angebote finden. Alleine aus Effizienzgründen erscheint es sinnvoll, die Beobachtung der Formatentwicklung und die pädagogische Bewertung der Eignung einzelner Formate zentral zu steuern. Hier bleibt die Organisationseinheit Personal(entwicklung) ein wertvoller Bestandteil der Organisation, selbst wenn die Verantwortung für das eigene Lernen komplett an die Mitarbeiter übertragen ist.

Empfehlenswert erscheint uns, sich sehr früh mit dem agilen Arbeiten und der dahinter stehenden Grundhaltung (Mindest) auseinander zu setzen und die Weiterentwicklung der Personalentwicklung agil zu starten. Schnell anfangen und in kurzen, iterativen Zyklen die Toolbox aufzubauen, das verspricht, die besten Ergebnisse zu liefern und die Mitarbeiter im Unternehmen schnell in eine selbstverantwortliche und selbstorganisierte Lernzukunft zu führen.

Wie eine solche Toolbox, zusammengesetzt aus Lernformaten im agilen Umfeld, aussehen kann, sehen Sie hier:

Toolbox aus Lernformaten im agilen Umfeld

Beteiligte	Zweck des Formats			
	Share/Inspire	Collaborate/Create	Innovate	Transform
One	Webvideo Lunch & Learn Talks (e.g. like TED) Blog	90-Day-Challenge Mentoring Persona	Kickbox	klassische PE-Formate
Some	Onlinecommunities Early Bird Cafe Slam Brown Bag Meeting	BarCamp Best Practice Club WOL	Innovation Camp Think Tank Leadership Garage Learning Journey Accelerator	Laboratory (Agile, Design Thinking ...) Agiler Train-the-Trainer
Many	Share your Talent Town Hall Meeting	Open Space Conference MOOCs	Jam	Execution Journey

Tab. 4: Beispiel für den Aufbau einer Toolbox aus Lernformaten im agilen Umfeld (eigene Darstellung)

Die Box orientiert sich am Lernziel bzw. Zweck eines Formates (Inspiration, Zusammenarbeit, Innovation, Transformation) und der Größe der Zielgruppe bzw. Anzahl der Beteiligten. Die Zuordnung in der Tabelle ist exemplarisch zu verstehen. Viele der genannten Formate können auch in anderen Feldern eingesetzt werden als denen, in denen sie in der Tabelle genannt sind (vergl. Diskussion der TED Talks). Details zu den einzelnen, im Text nicht vorgestellten Formaten sind über eine Internetrecherche zu finden.

Literatur

4managers (2016) Community of Practice CoP – Wissen von morgen http://4managers. de/management/themen/community-of-practice/

Anderson, C. (2013) *How to give a killer presentation*, Harvard Business Review, June 2013

Dohmen, G. (2001) Das informelle Lernen: die internationale Erschließung einer bisher vernachlässigten Grundform menschlichen Lernens für das lebenslange Lernen aller. Bonn.

Edelkraut, F., Balzer, S. (2016) *Inspiring! Kommunizieren im TED-Stil*, SpringerGabler 2016.

Fandel-Meyer (2015) Informelles Lernen: Herausforderungen & Good Practice Beispiele? https://www.scil-blog.ch/blog/2015/01/20/informelles-lernen-herausforderungen-good-practice-beispiele/

Jennings, C. (2013) 70:20:10 – A Framework for High Performance Development Practices http://charles-jennings.blogspot.de/2013/06/702010-framework-for-high-performance.html

Lipkowski, S. (2016) *Teilen Lernen*, managerseminare Heft 214, Jan 2016.

Meier, C. und Seufert, S. (2012) Social Business Learning Whitepaper, SCIL https://www.scil-blog.ch/wp-content/uploads/2012/11/Whitepaper_SocBusLearning_2012-11-19.pdf

Stepper, J. (2015) *Working Out Loud*. For a better career and life. Ikigai Press, New York 2015

Zenger und Folkman (u.a. managerseminare 2014)

5 Neue Inhalte

Wie schon in der Einleitung skizziert, verändert sich die Welt und damit auch die Kompetenzen und Inhalte, die Mitarbeiter in der Zukunft (weiter)entwickeln bzw. lernen müssen.

Dreh- und Angelpunkt ist dabei die Digitalisierung. Für die benötigen wir neue Fähigkeiten wie z.B. die der Mensch-Maschine-Kommunikation, um in virtuellen Teams trotzdem menschengerecht zu handeln. Wer glaubt, dass Lernen weiterhin auf die Speicherung von immer mehr Daten, das ist das sogenannte Informationswissen, fokussiert, der irrt. Dabei verharrt das heutige Bildungssystem genau in diesem veralteten Glauben, indem es das Lernen von Sach- und Fachwissen immer noch in den Mittelpunkt von Bildung stellt. Einige Lernexperten rufen deswegen bereits die Bildungskatastrophe aus.

Diese Bildungskatastrophe hat sich in den letzten Jahren zu einer Kompetenzkatastrophe ausgeweitet.

Wie Studien zeigen, hängen die volkswirtschaftlichen Wachstumsraten langfristig direkt mit den Kompetenzen der Menschen zusammen, weil eine kontinuierliche Kompetenzentwicklung die Menschen in ihrer Arbeit produktiver und innovativer macht. Wird die Kompetenzkatastrophe nicht aufgehalten, droht der geistige und wirtschaftliche Rückschritt gegenüber anderen Ländern.

Welche Kompetenzen benötigen Mitarbeiter in der Zukunft?

Wenn es also gilt, eine zukünftige Kompetenzkatastrophe aufzuhalten, dann stellt sich automatisch die Frage, wo wir dabei am besten ansetzen sollten. An welchen Stellen muss sich etwas ändern, um das Unheil zu vermeiden? Ohne den Anspruch auf Vollständigkeit zu erheben, fallen uns insbesondere drei Bereiche ins Auge, die wir im Folgenden thematisieren möchten:
1. Anpassung an ein neues Arbeitsumfeld
2. neue Anforderungen an die Eigensteuerung
3. Metakompetenzen als Voraussetzung für beide Bereiche

5.1 Anpassung an ein neues Arbeitsumfeld

Das Arbeitsumfeld ändert sich, wird technologischer, digitaler, aber auch komplexer, schneller, globaler etc. Das führt dazu, dass sich Arbeitsplätze, -prozesse und -inhalte ändern. Aber worauf genau müssen sich unsere Mitarbeiter vorbereiten und wie kann die Personalentwicklung dabei unterstützen?

Waren in der angehenden Industrialisierung Lesen, Schreiben, Rechnen gefragt sowie die Arbeitnehmertugenden Fleiß, Ordnung, Betragen und Mitarbeit, braucht es in der vernetzten, digitalen Welt neue Fähigkeiten, so Dueck: *»Wir brauchen Leute, die Computer nicht nur bedienen, sondern steuern können. Leute, die vernetzte Projekte in verteilten Teams managen, Meetings produktiv machen, die führen, forschen, coachen und andere begeistern können. Wir brauchen Kreativität, Humor, Initiative und Gemeinschaftssinn.«*

Im Rahmen der Veränderungen des Arbeitsumfeldes möchten wir hier gerne drei Aspekte genauer beleuchten.

5.1.1 Virtuelle Teams[10]

Virtuelle Teams arbeiten standortübergreifend miteinander und sind bei der Kommunikation und Zusammenarbeit sehr stark von digitalen Kommunikationsmedien, z.B. E-Mail, Telefon, Webmeetings, Videokonferenzen etc., abhängig.

Für Unternehmen bzw. Organisationen[11] bieten virtuelle Teams diverse Vorteile, weswegen diese Art der Kooperation weiter ausgebaut wird. Diese Vorteile sind:

- **Flexibilität:** Unternehmen können virtuelle Teams bei Bedarf vergleichsweise kurzfristig bilden, umstrukturieren oder auch wieder auflösen. Die gleichen Mitarbeiter können dabei nach Bedarf auch parallel verschiedenen Teams zugeordnet oder mit externen Beratern, Dienstleistern etc. in Teams kombiniert werden. Dabei können – abhängig von der Aufgabe – virtuelle Teams unterschiedlich groß sein, auch die Intensität und Dauer der Zusammenarbeit sind flexibel.
- **Zugriff auf Wissen und Ressourcen:** Gibt es keine geografischen Beschränkungen, so hat ein Unternehmen potenziell Zugriff auf wesentlich

---

10 http://www.personalmanagement.info/hr-know-how/top-trainer-informieren/detail/was-sind-ueberhaupt-virtuelle-teams-und-was-ist-dabei-zu-beachten/
11 http://www.kreutzfeldt-coaching.de/virtuelle-teams-vor-und-nachteile/

mehr und qualitativ besten personellen Ressourcen. Experten aus aller Welt können für bestimmte Zielstellungen im Team zusammenarbeiten.

- **Erhöhte Effektivität und Produktivität**: Aufgrund der o.g. Vorteile kann ein dezentrales Team im Idealfall effektiver sein als ein klassisches Team. Wird die Arbeit in einem globalen Team über verschiedene Kontinente und Zeitzonen verteilt, so ist es möglich, innerhalb eines Unternehmens 24 Stunden am Tag an einem Projekt zu arbeiten.
- **Kostenersparnis**: Da sich virtuelle Teams in der Regel online treffen, entfallen – sieht man von den dennoch empfohlenen Präsenztreffen zu bestimmten Anlässen ab – Reisekosten. Zudem werden in vielen Fällen auch Bürokosten gespart, wenn Teammitglieder z.B. von zu Hause aus tätig sind.

Diesen Vorteilen stehen allerdings auch einige Herausforderungen gegenüber:
- Die eingeschränkte Kommunikation führt in vielen Fällen zu Reibungsverlusten: Virtuelle Teams kommunizieren primär über unterschiedliche elektronischen Kommunikationsmedien wie E-Mail, Chat und Telefon. Alle diese Medien haben aufgrund ihrer technischen Eigenschaften eine gewisse Filterfunktion, insbesondere nonverbale Informationen gehen dabei verloren oder können – etwa beim Videochat – nur begrenzt wahrgenommen werden. Dies erhöht die Gefahr von Missverständnissen, die zudem in internationalen Teams wächst, wenn ein Teil der Teammitglieder die Arbeitssprache möglicherweise nicht perfekt beherrscht. Zudem bietet sich für räumlich verteilte Teams in der Regel weniger Gelegenheit für spontane, informelle Kommunikation.
- Probleme und Konflikte treten weniger sichtbar auf, und Konflikte sind, einmal erkannt, auf Distanz schwieriger zu lösen.
- Über den Globus verteilte Teams sind oftmals zugleich interkulturelle Teams. Dies stellt eine zusätzliche Herausforderung dar, die unabhängig von der räumlichen Dimension existiert und sich mit dieser überlagern kann. Die höhere Heterogenität der Teammitglieder ist eine Bereicherung des Teams und oftmals sogar mit ein Grund für seine Entstehung, etwa wenn verschiedene Märkte abgedeckt oder Entwicklungsressourcen in Asien genutzt werden sollen. Wichtig ist jedoch, dass in Bezug auf die gemeinsam verfolgten Ziele Einigkeit besteht bzw. aktiv hergestellt und somit auf diesem Feld Homogenität erreicht wird, damit das Team inhaltlich an einem Strang zieht.

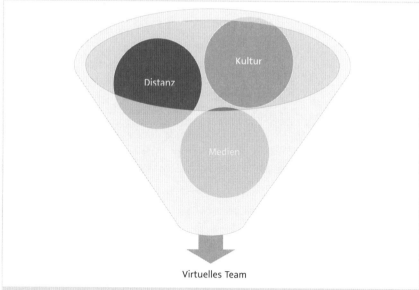

Abb. 24: Herausforderungen bei der Zusammenarbeit und Entwicklung virtueller Teams (eigene Darstellung)

Um diese Herausforderungen im virtuellen Team erfolgreich zu bewältigen, sind sowohl die Kooperationskompetenzen der einzelnen Mitarbeiter als auch die spezielle Führungs- und Teamentwicklungskompetenz des Teamleiters gefragt.

Die Distanz ist ein Thema, das dazu führt, dass neue soziale Kompetenzen etwa in der Kommunikation erlernt werden müssen. Eine reine Übertragung bisheriger Kompetenzen aus der direkten Kommunikation ist nicht möglich. Die folgenden Fragen veranschaulichen das Problem der Distanz und geben zugleich einen Fingerzeit, wie es lösbar wäre:

- Wie entsteht das notwendige Teamgefühl trotz der Distanz?
- Wie können sich die Teammitglieder über eine so große Entfernung hinweg kennenlernen und Vertrauen zueinander entwickeln?
- Wie kann sich ein Team organisieren, wenn seine Teammitglieder so weit voneinander entfernt sind, dass sie in verschiedenen Zeitzonen sitzen?
- Gibt es Möglichkeiten der Teammitglieder im virtuellen Team, auch informell miteinander zu kommunizieren, um die gefühlte Distanz zu verringern?

Wie oben bereits angesprochen, ist auch das Thema Internationalität bei virtuellen Teams häufig ein Knackpunkt. Interkulturelle Kompetenz wird also immer wichtiger. Aber hinzu kommen noch weitere Schwierigkeiten, die in der

Zukunft von den Teammitgliedern bewältigt werden müssen. Teammitglieder in virtuellen Teams haben oft verschiedene Muttersprachen und müssen sich in einer Sprache verständigen, die nicht ihre Muttersprache ist. Unterschiedliche Sprachniveaus und unterschiedliche Interpretationen bestimmter Wörter erschweren die Kommunikation und lassen in virtuellen Teams schnell Missverständnisse entstehen. Folgende Fragen sind hier relevant:

- Wie beeinflussen die unterschiedlichen kulturellen Hintergründe im virtuellen Team die unterschiedlichen Arbeitsweisen und Kommunikationsstile? Welche Erwartungen ergeben sich daraus?
- Wie kann man sicherstellen, dass die Kompetenz der Teammitglieder, die nicht so gut Englisch (als Synonym für die »Company Language«) sprechen, trotzdem zum Gesamtwohl des virtuellen Teams mit eingebracht wird?
- Wie kann im virtuellen Team eine eigene Teamkultur geschaffen werden?

Als letztes ist das Thema der Medien zu betrachten. Dabei geht es nicht um die reine Medienkompetenz der Mitarbeiter (siehe später in diesem Kapitel), sondern um die Gestaltung der Kommunikationsprozesse. Wie kann man die unterschiedlichen Präferenzen und Kommunikationsgewohnheiten – mündlich, schriftlich – der einzelnen Teammitglieder im virtuellen Team berücksichtigen? Wie bringen sich die einzelnen Teammitglieder in den virtuellen Teambesprechungen ein? Wie moderiert man virtuelle Teambesprechungen im Gegensatz zu Team-Meetings vor Ort? Was muss der virtuelle Moderator dabei beachten.

Alleine an diesem Beispiel sieht man, dass eine reine Übertragung bisheriger analoger Kompetenzen nicht einfach auf die virtuelle Welt kaum möglich ist.

5.1.2 Mensch-Maschine-Kommunikation

Als zweites Beispiel haben wir die Mensch-Maschine-Kommunikation herausgegriffen, denn die wird von immer zentralerer Bedeutung sein. Ob Interaktion mit sprechenden Navigationssystemen, Zusammenarbeit von Mensch und Roboter am Fließband oder Interaktion mit künstlicher Intelligenz am Arbeitsplatz, die Aufgabe des Mitarbeiters verändert sich.

Beherrscher	Kapitän	Dirigent

- Aufgaben von **Produktions-** und **Wissensarbeitern** wachsen weiter **zusammen**
- **Indirekte** Tätigkeiten wachsen überproportional an im Verhältnis zu **direkten**
- Kurzfristige und **weniger planbare Arbeitstätigkeiten** nehmen zu
- **Einfache Tätigkeiten** nehmen weiter ab

Abb. 25: Rolle des Menschen im Produktionsprozess
Quelle: http://www.vdma.org/documents/106133/4697460/Aspekte%20Personal%20und%20
Arbeitsorganisation/5b4c1a66-2bdc-41ec-b1c1-64a4abf54e6e

Der einzelne Mitarbeiter wird mehr zum Dirigenten der Zusammenarbeit, die indirekten Tätigkeiten der Überwachung und Koordination steigen. Dazu benötigt er einen Ausbau unter anderem folgender Kompetenzen:

- Komplexitätsverständnis, um eine Überwachungs- und Kontrollfunktion über Abläufe übernehmen zu können;
- Informationsautorität, damit er Informationen aus dem Prozess abrufen, filtern, analysieren und nutzen kann;
- Ausführungsautorität, sodass die Produktivität und Sicherheit vom Mitarbeiter positiv beeinflusst werden können.

Das Gleiche gilt auch für Lernprozesse:

>»Der Mensch verliert seinen Alleinvertretungsanspruch auf das Denken.
>In wenigen Jahren werden humanoide Computer, die menschenähnlich
>denken, nicht mehr nur technischer Gehilfe, Gerät, Instrument, sondern
>Lernpartner im eigentlichen Kompetenzentwicklungsprozess sein. Der
>limitierende Faktor in zukünftigen Lernsystemen ist nicht mehr die Tech-
>nologie, sondern der Mensch, weil er erst lernen muss, mit seinem neuen,
>technologischen Lernpartner souverän umzugehen.«
>(Erpenbeck und Sauter, 2016)

5.2 Neue Arbeitsweisen

Als weiteres wollen wir die neuen Arbeitsweisen betrachten. Agile Arbeitsmethoden wie SCRUM, Kanban etc. sind bereits mehrfach angesprochen worden. Das Arbeiten mit diesen Methoden muss natürlich auch erst einmal erlernt bzw. das Arbeiten in klassischen Umgebungen ggf. verlernt werden. Mit SCRUM oder Kanban zurechtzukommen, bedeutet aber nicht, lediglich die Methoden zu verstehen. Dazu gehört vor allem die veränderte Haltung nicht zuletzt der Art gegenüber, wie man miteinander arbeitet, kommuniziert und sich organisiert. Ohne sich sowohl fachlich als auch methodisch und persönlich weiterzuentwickeln, wird das nicht funktionieren.

Der entsprechende Lernprozess wird einigen Aufwand für den Lerner nach sich ziehen, was wiederum zu der Herausforderung führt, den Lernprozess mit dem Alltagsgeschäft in Einklang zu bringen. Beides ist dann auch noch auf die Teamebene zu übertragen, da agiles Arbeiten auf den Teams basiert.

5.2.1 Anforderungen an die Eigensteuerung

Arbeitnehmervertreter kämpfen für immer mehr Freiheitsgrade im Arbeitskontext. Trends wie Homeoffice, Mediennutzung etc. ändern die Freiheitsgrade und damit auch die individuelle Gestaltung des eigenen Arbeitsumfeldes. Dabei geht es nicht um die Bedienung von neuen Medien oder das Lernen neuer Methoden, sondern um die daraus resultierenden Anforderungen an den Umgang mit diesen Freiheitsgraden an das Individuum.

Nicht zuletzt aus derartigen Veränderungen entstehen personalpolitische Diskussionen wie Vereinbarkeit von Familie und Beruf, Work-Life-Balance, Achtsamkeit und digitale Erreichbarkeit. Dabei sind die Veränderungen Fluch und Segen zugleich. Segen in dem Sinne, dass die individuelle Flexibilität deutlich zunimmt: Wenn ich als Mitarbeiter eine mobile Ausstattung habe, kann ich arbeiten, wo und wann ich will. Erste Beispiele digitaler Nomaden[12] als Reinform flexiblen Arbeitens existieren schon und werden in der Zukunft sicherlich mehr.

Bei den meisten Mitarbeitern ist es aber eine Flexibilität mit gesetzten Rahmen. Auch hier ändert sich etwa dank der Medien die Erreichbarkeit. Wann arbeite

---

12 Ein digitaler Nomade (auch Internet-Nomade, Büronomade, urban nomad) ist ein Unternehmer oder auch Arbeitnehmer, der fast ausschließlich digitale Technologien anwendet, um seine Arbeit zu verrichten, und zugleich ein eher ortsunabhängiges beziehungsweise multilokales Leben führt. (wikipedia)

ich und wann nicht? Habe ich Rufbereitschaft oder die Verpflichtung, am Wochenende auf E-Mails meines Chefs zu antworten? Diese Fragen beschäftigen aus politischer Sicht Arbeitergeber wie Arbeitnehmerverbände und aus persönlicher Sicht jeden Mitarbeiter. Maßnahmen zum Schutz der Mitarbeiter wie die Nicht-Weiterleitung von E-Mails nach 18.00 Uhr, wie es das Arbeitsministerium unter Frau von der Leyen oder der Volkswagen-Konzern eingeführt haben, spiegeln nur die Unsicherheit im Umgang mit den neuen Möglichkeiten wieder.

Statt die Mitarbeiter vor der Flexibilität zu »schützen«, sollten zwei Aspekte in den Fokus gerückt werden: Führungskompetenz der Vorgesetzten und die individuelle Selbststeuerung der Mitarbeiter. Vorgesetzte sollten sich im Klaren sein, dass eine 24-Stunden-Präsenz sieben Tage in der Woche kontraproduktiv ist und Erholungszyklen zur Gesunderhaltung der Mitarbeiter und Aufrechterhaltung von deren Produktivität gehören. Ob als Vorbild gelebt oder als klare Erwartung formuliert, sind Grenzen der Erreichbarkeit von Arbeitnehmern zu definieren.

Die individuelle Selbststeuerung ist das Gegenstück zu den Kompetenzen des Vorgesetzten. Eine persönliche Abgrenzung zur Arbeit und aktive Erholungsphasen als Gesundheits-Prophylaxe bedeuten, dass Mitarbeiter sich auch ganz bewusst gegen eine Erreichbarkeit zu jeder Tages- und Nachtzeit entschließen.

Beobachtet man allerdings die heutigen Jugendlichen, hat man häufiger den Eindruck, dass Erreichbarkeit das höchste Gut ist, um ja keine Information zu verpassen. Dabei wäre die folgenden Fragen viel interessanter: Was macht die ständige Erreichbarkeit eigentlich mit mir? Wie sieht mein Stresslevel aus? Wann und wie erhole ich mich am besten? Wieviel Medienkonsum tut mir gut?

Eigentlich sollten solche Themen bereits in der Frühkindheit thematisiert werden und die Achtsamkeit für sich gelernt werden. Weiter unten in diesem Kapitel stellen wir hierzu die Empfehlungen des World Economic Forum zum sogenannten DQ (Digitale Intelligenz) vor.

5.2.2 Selbsterkenntnisvermögen

Der Aspekt der Achtsamkeit kann in das zweite Thema der Eigensteuerung als »Selbsterkenntnisvermögen« integriert werden. Eine bewusste Wahrnehmung des eigenen Handelns und der eigenen Persönlichkeit werden zunehmend wichtiger. Dazu gehören u.a. Klarheit über eigene Leitmotive, Reflexionsfähigkeit, Selbstdistanz, Selbstrelativierung (Selbstironie, Neutralität,

Einsicht in Selbstbezug, Wertgefüge) und Kontextualismus, womit folgende Eigenschaften gemeint sind: historische Selbsteinordnung, Altersadäquanz, kein Absolutheitsanspruch sowie ein Abwägen von Nutzen und Aufwand.

Andere Aspekte der Selbststeuerung sind zum Beispiel die Offenheit für Neues oder Kreativität sowie die Risikokompetenz. In der Zukunft ist es wichtig, derartige Grundvoraussetzung für die Erwerbstätigkeit in einem gewissen Maße zu erfüllen und nicht durch Veränderungen und daraus entstehende Unsicherheiten in Stress zu verfallen.

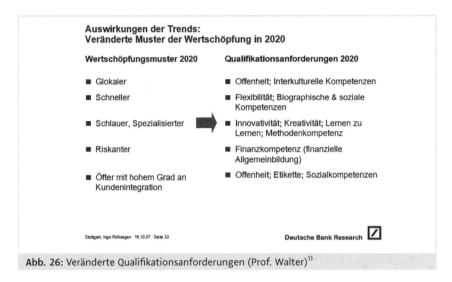

Abb. 26: Veränderte Qualifikationsanforderungen (Prof. Walter)[13]

5.3 Metakompetenzen

Als dritten Bereich, der mit der Eigensteuerung zu tun hat, möchten wir die Metakompetenzen ansprechen, die Mitarbeiter in der Zukunft mitbringen bzw. die im Transformationsprozess in Unternehmen gefördert werden müssen.

5.3.1 Digitale Kompetenz

Da die Generation Z die erste Generation ist, die wirklich mit den digitalen Medien aufgewachsen ist – weshalb ihre Angehörigen gerne auch als »digital

---

13 Walter, N. (2009) Mehr Wachstum für Deutschland. Think Tank der Deutsche Bank Gruppe (Deutsche Bank Research), Foliensatz.

natives« bezeichnet werden –, ist eigentlich keiner Generation klar, wie der Digitale Quotient aussieht und wie der eigene DQ gefördert und entwickelt werden kann. Doch was ist digitale Intelligenz? Hierzu wurden an der Nanyang Technological University acht grundlegende digitale Faktoren identifiziert:

Abb. 27: Faktoren der digitalen Intelligenz[14]

1. *Digital citizen identity*: Damit ist die Fähigkeit gemeint, sich eine gesunde, integre Identität online und offline aufzubauen und diese zu managen. Welches Bild gebe ich in sozialen Medien ab? Entspricht das meiner Persönlichkeit? Sind das private und berufliche Bild kongruent?
2. *Screen time management*: Dies bezieht sich auf die Fähigkeit, die eigene Zeit vor dem Bildschirm zu managen und das eigene Engagement z. B. in sozialen Medien zu kontrollieren. Wieviel Zeit investiere ich in soziale Medien? Was zahlt sich davon aus? Unterbreche ich häufig Tätigkeiten und Konzentrationsphasen, wenn E-Mails eingehen?
3. *Cyberbullying management*: Cybermobbing ist eine große Herausforderung im Netz. Deswegen ist die Fähigkeit, gefährliche Situationen zu erfassen und sensibel damit umzugehen, wichtig. Dabei meint Cybermobbing nicht nur das Schreiben von Hasstiraden, sondern kann häufig auch deutlich subtiler sein wie das Nicht-Informieren Einzelner in virtueller Teamarbeit oder ein schroffer Kommunikationsstil.

---

14 https://www.weforum.org/agenda/2016/09/8-digital-life-skills-all-children-need-and-a-plan-for-teaching-them

4. *Cybersecurity management*: Eine der wichtigsten Kompetenzen ist die Fähigkeit, seine Daten zu sichern. Dazu gehören unterschiedliche und sichere Passwörter ebenso wie die Wahl von Speichermedien sowie das Reagieren auf verschiedene Cyberattacken/-angriffe.

5. *Privacy management*: Die Steuerung der eigenen Privatsphäre und die der anderen ist eine der wichtigsten Voraussetzungen, um sich in der digitalen Welt bewegen zu können. Welche Informationen sollen für welchen Personenkreis zugänglich sein und wie kann die Privatsphäre geschützt werden?

6. *Critical thinking*: Die Fähigkeit, zwischen wahren und falschen Informationen unterscheiden sowie Quellen bewerten zu können, ist bei der herrschenden Fülle an Informationen notwendig. Dazu gehört auch die kritische Auseinandersetzung damit, welche Quellen oder virtuellen Kontakte vertrauenswürdig sind.

7. *Digital footprints*: Das Bewegen im Netz hinterlässt Spuren (digital footprints), die kaum mehr rückgängig gemacht werden können. Man sollte das Phänomen verstehen und sich über mögliche Konsequenzen im realen Leben bewusst sein.

8. *Digital empathy*: Da auch digitale Kommunikation ein sozialer Prozess ist, gehört die Fähigkeit, virtuell Empathie für die Bedürfnisse und Gefühle anderer zu zeigen, ebenfalls zu den digitalen Faktoren.

Diese acht Faktoren wurden zwar für Kinder zusammengetragen, lassen sich aber problemlos auf die Arbeitswelt übertragen, insbesondere wenn zunächst eine Analyse des bestehenden DQ (individuell und auf Organisationsebene) erfolgen soll.

Hierzu passend hat bereits in den 80er Jahren Baacke ein Kompetenzmodell aufgestellt, das auch heute noch Gültigkeit besitzt (siehe auch Kapitel 6.4.1.4 Medienkompetenz).

Medienkompetenz
Mit Medienkompetenz wird die Fähigkeit bezeichnet, Medien und ihre Inhalte den eigenen Zielen und Bedürfnissen entsprechend sachkundig zu nutzen. In einer Welt, in der Medien aller Art gerade auch für das Lernen immer wichtiger werden, ist diese Kompetenz ein nicht zu unterschätzender Faktor.

Seit den 1990er Jahren hat Dieter Baackes Definition von Medienkompetenz besondere Bedeutung erlangt; er gliederte den Begriff in vier Dimensionen: Medienkritik, Medienkunde, Mediennutzung und Mediengestaltung (Baacke 1997, S. 98f). Um das komplexe Begriffssystem Baackes anschaulicher zu machen, wird hier seine Beschreibung der Ausdifferenzierung des Begriffs Medienkompetenz schematisch dargestellt (siehe Abb. 4).

Medienkritik soll analytisch problematische gesellschaftliche Prozesse angemessen erfassen. Jeder Mensch sollte reflexiv in der Lage sein, das analytische Wissen auf sich selbst und sein Handeln anzuwenden. Die ethische Unterdimension der Medienkritik bezeichnet die Fähigkeit, soziale Konsequenzen der Medienentwicklung zu berücksichtigen.

Medienkunde umfasst das Wissen über die heutigen Mediensysteme. Die informative Unterdimension der Medienkunde beinhaltet klassische Wissensbestände. Die instrumentell-qualifikatorische Unterdimension meint die Fähigkeit, neue Geräte auch bedienen zu können. Die beiden Aspekte Medienkritik und Medienkunde umfassen die Unterdimension der Vermittlung. Die Unterdimension der Zielorientierung liegt im Handeln der Menschen. Hierbei spielt also die Nutzung von Medien eine wichtige Rolle.

Mediennutzung ist doppelt zu verstehen: Medien sollen rezeptiv angewendet werden (Programm-Nutzungskompetenz) und interaktive Angebote genutzt werden.

Mediengestaltung stellt in Baackes Ausdifferenzierung den vierten Bereich der Medienkompetenz dar. In den Bereich Mediengestaltung fallen die innovativen Veränderungen und Entwicklungen des Mediensystems und die kreativen ästhetischen Varianten, die über die Grenzen der alltäglichen Kommunikationsroutinen hinausgehen.

In der Mediennutzung ist zudem ein weiteres wichtiges Thema enthalten, dass an dieser Stelle explizit hervorgehoben werden soll: Die Veränderung des Umganges mit Informationen. Bereits mehrfach in diesem Kapitel ist das Thema Informationswissen und Informationskritik angerissen worden. Während früher das Lernen von Informationen relevant war, da sich die Informationsbeschaffung deutlich schwieriger gestaltete und Informationen nur in begrenztem Maße frei und sofort verfügbar waren, ist das heute nicht mehr der Fall. Sehr viele Informationen sind frei zugänglich und einfach beschaffbar. Getreu dem Motto: »Ich muss es nicht wissen, ich muss nur wissen, wo es steht«, ist nicht das Rezipieren einer Information, sondern die Auswahl relevant. Die Schwierigkeit liegt dabei in der Masse der Informationen und könnte als Selektionskompetenz beschrieben werden. Wie finde ich z. B. bei Google unter den Millionen von Treffern den einen, der für mich relevant ist? Wie kann ich bewerten, ob diese Information korrekt ist?

Eine effiziente Suche nach Informationen im Internet, in sozialen Medien, aber auch auf Kollaborationsplattformen ist eine Kompetenz, die bereits heute nicht zu unterschätzen ist und die wir selten systematisch gelernt haben.

5.3.2 Lernen lernen

Bereits jetzt haben wir viele Aspekte unseres Themas »Agiles Lernen« angesprochen, und es ist bereits klar, dass lebenslanges Lernen keine leere Worthülse sein kann. Es muss eine Sensibilisierung dahingehend stattfinden, dass wir auch über das Ende unserer Ausbildung hinaus ständig weiterlernen werden, mag unsere Stellung im Berufsleben auch noch so gesichert erscheinen.

Nicht mehr unser bereits vorhandenes Wissen, sondern das Lernen wird zu *der* Kompetenz, die über Erfolg entscheidet.

Jacque Delors (1998) hat das 4-Säulen Modell des Lernens aufgestellt. Jeder Mensch sollte folgende Dinge lernen:
- lernen zusammenzuleben;
- lernen, Wissen zu erwerben;
- lernen zu handeln;
- lernen für das Leben.

Später wurde eine fünfte Säule quasi als Fundament dazu genommen, die vor allem die Fähigkeit zu lebensbegleitendem Lernen vermitteln soll. Heute ist sie bekannt als: lernen zu lernen.

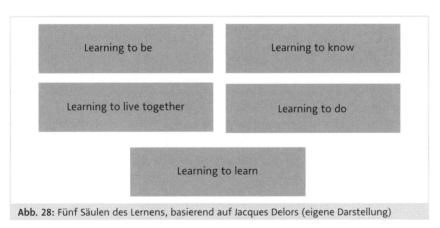

Abb. 28: Fünf Säulen des Lernens, basierend auf Jacques Delors (eigene Darstellung)

Wenn wir also Lernen im Kontext der nachfrageorientierten Personalentwicklung und dem dynamischen Umfeld betrachten, wird Lernkompetenz die Schlüsselkompetenz sein, um die wir uns als erstes kümmern müssen.

Was jedoch Lernkompetenz ist – gerade im betrieblichen Kontext –, ist noch nicht klar umrissen. Das führen wir im Kapitel 6 (Der Mitarbeiter) genauer aus.

! **Exkurs: Teamentwicklung**

Dieses Buch bezieht sich grundlegend auf den individuellen Mitarbeiter, um die Voraussetzungen für ein agiles Unternehmen zu schaffen. Dennoch möchten wir aufgrund der Wichtigkeit das Thema Teamentwicklung nicht unerwähnt lassen. Große Stellhebel, um die Effizienz zu steigern, liegen nicht nur in den Personen selbst (intrapersonell), sondern insbesondere zwischen den Personen (interpersonell). So sollte sich systematische Entwicklungsarbeit vor allem auf Konstellationen, in denen »miteinander füreinander geleistet« wird – auf Teams und Wertschöpfungsgemeinschaften also –, konzentrieren. Dass es da jedoch einen großen Nachholbedarf gibt, hat Pfläging bereits so treffend konstatiert, dass wir ihm hier das letzte Wort gewähren wollen:

»Manager und Personaler aber neigen bis heute dazu, individuelle Performance zu beschwören. Teameffektivität dagegen ist in fast allen Organisationen noch ein blinder Fleck. Dies ist möglicherweise die Todsünde der Personalentwicklung: Sie hat dazu beigetragen, dass wir die Entwicklungspotenziale von Wertschöpfungsgemeinschaften und -konstellationen weitgehend brachliegen lassen. Sie versucht, den einzelnen Menschen zu korrigieren, statt die Wirksamkeit der Teams zu erhöhen, in denen die Mitglieder einer Organisation wirken.« (Pfläging, 2016)

Literatur

Erpenbeck, J., Sauter, W. (2016) *Alle Macht den Lernern*. Wirtschaft + weiterbildung, 04.2016. S. 18-23. https://www.haufe.de/download/wirtschaft-weiterbildung-ausgabe-42016-wirtschaft-weiterbildung-344606.pdf

Monitoring –Report Wirtschaft DIGITAL 2016. http://www.bmwi.de/DIGITAL/Redaktion/DE/Publikation/monitoring-report-wirtschaft-digital-2016.html

Pfläging, N. (2016) Personalentwicklung ist Gängelung. In Managerseminare, Heft 225, S. 16 f.

Reimann, S. (2015) *Lernen für ein neues Zeitalter* – Humboldt 2.0 managerSeminare, Heft 205, April 2015, S. 69-73

Sauter W. und Sauter, S. (2013) Workplace Learning: Integrierte Kompetenzentwicklung mit kooperativen und kollaborativen Lernsystemen. Heidelberg: Springer Gabler

UNESCO-Bericht zur Bildung für das 21. Jahrhundert (1998) Lernfähigkeit: Unser verborgener Reichtum. Hrsg. von der Deutschen UNESCO-Kommission. Neuwied; Kriftel; Berlin: Luchterhand, 1997. 244 S. ISBN 3-472-02988-9. (2. Auflage)

Wäfler, T., Windischer, A., Ryser, C., Weik, S., Grote, G. (1999) *Wie sich Mensch und Technik sinnvoll ergänzen: die Gestaltung automatisierter Produktionssysteme mit KOMPASS.* vdf Hochschulverlag AG. 208 Seiten.

Teil 2: Neue Verantwortlichkeiten für alle Beteiligten

Im ersten Abschnitt des Buches haben wir einen Einblick gegeben, wie sich Lernen im betrieblichen Kontext ändern wird: Digitale, arbeitsplatznahe und informelle Lernformate werden weiter Einzug erhalten, neue Metakompetenzen an Relevanz gewinnen und die Personalentwicklung vor einem Paradigmenwechsel von einer Angebots- hin zu einer Nachfrageorientierung stehen.

In den allgemeinen Diskussionen um die Veränderungen der Personalentwicklung hat man sich bisher zu sehr auf neue Formate konzentriert und dabei vernachlässigt, über die neuen Anforderungen an alle Beteiligte zu sprechen. Dabei haben und werden sich die Rollen und Verantwortlichkeiten im betrieblichen Lernkontext teils deutlich verändern. Nur wenn alle Beteiligten ihre neuen Anforderungen verstanden und akzeptiert haben sowie die Fähigkeiten besitzen, diese auszufüllen, kann agiles Lernen im Unternehmen funktionieren. Deswegen möchten wir den zweiten Abschnitt des Buches den Rollen der Beteiligten widmen.

Im Mittelpunkt jeden betrieblichen Lernens steht selbstverständlich der Mitarbeiter als lernendes Subjekt. Seine Rolle hat sich massiv geändert, ohne dass dieses ausreichend thematisiert oder er dabei unterstützt wurde, seine Fähigkeiten im nun selbstgesteuerten Lernen auszubauen. Als noch hauptsächlich in Seminaren gelernt wurde, waren die Anforderungen an Mitarbeiter deutlich geringer. Inhalte, Termine etc. waren vorgegeben, ein Dozent vermittelte die grundlegenden Bausteine und half ggf. mit Transferübungen. Wenn nichts oder wenig beim Arbeitsalltag ankam, dann war das Seminar, der Trainer oder irgendetwas Schuld, aber selten der Mitarbeiter. Allzu oft wurde der Effekt eines Seminars im Arbeitsalltag auch gar nicht überprüft oder zumindest thematisiert.

Heute sieht es ganz anders aus. Der lernende Mitarbeiter muss seinen Bedarf selbst erkennen, sich geeignete Formate heraussuchen, Zeit *freischaufeln*, den Lerngegenstand bearbeiten, seine Motivation aufrecht erhalten und immer den Nutzen für seine Arbeit im Blick haben. Ob Mitarbeiter das gelernt haben? Wo denn? Oder wann?

Diese Verantwortung für die Selbststeuerung von Lernprozessen wurde still und heimlich übertragen und einfach vorausgesetzt, ohne sie zu thematisieren und den Mitarbeitern die Chance zu geben, sich an die neuen Anforderungen zu gewöhnen und anzupassen. Und dann wundern sich Personalentwickler, warum selbstgesteuerte Formate wie z.B. E-Learnings so eine hohe Abbruchquote haben. Statt nun mit den Mitarbeitern in Kontakt zu treten und die Ursache zu eruieren, wird mit bestenfalls noch Gamification-Ansätzen weiter an den Formaten geschraubt – frei nach dem Motto: Irgendwann muss der Mitarbeiter es doch nutzen.

Deswegen beleuchten wir im nächsten Kapitel (Kapitel 6) intensiv den Lerner, seine Aufgaben und die Anforderungen an seine Lernkompetenz.

Im übernächsten Kapitel (Kapitel 7) wenden wir uns dem Personalentwickler zu. Von einer reinen Trainingsadministration ist dessen zukünftige Rolle meilenweit entfernt. Nicht weniger als vier verschiedene Hüte haben wir identifiziert, die ein Personalentwickler aufsetzen und beherrschen muss. Sei es die strategische Personalentwicklung, die Förderung der Lernkultur, das Lerncoaching der Mitarbeiter oder das Wissensmanagement 2.0 im Unternehmen. PE wird zum zentralen Erfolgsfaktor von Unternehmen, wenn die Transformation gelingen soll. Im Rahmen dieses Kapitels haben wir auch die Trainer integriert, deren Rolle sich ebenfalls wandelt. Hier sind einige Veränderungen bereits bekannt – etwa die vom Dozenten zum Ermöglicher. Aber wieviel Trainer ist in der Zukunft noch notwendig? Sterben die aus oder in was verwandeln sie sich?

Als drittes (Kapitel 8) analysieren wir die Rollen der Führungskraft. Früher als Macht- und Informationsträger, Experte o.ä. im sicheren Sattel, muss die Führungskraft ihre neue Identität finden und neue Verantwortungen übernehmen. Sie muss die Entwicklung ihres Teams koordinieren, den Leistungserhalt und ggf. eine -steigerung der individuellen Mitarbeiter ermöglichen und selbst als Lerner die agile Transformation durchleben.

Als letztes möchten wir – auch wenn es keine direkte Rolle ist – das Unternehmen als Gesamtorganisation betrachten (Kapitel 9). Was macht eine lernende Organisation aus? Was ist dagegen eine lehrende Organisation? Und wie kann eine Lernkultur die Annahme der neuen Rollen aller Beteiligten unterstützen?

6 Der Mitarbeiter – Lernkompetenzen als Schlüssel zum Erfolg

6.1 Neue Anforderungen an die Mitarbeiter

Wie in Kapitel 5 beschrieben, verändern sich die Anforderungen der modernen Arbeitswelt enorm: Nicht nur die Digitalisierung, auch zunehmende Spezialisierung, steigende Dynamik und technische Innovationen ebenso wie Globalisierung führen zu teils massiven Veränderungen der individuellen Arbeitstätigkeiten, erfordern ständige Weiterentwicklung und damit Weiterbildung von Mitarbeitern (Abbildung 29).

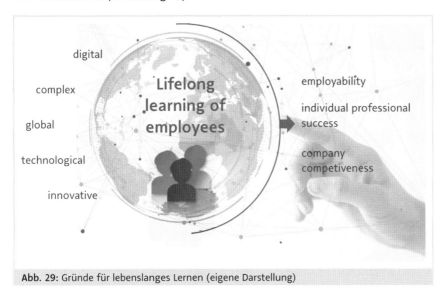

Abb. 29: Gründe für lebenslanges Lernen (eigene Darstellung)

Ohne kontinuierliches Lernen im Rahmen der beruflichen Tätigkeit können Mitarbeiter den sich ständig ändernden Anforderungen des Berufs mittelfristig nicht gerecht werden. Lebenslanges Lernen wird somit zur Voraussetzung für die Beschäftigungsfähigkeit der Mitarbeiter.

Dabei verändert sich – wie bereits erläutert – das Verständnis von Personalentwicklung enorm: vom schulischen, angebotsorientierten Verständnis von Lernen (z.B. in Seminaren) hin zum Lernen am Arbeitsplatz. Die Grenzen zwischen Lern- und Arbeitsprozessen verschwimmen schon jetzt massiv. Als Beispiel sei hier das bereits bekannte Thema Qualitätszirkel genannt, bei denen man gemeinsam voneinander lernt und gleichzeitig die eigene Arbeit optimiert. Dabei greifen Lernen und Arbeiten so ineinander, dass die Antwort auf die Frage, als was man die Tätigkeit nun deklariert, noch am ehesten in den Bereich der Philosophie fällt.

Wie bereits im Kapitel zum Thema New Learning (Kapitel 3) dargestellt, erhalten nachfrageorientierte Methoden verstärkt Bedeutung. Arbeitsplatznahes Lernen soll *dann* möglich sein, wenn Mitarbeiter den Lernbedarf haben, um genau *das* zu lernen, was sie benötigen.

Um aber diese Arbeitsplatzrelevanz schaffen zu können, ändert sich die Rolle des Mitarbeiters gewaltig: Mitarbeiter müssen die Verantwortung für ihr Lernen übernehmen und kontinuierlich, eigenverantwortlich ihre Personalentwicklung gestalten, von einer fremdgesteuerten Personalentwicklung hin zu individuellen, selbstgesteuerten Lernprozessen.

Daraus entstehen allerdings auch neue Anforderungen an Mitarbeiter und ihre Fähigkeit zur Selbststeuerung des Lernens. Lernen wird somit über den ganzen Lernprozess hinweg, von der Initiierung des Lernens bis zur Evaluation des Lernerfolgs, durch den Mitarbeiter aktiv gesteuert. Damit ändert sich die Rolle des Mitarbeiters vom Rezipienten und Konsumenten zum Initiator, Gestalter, Anwender und Motivator. Auf diese vier Rollen gehen wir in diesem Kapitel genauer ein.

6.2 Selbstgesteuertes Lernen

Beim selbstgesteuerten Lernen übernimmt der Lerner selbst die Verantwortung sowohl für die Ausgestaltung des Lernprozesses, also vom Erkennen des Lernbedarfs bis hin zur Anwendung des Gelernten im Arbeitsprozess, als auch für seine Lernmotivation und das Durchhaltevermögen im gesamten Lernprozess.

Fremdgesteuertes vs. selbstgesteuertes Lernen
In der Reinform traditioneller Lernformate erfolgt das Lernen der Mitarbeiter meist fremdgesteuert. Durch Weiterbildungen in Form von Seminaren, Workshops, Webinaren o.ä. werden Informationen und Inhalte vermittelt. Die Lernwege und -methoden sind meist vorgegeben und können nur bedingt an die eigenen Bedürfnisse und Vorlieben angepasst werden. So liegt auch die Verantwortung für die Gestaltung des Lernens nicht beim Mitarbeiter, der als passiver Empfänger von »Instruktionen« im Rahmen des Lernangebotes fungiert. Das Lernen ist in diesen traditionellen Formaten angebotsorientiert und eher als Lernen auf Vorrat konzipiert. Meist sind traditionelle Lernformate darauf ausgerichtet, in einer gegebenen Form und Zeit bestimmte Informationen und Wissen an eine Vielzahl von Lernern zu vermitteln. Der Lerner muss sich einem Standard anpassen.

Ggf. erfolgt während einer derartigen Weiterbildung eine Transfersequenz, die, etwa durch die konkrete Planung von Umsetzungsschritten, die Transferlücke zwischen Seminar und Arbeitsplatz teilweise schließen soll. Die tatsächliche Umsetzung und Anwendung des Gelernten im Arbeitsprozess gestaltet sich für Mitarbeiter dennoch häufig schwierig, da sich die Lernangebote aufgrund ihrer Struktur nicht so am individuellen Lernbedarf und den Lernvoraussetzungen der Mitarbeiter orientieren können, wie es ggf. notwendig wäre. Oft fehlt der individuelle Bezug zum jeweiligen Arbeitsprozess, folglich wird das Gelernte nur zu einem geringen Teil in den Arbeitsprozess übertragen, was auch den realen Nutzen derartiger Formate zur Diskussion stellt.

Wenn Mitarbeiter den Nutzen der vermittelten Inhalte für den eigenen Arbeitsprozess nur gering einschätzen, ist auch die Motivation nicht hoch. Angestrebte Verbesserungen oder Erleichterungen des individuellen Arbeitsprozesses können von daher mit fremdgesteuerten Lernformaten kaum erreicht werden.

Beim selbstgesteuerten Lernen hingegen übernimmt der Mitarbeiter selbst die Verantwortung für den Lernprozess. Lerner werden dadurch aktiv und verändern ihre alte Konsumentenrolle bei den traditionellen Lernformaten hin zur neuen Gestaltungsrolle bei der Selbststeuerung des arbeitsplatzrelevanten Lernens (Reutter, Ambos, & Klein, 2007).

Grundgedanke ist, dass Mitarbeiter ihren Lernbedarf selbst am besten kennen und wissen, was sie für ihre eigene Arbeit an Weiterentwicklung brauchen. Damit sind sie die eigentlichen Experten für ihre individuelle Personalentwicklung und folglich sollte das Thema Lernen in ihre eigene Verantwortung gehören. Selbststeuerung des Lernens bedeutet somit, dass »der Handelnde die wesentlichen Entscheidungen, ob, was, wann, wie und woraufhin er lernt, gravierend und folgenreich beeinflussen kann« (Weinert, 1982).

Somit managt der Lerner, in diesem Fall der Mitarbeiter, selbst seinen Lernprozess und bestimmt neben dem Lernbedarf auch die Art zu lernen. Dazu müssen rein organisatorisch zunächst Lernziele gesetzt werden, also Ziele, die beschreiben, was durch das Lernen erreicht werden soll. Die Ausgestaltung des Lernwegs beinhaltet die Wahl eines geeigneten Lernformats ebenso wie die Bestimmung des Lernorts und der Lernzeit. Es gilt somit eine für sich lernfreundliche Umgebung zu schaffen. Treten im Lernprozess Probleme auf und der Lerner kommt nicht in der gewünschten Art und Weise voran, ist es wichtig, das eigene Lernen zu reflektieren und ggf. anzupassen. Am Ende des Lernprozesses sollte geprüft werden, ob und wie die gesetzten Lernziele erreicht wurden. Insbesondere die Lernziele sind von großer Bedeutung für die Übertragung des Gelernten in den späteren Arbeitsprozess. Mitarbeiter sollten schon vor dem Lernen wissen, was genau sie wofür lernen möchten. Nur so kann der spätere Transfer und damit eine Nutzung des Gelernten im Arbeitsprozess sichergestellt werden.

> **! Selbstgesteuertes Lernen**
>
> Selbstgesteuertes Lernen ist ein aktiver Aneignungsprozess, bei dem das Individuum über sein Lernen entscheidet, indem es die Möglichkeit hat,
> - die eigenen Lernbedürfnisse bzw. seinen Lernbedarf, seine Interessen und Vorstellungen zu bestimmen und zu strukturieren;
> - die notwendigen menschlichen und materiellen Ressourcen (inklusive professionelle Lernangebote oder Lernhilfen) hinzuzuziehen;
> - seine Lernziele, seine inhaltlichen Schwerpunkte, Lernwege, -tempo und -ort weitestgehend selbst festzulegen und zu organisieren;
> - geeignete Methoden auszuwählen und einzusetzen und
> - den Lernprozess auf seinen Erfolg sowie die Lernergebnisse auf ihren Transfergehalt hin zu bewerten.
>
> (Arnold, Gomez Tutor, & Kammerer, 2002)

Zusätzlich zur aktiven Gestaltung des Lernprozesses ist auch die Kenntnis eigener Lernpräferenzen wichtig: Wie können sich Lerner überhaupt zum Lernen motivieren und wie ihre Lernbereitschaft steigern? Meist stellt es schon eine große Hürde dar, überhaupt den Einstieg ins Lernen zu finden. Gerade beim selbstgesteuerten Lernen ist dies besonders wichtig, da keine externen Vorgaben wie Lernzeiten, -ort oder -formate bestehen.

Da Lernen durchaus anstrengend ist, sollten Lerner wissen, wie sie ihre Motivation auch in schwierigen Phasen des Lernprozesses erhalten und damit ihr Durchhaltevermögen stärken können.

Zum Vergleich sind in der folgenden Tabelle fremd- und selbstgesteuerte Lernprozesse einander gegenübergestellt (Tabelle 5).

Fremd- und selbstgesteuertes Lernen	
Fremdgesteuertes Lernen	**Selbstgesteuertes Lernen**
Lehrprozesse im Mittelpunkt	Lerner und seine Lernprozesse im Mittelpunkt
Vermittlung von Wissen durch Lehrperson	Aktive Aneignung von Wissen und Erkenntnissen
Festgelegte Lernwege	Selbstverantwortung des Lerners für Lernwege und Lernprozess
Verantwortung beim Lehrenden	Lerner erarbeitet sich Inhalte selbst
Lehrender erläutert richtige Antworten	»Lehrende« als Lerncoach begleiten und unterstützen
Statisch, schwer veränderlich	Dynamisch, veränderlich, kooperativ, kommunikativ
Lehrformen: Seminare, Kurse etc.	Lernformen: eigene Erfahrung, kollegialer Austausch

Tab. 5: Gegenüberstellung fremd- und selbstgesteuerten Lernens (eigene Darstellung)

Diese beiden Formen des Lernens stehen sich allerdings nicht nach dem Alles-oder-Nichts-Prinzip gegenüber. Vielmehr ist es ein Kontinuum, das eigene Lernen zu kontrollieren, verbunden mit der Fähigkeit, aktiv und selbstgesteuert das eigene Lernen zu gestalten (Simons, 1992).

Exkurs: Selbststeuerung und Selbstorganisation   **!**

Für selbstbestimmtes Lernen gibt es verschiedene Begriffe und Differenzierungen. Im Wesentlichen lassen sich Abstufungen der Selbstbestimmung von Lernen durch Begrenzungen verschiedener Elemente des Lernprozesses definieren. Dies betrifft zum Beispiel Lernmittel oder -methoden, aber auch zeitlichen Aufwand und Unterstützung beim Lernen.

Der Begriff selbstorganisiertes Lernen nimmt eine Position zwischen fremdgesteuertem und selbstgesteuertem Lernen ein. Beim selbstorganisierten Lernen sind die Lernziele und -inhalte extern (z. B. vom Unternehmen) vorgegeben, Lerner bestimmen aber selbst ihren Lernprozess, um diese Lernziele und -inhalte zu erreichen. Damit ist zwar das *Was* für die Lerner vorgegeben, aber das *Wie*, also die genaue Ausgestaltung des Lernwegs, obliegt dem Lerner. Beim selbstorganisierten Lernen strukturiert und ordnet der Lerner somit selbst seinen Lernprozess. Beispielhaft zu nennen ist die Vorgabe von Lerninhalten, etwa Themen, die als Pflichtschulung für alle Mitarbeiter in einem E-Learning organisiert sind. Der Lerner entscheidet nur selbst, ob er am Arbeitsplatz mit einem Computer oder auf Reisen über eine mobile App den Stoff bearbeitet, nicht aber, woraus dieser Stoff besteht.

Selbstgesteuertes Lernen geht darüber hinaus. Dabei legt der Lerner nicht nur die Organisation des Lernprozesses, sondern auch die Lernziele und Lerninhalte selbst fest. Somit ist selbstorganisiertes Lernen immer auch Teil des selbstgesteuerten Lernens. Wesentliches Merkmal selbstgesteuerten Lernens im Unterschied zum selbstorganisierten Lernen ist die Intention: Lerner lernen, was sie für wichtig halten und wie sie möchten. Für Lernen von Mitarbeitern im Rahmen ihrer beruflichen Tätigkeit bedeutet dies, dass sie selbst auswählen, welche Inhalte für ihre spezifische Tätigkeit tatsächlich relevant sind, und sie bestimmen selbst, in welcher Art und Weise sie lernen.

Da das individuelle Lernen zunehmend spezifischer und effektiver gestaltet werden soll, muss der Mitarbeiter in Zukunft verstärkt selbstgesteuert bestimmen, was und wie er lernt – nur so kann er (und das Unternehmen) auf neue Anforderungen und Herausforderungen der Arbeitswelt besser reagieren.

Daraus ergeben sich neue Rollen, die aufgrund der neuen Systematik des agilen Lernens immer komplexer und anspruchsvoller werden und an die Mitarbeiter erst einmal herangeführt werden müssen.

6.3   Neue Rollen des Mitarbeiters

In den bisherigen Überlegungen sind die vier Rollen, um die es nun genauer gehen soll, schon aufgetaucht: Initiator, Gestalter, Anwender und Motivator. Vielleicht gibt es noch weitere Rollen, aber diese vier bieten schon einmal eine gute Grundlage für unsere Diskussion.

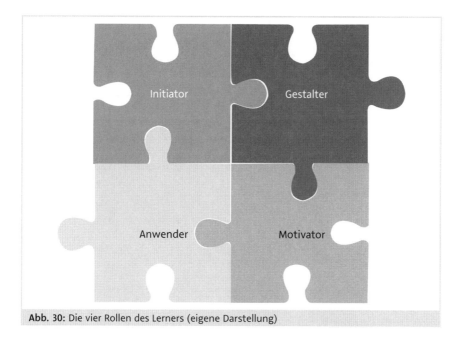

Abb. 30: Die vier Rollen des Lerners (eigene Darstellung)

Der Initiator

Der Mitarbeiter erkennt selbst oder im Gespräch mit Kollegen und/oder der Führungskraft seine Entwicklungsfelder und wie er seine Aufgaben besser gestalten kann. Dabei hat er sowohl seine konkrete momentane Aufgabe im Blick als auch ein Gespür für kommende Anforderungen. Auf Basis dieser Erkenntnisse definiert er (evtl. gemeinsam mit der Führungskraft) seine konkreten Lernziele: Was möchte/muss ich lernen?

Beispiel: Selbstinitiiertes Lernen !

Der Einkäufer eines großen Unternehmens stellt fest, dass neuerdings einige Unternehmen aus dem südamerikanischen Raum als potenzielle Lieferanten interessant werden. Um mit den bestmöglichen Lieferanten zu den besten Konditionen zu kooperieren, hält der Einkäufer es für sinnvoll, dass er seine Spanischkenntnisse und interkulturelle Verhandlungskompetenz auffrischt und verbessert. Er könnte sich somit das Lernziel setzen, sein Spanisch auf ein verhandlungssicheres Niveau zu bringen und die Verhandlungskultur in unterschiedlichen südamerikanischen Ländern besser zu verstehen. Hierzu wäre es wichtig, dass der Mitarbeiter sein Ausgangsniveau kennt und sich z.B. nach dem SMART-Prinzip (spezifisch, messbar, akzeptiert, realistisch und terminiert) konkrete Lernziele setzt und diese ggf. noch in Unterziele unterteilt.

Der Gestalter

Die Umsetzung der Lernziele basiert auf der Festlegung der Lernstrategien: Wie möchte ich lernen?

Konkret wird das Vorgehen beim Lernen stets mit Blick auf das Lernziel geplant und somit der spätere Transfer und damit die Handlungsfähigkeit im Arbeitsprozess vorbereitet. Damit schließt das Gestalten nicht nur das Vorantreiben des Lernprozesses ein, sondern auch die Selektion und Transformation von Lerninhalten entsprechend der Lernziele und Arbeitsaufgaben. Dazu gehört die Gestaltung von Lernort und Lernzeit, aber auch die Wahl eines oder mehrerer geeigneten Lernformate, also das aktive Gestalten des Lernprozesses. Für die Wahl eines geeigneten Lernformats sind Kenntnisse eigener Lernpräferenzen von Vorteil: Lernt der Mitarbeiter lieber mit einem Lernpartner in realistischen Szenarien oder nutzt er erst einmal individuelle Onlineformate?

Zusätzlich gehört auch die Schaffung eines geeigneten Umfeldes zur erfolgreichen Gestaltung des Lernens: das Etablieren von Ritualen, die für den Einstieg in die Lernzeit genutzt werden, oder das Einbeziehen von Kollegen zur Schaffung von Lernzeit (z. B. Telefon umleiten).

! **Beispiel: Selbstgestaltetes Lernen**

Wir bleiben bei unserem Einkäufer: Er weiß, dass er feste Termine einplanen und blocken muss, damit der Arbeitsalltag ihn nicht überrollt. Außerdem lernt er gerne im Austausch mit Kollegen und an konkreten Situationen. Also bittet er seinen Kollegen in Peru, mittwochs von 15.00 bis 16.00 Uhr mit ihm per Videokonferenz Verhandlungssituationen in Spanisch zu üben. Diese Termine blockiert er sich in Outlook, informiert seine Kollegen darüber und bittet sie, in die Zeit keine Termine zu legen. Im Gegenzug könnte er ihnen anbieten, sie bei ihren spanischsprechenden Lieferanten zu unterstützen. Um sein Vokabular aufzufrischen, nutzt er den Vokabeltrainer für Verhandlungen auf seinem Handy.
Außerdem meldet er sich für ein interkulturelles Seminar an, das auf den südamerikanisch-deutschen Austausch zugeschnitten ist. Um sein Ziel, in zwei Monaten die erste Verhandlung auf Spanisch zu führen, zu erreichen, nimmt er an einer Verhandlung über ein Webkonferenz-Tool seines Lernpartners zwei Wochen vorher teil. Zudem schreibt er ein Lerntagebuch und bewertet zwischendurch seinen Lernerfolg.

Der Anwender

Die Rolle des Anwenders verändert sich im effektiven Umgang mit verschiedenen Lernformaten. Gerade im Hinblick auf digitale und soziale Lernformate im Rahmen des selbstgesteuerten Lernens sind Medien- und Kooperationskompetenz unabdingbar. Die Fähigkeit zur Nutzung digitaler Lernformate ist zwar eine zwingende Grundvoraussetzung für computergestütztes Lernen, reicht allein jedoch für das effiziente selbstgesteuerte Lernen nicht aus. Gerade bei Recherchen im Internet oder der Nutzung von Foren und Wikis zum Lernen sollten die Informationen immer kritisch hinterfragt werden. Ebenso verhält es sich mit sozialen Lernformaten. Diese erfordern wesentliche Kompetenzen der Kooperation und Kommunikation wie das Zuhören, das konkrete Fragen nach gewünschten Informationen und das zielgerichtete Kommunizieren sowie Fähigkeiten im sozialen Umgang. Somit verfügt der Anwender schon vorab über die Fähigkeiten, die er für das jeweilige Lernformat benötigt.

Mentoring von Nachwuchskräften erfordert zum Beispiel eine hohe Kooperationskompetenz der Beteiligten. Der Mentor als erfahrener Experte muss gezielt mit dem Mentee kommunizieren, um ihn zu fördern oder bei der kritischen Reflexion unterstützen zu können. Der Mentee als Nachwuchsführungskraft hingegen muss offen für die Anregungen des Mentors und zur Selbstreflexion fähig sein. Für Mentoring sind Fähigkeiten wie Zuhören und gezieltes Nachfragen ebenso wie gegenseitige Wertschätzung wesentliche Voraussetzungen.

Beispiel: Selbstangewandtes Lernen !

Unser Einkäufer muss für sein Projekt in der Zusammenarbeit mit dem peruanischen Kollegen Verhandlungssituationen heraussuchen, den Kollegen vorab dazu briefen und auch sonst die Verantwortung für den Prozess übernehmen (er entscheidet sich für ein Webkonferenz-Tool, um auch Mimik und Gestik mitzubekommen). Damit der Kollege ebenfalls etwas davon hat, reflektieren sie gemeinsam am Ende jedes Termins die Unterschiede in den kulturell bedingten Verhandlungsstrategien. Der Einkäufer kann zudem auf Basis der Reflexion differenzieren, was an der Aktion seines Kollegen kulturell bedingt ist und was persönliche Verhandlungsvorlieben sind. Seine Erkenntnisse überträgt er auf andere Verhandlungssituationen.
Auf das Seminar bereitet er sich vor und nutzt es, um seine Annahmen über individuell und kulturell bedingte Verhandlungsstrategien abzusichern und mehr über die kulturellen Unterschiede zwischen Peru und Kolumbien zu erfahren.

Der Motivator
Als eigener Motivator kennt der Mitarbeiter seine Stärken und Schwächen sowie seine eigenen Fähigkeiten im Lernprozess. Er versteht, was ihn persönlich motiviert, welchen Anreiz er braucht, um zu lernen, und nutzt dieses selbstbezogene Wissen, um sich den Einstieg ins Lernen zu erleichtern, aber auch für das Durchhaltevermögen im Lernprozess. Er ergreift somit die Initiative für das Lernen und kann sich selbst motivieren, bei auftretenden Schwierigkeiten im Lernprozess nicht abzubrechen oder aufzugeben, sondern diese

Hindernisse zu überwinden. Er motiviert sich zum Durchhalten und hat stets das Lernziel im Blick.

> **! Beispiel: Selbstmotiviertes Lernen**
>
> Unser Einkäufer hat bereits einiges für seine Motivation getan: Er hat sich durch den Lernpartner und die verbindlichen Termine mit ihm sowie die Ankündigung gegenüber den Kollegen selbst etwas Druck aufgebaut. Außerdem hat er sich einen Vokabeltrainer ausgesucht, bei dem über Gamification-Ansätze der Fortschritt sichtbar ist. Mit einem deutschen Kollegen auf einem ähnlichen Niveau hat er eine Wette laufen, wer zuerst den Highscore knackt. Da er weiß, dass er sich abends nach einem langen Arbeitstag nicht mehr motivieren kann, nutzt er die Morgenstunden. Für die erste Verhandlung hat er sich bereits einen Kennlern-Termin mit einem neuen potenziellen Lieferanten gemacht, der im Notfall allerdings auch ein wenig Englisch spricht. Dennoch stellt er sich während der zwei Monate konkret vor und darauf ein, diese Verhandlung auf Spanisch zu führen.

Jede der genannten neuen Rollen, die sich im Rahmen des selbstgesteuerten Lernens für Mitarbeiter ergeben, setzen Lernkompetenzen als grundlegende Fähigkeiten des Lerners (hier jeweils nur kurz am Beispiel des Einkäufers angerissen) voraus. Im Folgenden wollen wir uns anschauen, was genau diese Lernkompetenzen ausmacht.

6.4   Lernkompetenzen

Als grundlegende Voraussetzungen für das selbstgesteuerte Lernen sind Lernkompetenzen unabdingbar. Wenn Mitarbeiter besser verstehen, wie sie sich motivieren können, welchen Lernstil sie bevorzugen, wie sie ihre Selbstwirksamkeit einschätzen und Lernprozesse zielorientiert sowie aktiv selbst gestalten, dann können sie sich beruflich und persönlich stetig weiterentwickeln und damit sowohl ihre Erwerbsfähigkeit sichern als auch sich für höherwertige Aufgaben qualifizieren. Allerdings ist der Themenkomplex Lernkompetenz im Erwachsenenalter nur wenig erforscht, wird unterschiedlich verstanden und ist in der Praxis kaum angekommen.

Allerdings ermöglichen es erst die Lernkompetenzen einem Mitarbeiter, die vier oben beschriebenen Rollen auszufüllen und ein selbstgesteuertes Lernen praktizieren zu können.

In der Theorie existieren prinzipiell zwei Ansätze zu Lernkompetenzen als Grundlage für selbstgesteuertes Lernen: der dispositionale und der prozessuale Ansatz.

Dispositionale Ansätze verfolgen den Einfluss der individuellen Merkmale des Lerners auf den Lernerfolg (Pintrich & de Groot, 1990). Dispositionale Elemente bezeichnen die Kenntnisse über die eigenen Lernpräferenzen, also die bevorzugte Art zu lernen. Das beinhaltet Wissen über eigene Lernanreize, die das Lernen motivieren, eine realistische Einschätzung eigener Fähigkeiten, aber auch den präferierten Einstieg ins Lernen. Dazu gehören alle Themen, die den Lerner ausmachen: Lernstil, Selbstwirksamkeit (also wie sehr der Lerner glaubt, dass er Einfluss auf das Lernergebnis hat) etc.

Prozessuale Ansätze dagegen beschäftigen sich mit der Gestaltung des Lernprozesses selbst, also dem Managen und Organisieren des Lernens von der Bedarfsanalyse über die Zielbildung und Realisation bis hin zu Transfer und Evaluation (Wirth & Leutner, 2008).

Im Kontext der Arbeitstätigkeit und des betrieblichen Lernens fehlt jedoch bisher ein ganzheitliches Konzept, das beide Ansätze miteinander vereint.

Hierzu haben die Autoren dieses Buches ein Modell der Lernkompetenzen im Rahmen des Forschungsprojekt »LEKAF – Lernkompetenzen von Mitarbeitern analysieren und fördern« mit der Hochschule für angewandtes Management, der Vodafone Stiftung und Prof. Heister vom Bundesinstitut für Berufsbildung entwickelt (Graf, Gramß, & Heister, 2016). Dieses führt die beiden genannten Lernkompetenz-Ansätze zusammen und bietet eine ganzheitliche Betrachtung von dispositionalen und prozessualen Lernkompetenzen im betrieblichen Lernen. Es werden sowohl der Prozess des Lernens als auch die individuellen Lernpräferenzen von Mitarbeitern im beruflichen Kontext beschrieben, um als Grundlage für die gezielte Analyse und Förderung des betrieblichen Lernens von Mitarbeitern zu dienen.

Dabei fließen wissenschaftliche Erkenntnissen der Psychologie, Arbeitswissenschaft, Kompetenzforschung und Erwachsenenpädagogik sowie die Erfahrungen von Experten (Führungskräfte und Personalentwickler) ein.

Ergänzend sind für das selbstgesteuerte Lernen im beruflichen Umfeld auch Kenntnisse der Rahmenbedingungen wie die Unterstützung durch die Führungskraft und die Lernkultur im Unternehmen aufgenommen. Dies sind wichtige Elemente, die entweder fehlende Lernkompetenzen von Mitarbeitern kompensieren oder hinderlich bei der individuellen Gestaltung des selbstgesteuerten Lernens sein können. Anhand einer bundesweiten Befragung wurden über 10.000 Mitarbeiter verschiedener Unternehmen aus unterschiedlichen Branchen zu ihren Lernkompetenzen befragt und das Modell spezifiziert (Informationen zu Stichprobe und Studienaufbau siehe Anhang 11.6).

In der Onlinebefragung haben Mitarbeiter eine Selbsteinschätzung ihrer eigenen Lernpräferenzen und von ihren Lernprozessen abgegeben. Solche Selbsteinschätzungen bergen oft das Risiko, dass sich die Teilnehmer besonders gut darstellen wollen. Die Ergebnisse der Studie zeigen allerdings einen sehr reflektierten Blick der Teilnehmer auf die eigenen Lernkompetenzen. Anders als man es vielleicht im Sinne sozialer Erwünschtheit erwarten mag, werden Defizite im individuellen Lernen auch angegeben. Eine detaillierte Darstellung des Forschungsprojekts finden Sie im Anhang 11.6.

Das Modell (Abbildung 31) beinhaltet sowohl die dispositionalen Faktoren als Selbstreflexion als auch die prozessualen Faktoren im Rahmen des Lernmanagements.

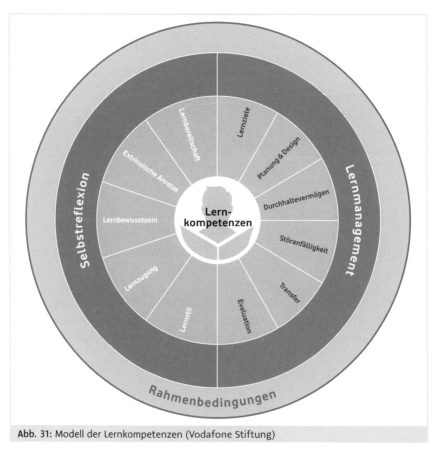

Abb. 31: Modell der Lernkompetenzen (Vodafone Stiftung)

Im Folgenden werden die Schwerpunkte der Lernkompetenzen für erfolgreiches selbstgesteuertes Lernen vorgestellt, durch ausgewählte Ergebnisse der Studie illustriert und anschließend mit Praxisempfehlungen für Mitarbeiter und Personalentwickler angereichert.

6.4.1 Dispositionale Lernkompetenzen – Selbstreflexion

Die Reflexion eigener Lernkompetenzen gliedert sich in Einzelfaktoren wie Lernbereitschaft, extrinsische Anreize, Lernbewusstsein, Lernzugang und Lernstil. Die realistische Einschätzung der eigenen Fähigkeiten ist ein wesentlicher Aspekt des selbstgesteuerten Lernens, da nur so Strategien für das Lernen entwickelt und genutzt werden können.

6.4.1.1 Lernbereitschaft

Lernbereitschaft ist die intrinsische Motivation, sich mit neuen Themen auseinanderzusetzen und damit zu lernen. Somit ist sie eine grundlegende Voraussetzung für Weiterbildung und Lernen und quasi der Startpunkt. Wer nicht lernen möchte, wird Probleme in jeder Lernsituation und jedem Lernformat haben. Dabei kann die Lernbereitschaft aus zwei Quellen resultieren: Zum einen aus der Freude am Lernen und dem Spaß, sich mit neuen Dingen zu beschäftigen. Dies schließt zum Beispiel auch Neugier, das Beschäftigen mit neuen Trends und Spaß bei der Auseinandersetzung mit neuen Themen ein. Zum anderen kann Lernbereitschaft aber auch aus der Notwendigkeit entstehen, sich für zukünftige Anforderungen im Beruf qualifizieren zu wollen. Dazu zählt die Kenntnis eigener Wissens- und Kompetenzlücken ebenso wie die Befürchtung, dass es Auswirkungen für die berufliche Zukunft hat, sich nicht fortzubilden. Der zweite Grund ist deutlich rationaler und weniger interessengetrieben. Dennoch bildet auch er eine Initialzündung zu lernen.

Damit ist die Lernbereitschaft sowohl durch eine intrinsische Motivation geprägt als auch durch einen wahrgenommenen Druck zur Weiterentwicklung der eigenen Fähigkeiten. Beide Aspekte wirken zusammen und resultieren in der individuellen Bereitschaft zum Lernen. Allerdings hat der Aspekt der Freude am Lernen eine höhere Gewichtung, da vor allem Freude am Lernen häufig auch mit einem höheren Durchhaltevermögen im Lernprozess einhergeht.

In der Befragung zu den Lernkompetenzen zeigt sich bei den über 10.000 Mitarbeitern, dass die aktuelle Lernbereitschaft nur teilweise hoch ausgeprägt ist. Zudem lässt sich bei den Befragten ein Generationsthema erkennen: Insgesamt 39% der Befragten aus der LEKAF-Studie schreiben sich eine hohe Lernbereitschaft zu. Vor allem Jüngere (21 bis 35 Jahre) sind lernbereit (46%), da sie noch ihre Karriere vorantreiben wollen und sicherlich auch weil sie an Lernprozesse noch gewöhnt sind. Ältere zwischen 51 und 60 Jahren geben eine etwas geringere Lernbereitschaft an (31%).

Es wird deutlich, dass vor allem mit dem Alter die Lernbereitschaft sinkt. Das kann an begrenzten Entwicklungsmöglichkeiten im Unternehmen oder auch am schulischen Verständnis von Lernen liegen, dennoch sind das kontinuierliche Lernen und die Weiterbildung im Beruf für die Beschäftigungsfähigkeit des Mitarbeiters auch im Alter unabdingbar.

> **!** **Tipps für Mitarbeiter**
>
> - Klären Sie für sich genau, warum Sie lernen und was Sie sich davon versprechen. Malen Sie sich Ihren Erfolg schon vorher konkret aus.
> - Wenn Sie eher aus einem Druck, sich qualifizieren zu müssen, lernen, dann definieren Sie ihre konkreten Lücken und versuchen Sie diese beim Lernen gezielt zu schließen.
> - Nehmen Sie sich nicht zu viel vor.
> - Starten Sie mit einfachen Themen und steigern Sie das Anspruchsniveau nach und nach.
> - Suchen Sie sich interessante Entwicklungsmöglichkeiten und Aufgaben, die Sie gern besser bewältigen möchten.
> - Probieren Sie auch mal neue Dinge aus und finden Sie heraus, was Ihnen beim Lernen Freude bereitet.
> - Steigern Sie durch mehr Freude beim Lernen Ihr Durchhaltevermögen im Lernprozess.

6.4.1.2 Extrinsische (äußere) Anreize

Die Motivation zu lernen kann durch extrinsische Anreize unterstützt werden. Vor allem Lob und Anerkennung, aber auch das Gefühl, als qualifiziert wahrgenommen zu werden, spielen dabei eine wichtige Rolle. Anerkennung von anderen hat eine motivierende Wirkung auf viele Mitarbeiter. Von anderen nach Unterstützung gefragt zu werden, als Experte anerkannt zu sein und »seinen« Themenbereich gefunden zu haben, das alles gibt vielen Mitarbeitern ein gutes Gefühl und unterstützt die intrinsische Motivation, sich selbst in dem Bereich weiterzubilden – frei nach dem Motto »Stärken stärken«. Auch Aufgaben, in denen der Mitarbeiter feststellen kann, wie gut er ist, können einen extrinsischen Anreiz darstellen.

In der bundesweiten Studie zeigt sich, dass extrinsische Anreize vor allem für Frauen (68 %) wichtig für die Motivation zum Lernen sind. Wertschätzung läuft bei ihnen weniger über Macht, sondern über Anerkennung von Wissen und Leistung und damit über z. B. die inhaltliche Positionierung.

Schaut man sich dagegen die Generationen an, so ist die Bedeutung von Lob und Anerkennung für das Lernen bei Jüngeren deutlich höher (84 % bei 21- bis 35-Jährigen) als bei Älteren (55 % bei 51- bis 60-Jährigen). Gerade das Lob und Interesse von Führungskräften motiviert jüngere Mitarbeiter, sich mit neuen Lernthemen auseinanderzusetzen.

Tipps für Mitarbeiter   **!**

- Machen Sie Ihre erworbenen Kenntnisse sichtbar und bieten Sie anderen Ihre Unterstützung an.
- Suchen Sie sich Aufgaben, in denen Sie Ihre eigenen Fähigkeiten prüfen können.
- Fordern Sie neue Aufgaben ein, um Ihr Gelerntes zu zeigen.
- Fordern Sie konkretes Feedback zu Ihrem Lernen und den Lernerfolgen von anderen ein.
- Genießen Sie es auch einmal, für Ihre Leistung von anderen als qualifiziert wahrgenommen zu werden – auch wenn dies kein besonderer Anreiz für Ihr Lernen darstellt.

6.4.1.3 Lernbewusstsein

Lernbewusstsein ist die Reflexion des eigenen Könnens und des eigenen Anspruches. Dazu gehört die realistische Einschätzung der eigenen Fähigkeiten: Was kann ich? An welcher Stelle sollte ich mich weiterbilden? Wo habe ich Nachholbedarf?

Mitarbeiter mit hohem Lernbewusstsein übernehmen gern Verantwortung für ihre eigene berufliche Weiterbildung und stellen sich von daher auch schwierigen Aufgaben, um daraus zu lernen. Zudem ist im Sinne des Lernbewusstseins relevant, sich von Rückschlägen nicht entmutigen zu lassen. Schwierigkeiten beim Lernen können somit mittels eigener Fähigkeiten überwunden werden.

Im Detail wird in der LEKAF-Studie (Graf, Gramß, & Heister, 2016) deutlich, dass 63 % der Befragten Verantwortung für ihre Lernprozesse übernehmen möchten. Vor allem jüngere Mitarbeiter (79 %) zwischen 21 und 35 Jahren gehen davon aus, dass sie ausreichende Fähigkeiten haben, um ihren Beruf ausüben zu können. Mit zunehmendem Alter ist diese Überzeugung jedoch geringer

(69%). Jüngere sind allerdings auch häufig bestrebt, neue Dinge zu lernen und sich weiterzuentwickeln. Damit können sie eher mit veränderten Anforderungen im Beruf umgehen. Gerade für Ältere ist es von daher von besonderer Bedeutung, Situationen zu schaffen, in denen sie Neues lernen und sich weiterentwickeln. Dabei können Lerntandems von jüngeren und älteren Mitarbeitern hilfreich sein.

! **Tipps für Mitarbeiter**

- Holen Sie sich öfter Feedback zu Ihren Stärken und Schwächen ein, um Ihre eigenen Fähigkeiten besser einschätzen zu können.
- Suchen Sie selbst nach geeigneten Lern- und Weiterbildungsangeboten und übernehmen Sie so Verantwortung für Ihr Lernen.
- Versuchen Sie sich auch mit schwierigen Aufgaben auseinander zu setzen, auch wenn Sie das Gefühl haben, an Ihre Grenzen zu stoßen. So lernen Sie für die Zukunft.
- Reflektieren Sie häufiger Ihre eigenen Fähigkeiten für Ihren Beruf. Welche Stärken haben Sie? Wie können Sie diese besser nutzen? Was benötigen Sie noch zusätzlich?

6.4.1.4 Medienkompetenz

Wie bereits erwähnt, spielen digitale Lernformate heute und in der Zukunft eine wichtige Rolle. Dafür ist die Medienkompetenz der Mitarbeiter eine elementare Voraussetzung. Diese beinhaltet sowohl die Akzeptanz von digitalen Medien als auch die sinnvolle Nutzung dieser und den kritischen Umgang mit Informationen aus (unbekannten) digitalen Quellen. Damit umfasst die erforderliche Medienkompetenz für digitales Lernen mehr als die bloße Nutzung von Medien.

Nach Baacke, Kornblum, Lauffer, Mikos & Thiele (1999) beinhaltet Medienkompetenz die Mediennutzung, Medienkunde, Mediengestaltung und Medienkritik – wie bereits bei der digitalen Kompetenz Kapitel 5.1.3.1 erläutert.

Gerade im Hinblick auf das selbstgesteuerte Lernen ist die Medienkunde, zum Beispiel im Rahmen der Informationsbeschaffung, für das Lernen eine wesentliche Kompetenz. Allein durch die Vielfalt der verfügbaren Angebote ist das Hintergrundwissen über die Medien wichtig. Damit kann der Informationsgehalt und die Relevanz der Medien für das eigene Lernen eingeschätzt werden.

Mediennutzung beschreibt den Umgang mit Medien wie Computer, Tablet, Smartphone etc. Dazu zählen auch der interaktive Umgang mit Medien und die Nutzung der damit verbundenen vielfältigen Handlungsmöglichkeiten.

Die Veränderung von Medien durch das Erstellen von Inhalten kennzeichnet die Mediengestaltung. Kompetenter Umgang mit Medien bedeutet somit auch die Fähigkeit, diese mehr oder weniger kreativ zu gestalten.

Weiterhin ist die Medienkritik ein wesentlicher Aspekt für das digitale Lernen. Aufgrund der Fülle und der Vielfalt der verfügbaren Informationen für das Lernen ist das kritische Hinterfragen wichtig. Zum Beispiel sind Beiträge in Foren häufig durch subjektive Sichtweisen geprägt, die kritisch betrachtet werden sollten.

In der LEKAF-Studie empfinden 71% der Befragten Computer und neue Medien als wesentliche Bereicherung für ihre beruflichen Lernprozesse. Dabei reicht die Bandbreite von Google und Youtube bis hin zu aufwendigen Serious Games. Diese Zahl macht deutlich, dass computergestütztes Lernen mittlerweile gut etabliert ist und gern genutzt wird – E-Learning im weitesten Sinne ist bei den Mitarbeitern angekommen. Umso wichtiger ist eine gute Medienkompetenz für das betriebliche Lernen. Das wird daran deutlich, dass in der Studie nur 52% der Befragten angeben, ihr Kommunikationsverhalten dem Medium (z.B. Foren, E-Mail, Chat) anzupassen. Also knapp die Hälfte macht in ihrem Kommunikationsverhalten keinen Unterschied, ob sie twittern, eine offizielle Mail schreiben oder sich in einem Chat befinden. Dass dies zu Missverständnissen und Irritationen führen kann, liegt auf der Hand.

Bevor nun in den Personalentwicklungen dieser Welt weiter in digitale Lernformate investiert wird, ist der Ausbau dieser momentan mit Vorsicht zu genießen. Denn nur ein Drittel (34%) der Befragten wünscht einen weiteren Ausbau des computergestützten Lernens. Allerdings geben bei den unter 21-Jährigen immerhin 53% der Befragten an, sich zumindest teilweise einen weiteren Ausbau computergestützter Lernformate zu wünschen. Gerade Jüngere sind digitalem Lernen gegenüber also grundsätzlich aufgeschlossen und auch perspektivisch am medialen Lernen interessiert.

Dieses Ergebnis macht zwei Sachen deutlich: Zum einen wird es noch einige Jahre bis Generationen dauern, bis sich die Sicht dahingehend verändert haben wird, wie intensiv Medien zum Lernen genutzt werden können und dass es auch Alternativen dazu geben muss. Zum anderen wird Medienkompetenz (und digitale Kompetenz) gerade im Hinblick auf zunehmende Digitalisierung von Lernen und Weiterbildung noch gestärkt und unterstützt werden müssen, um die Effizienz computergestützten Lernens sicherzustellen.

> **! Tipps für Mitarbeiter**
>
> - Experimentieren Sie mit verschiedenen Medien. Reflektieren Sie, was Ihnen Spaß macht und wie erfolgreich Sie in der Nutzung sind.
> - Lernen Sie Informationen durch Selektionsmöglichkeiten bei Suchmaschinen schneller zu finden.
> - Achten Sie dabei darauf, Ihr Kommunikationsverhalten entsprechend dem Medium anzupassen.
> - Achten Sie beim Umgang mit Medien darauf, Informationen und deren Quellen kritisch zu bewerten. Ist es eine vertrauenswürdige Quelle? Welchen Nutzen hat derjenige davon, die Informationen zur Verfügung zu stellen?
> - Nutzungsmöglichkeiten der IT für das Lernen am Arbeitsplatz sollten klar mit dem Vorgesetzten abgesprochen sowie die Rahmenbedingungen für die Computernutzung geklärt werden, um Missverständnissen vorzubeugen.

6.4.1.5 Kooperationskompetenz

Neben digitalen Lernformaten erhalten auch soziale Lernformate zunehmend (wieder) an Bedeutung. Für das Lernen im Austausch mit anderen im Sinne des sozialen Lernens ist eine hohe Kooperationskompetenz notwendig. Zum einen kann dies das Lernen durch gemeinsames Probieren umfassen, zum anderen auch die Unterstützung der Kollegen bei der Problemlösung einschließen. Ebenso ist eine gute Kooperationskompetenz durch eine offene Kommunikation sowie das gezielte Nachfragen und Zuhören in gemeinsamen Lernprozessen gekennzeichnet. Auch das offene Ansprechen von Problemen bei Konflikten mit Lernpartnern unterstützt eine erfolgreiche Kooperation in Lernprozessen.

Nur 29% der Studienteilnehmer schreiben sich in diesem Sinne eine hohe Kooperationskompetenz zu. Dies ist im Hinblick auf die Relevanz sozialen Lernens und das Interagieren in agilen Settings noch deutlich ausbaufähig. Gerade selbstgesteuertes Lernen findet häufig im sozialen Austausch mit anderen statt und erfordert ausreichende Kompetenzen der Kooperation, um fokussiert zu lernen.

Tipps für Mitarbeiter **!**

- Versuchen Sie das gemeinsame Lernen mit anderen. Es ist eine schnelle und effiziente Art der Weiterbildung.
- Achten Sie auf ein ausgeglichenes Geben und Nehmen beim gemeinsamen Lernen mit anderen.
- Durch gemeinsames Probieren mit Kollegen können Sie auch schwierige Aufgaben bewältigen.
- Lernen Sie aus der Erfahrung anderer, indem Sie gut zuhören und konkrete Fragen stellen.

6.4.1.6 Lernstil

Jeder Mensch hat eigene Präferenzen, wie er lernen möchte. Die einen nähern sich einem neuen Thema, in dem sie erst einmal die theoretischen Grundlagen verstehen möchten, die anderen probieren lieber selbst aus, experimentieren, tüfteln, um den Lerngegenstand für sich greifbarer und verständlicher zu machen. Dritte schauen dagegen anderen beim Ausprobieren zu … Für den individuellen leichten Einstieg sollte jeder Mitarbeiter seine Lernpräferenzen kennen. Das Modell der Lernkompetenzen differenziert drei verschiedene gleichwertige Lernstile, nämlich Beobachter, Aktivist und Nachdenker, angelehnt an die Lernstile von (Honey & Mumford, 1995). Dabei tendiert jeder Mensch zu einer oder mehreren bevorzugten Vorgehensweise beim Lernen. Diese kann sich in Abhängigkeit von Erfahrung und Alter verändern.

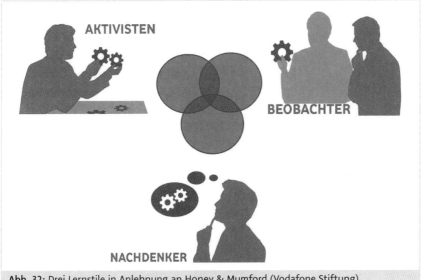

Abb. 32: Drei Lernstile in Anlehnung an Honey & Mumford (Vodafone Stiftung)

Beobachter

Beobachter sind zurückhaltend, vorsichtig und bevorzugen es, anderen erst einmal bei Übungen zuzusehen oder von Erfahrungen anderer zu profitieren. Hospitationen und Mentoring sind ihre präferierten Lernmethoden. Sie sind tendenziell vorsichtig und haben Probleme, wenn es darum geht, schnelle Entscheidungen zu treffen, oder wenn sie in neue (Lern-)Situationen reingestoßen werden. Sie gelten als zurückhaltend.

> **!** **Tipps für Mitarbeiter: Beobachter**
>
> - Kooperatives Lernen ist für Sie eine interessante Möglichkeit, sich einem neuen Thema zu nähern. Dabei können Ihre Lernpartner sowohl Experten als auch experimentierfreudige Kollegen sein.
> - Suchen Sie sich geeignete Beobachtungssituationen für den Lernerfolg.
> - Nutzen Sie Hospitationen, Mentoring und andere Möglichkeiten für Beobachtungen.
> - Das vorsichtige Annähern an neue Themen kann manchmal als Desinteresse interpretiert werden. Weisen Sie deshalb Ihr Gegenüber ruhig auf Ihren Lernstil hin.

Wie die Studie zu Lernkompetenz zeigt, lernen vor allem jüngere Mitarbeiter (50 % unter 21 Jahre) durch Beobachten. Im Alter nimmt die Präferenz dieses Lernstils ab (28 % der 51- bis 60-Jährigen).

Aktivist

Aktivisten sind neugierig, praktisch orientiert und experimentieren gern. Sie lernen am liebsten durch eigene Erfahrungen, wie z. B. durch das Bearbeiten von Fallstudien, das Handtieren mit Lerngegenständen, Simulieren und Experimentieren. Mit theoretischen Grundlagen können sie besser umgehen, wenn sie ein plastisches Beispiel vor Augen haben. Sie gehen gern unbefangen an neue Aufgaben heran und begegnen Neuem aufgeschlossen. Alle Formate des entdeckenden Lernens sind für Mitarbeiter mit diesem bevorzugten Lernstil von Interesse. Sie gelten als spontan.

Wie die Ergebnisse der LEKAF-Studie zeigen, wird der Lernstil des Aktivisten leicht bei niedrigerer schulischer Bildung (Hauptschulabschluss 47 % vs. Abitur 44 %) bevorzugt.

Tipps für Mitarbeiter: Aktivist !

- Gestalten Sie Ihr Lernen abwechslungsreich. Je mehr Freude Sie am Lernen entwickeln, desto erfolgreicher sind Sie.
- Suchen Sie sich Möglichkeiten, zu experimentieren und sich mit »trial and error« dem Erfolg zu nähern. Fehler machen gehört zum Lernen dazu.
- Viele Aktivisten haben Spaß am Wettbewerb etwa in Form von Gamification-Ansätzen (Highscores). Sie auch?
- Nicht jeder lernt gerne so wie Sie – nehmen Sie darauf Rücksicht.

Nachdenker

Nachdenker zeichnen sich durch analytisches und logisches Denken aus. Sie möchten sich neuen Lerngegenständen zunächst gedanklich nähern und erst verstehen, wie Dinge funktionieren. Dafür sammeln sie erst Fakten und Informationen, bevor sie etwa ausprobieren. Durch detailreiche Wahrnehmung können Nachdenker häufig Handlungen und/oder deren Konsequenzen vorhersagen. Sie gelten als sehr reflektiert. Der Lernstil »Nachdenker« wird mit steigender Schulbildung (Hauptschulabschluss 48 % vs. Abitur 58 %) und zunehmendem beruflichen Bildungsgrad (Berufsausbildung 50 % vs. Hochschulabschluss 62 %) bevorzugt.

Tipps für Mitarbeiter: Nachdenker !

- Nutzen Sie am Anfang des Lernprozesses die Gelegenheit für die individuelle Auseinandersetzung mit dem Lernstoff.
- Gehen Sie strukturiert vor und erschließen Sie sich die Informationen eines Lernthemas. Sammeln Sie die benötigten Fakten und ziehen Sie Ihre Schlüsse aus den Informationen.
- Akzeptieren Sie, dass andere nicht so detailverliebt am Anfang sind.
- Beachten Sie das Kosten-Nutzen-Verhältnis (Lernzeit vs. Nutzen für die eigene Arbeit). Wieviel von dem, was Sie wissen möchten, ist überhaupt relevant?

In der Studie von Graf, Gramß und Heister (2016) zeigt sich, dass die Lernstile des Nachdenkers und des Aktivisten besonders verbreitet sind. Es wird deutlich, dass sich der Lernstil in Abhängigkeit von Alter und Erfahrungen verändert. Außerdem konnte nachgewiesen werden, dass Männer die logische und analytische Vorgehensweise beim Lernen bevorzugen und damit häufiger den Lernstil des Nachdenkers präferieren (61 %). Frauen haben hingegen keinen ausgeprägt präferierten Lernstil.

Außerdem verändert sich der Lernstil mit zunehmendem schulischem und beruflichem Bildungsgrad. Je höher die Bildung, desto eher wird der Lernstil des Nachdenkers bevorzugt und desto weniger der Aktivist.

Diesen Erkenntnissen kann durch die Gestaltung von Lernformaten Rechnung getragen werden. Lernangebote können beispielsweise durch weitere Materialien ergänzt werden, um den Präferenzen von Nachdenkern nach vielen (Hintergrund-)Informationen gerecht zu werden. Für Aktivisten bietet sich hingegen an, vermehrt aktive Beteiligungen zu nutzen, bei denen sie selbst ausprobieren und erproben können. Für Beobachter können zum Beispiel Videos eine gute Möglichkeit für einen vereinfachten Einstieg ins Lernen sein. In dieser Art und Weise können Lernangebote angereicht und den verschiedenen Lernpräferenzen im Sinne des Lernstils gerecht werden.

6.4.2 Prozessuale Lernkompetenzen – Lernmanagement gestalten

Neben der Selbstreflexion ist das Organisieren des Lernprozesses eine wesentliche Voraussetzung für erfolgreiches selbstgesteuertes Lernen. Dazu bietet das Modell (Abbildung 31) entlang eines Lernprozesses verschiedene Faktoren des Lernmanagements.

6.4.2.1 Lernziele

Zunächst ist es für einen intendierten Lernerfolg wichtig, inhaltliche Lernziele zu definieren und zu spezifizieren, um festzulegen, was man nach dem Lernen wissen oder können möchte. Dies ist wesentlich, um die Aufmerksamkeit auf relevante Dinge zu lenken und damit den Fokus im Lernprozess nicht zu verlieren. Größere Lernpakete können in kleinere Einheiten als Zwischenziele unterteilt werden. Außerdem können diese Zwischenziele helfen, Lernfortschritte und Lernerfolge sichtbar zu machen.

Allerdings zeigt die Studie zu Lernkompetenzen, dass nur ca. ein Fünftel der Studienteilnehmer in diesem Bereich gut aufgestellt ist. Außerdem sind sich nur 39 % der Befragte beim Lernen darüber im Klaren, was sie nach dem Lernen können und wissen möchten. Frauen setzen sich mit 42 % häufiger Lernziele als Männer (37 %). Fehlende Lernziele sind auch ein Grund für die Transferlücke beim Lernen. Ist von vornherein nicht klar, was und wozu genau gelernt werden soll, ist die Übertragung des Gelernten in den Arbeitsprozess deutlich geringer. So geben auch 41 % der Befragten an, dass sie im beruflichen Kontext schon mehrfach Dinge gelernt haben, die ihnen später nichts brachten (siehe auch OKR 8.3.1).

> **Tipps für Mitarbeiter** !
>
> - Nehmen Sie sich Zeit, um Lernziele zu spezifizieren. Legen Sie vor dem Lernen fest, was Sie am Ende wissen möchten.
> - Geistige Vorwegnahme von Lernerfolgen hilft, eigene Ziele zu setzen und Erwartungen für den Lernerfolg zu bilden.
> - Unterteilen Sie größere Lernpakete in kleinere Einheiten und setzen Sie sich damit Zwischenziele im Lernprozess, an denen Sie Teilerfolge und Fortschritte messen können.

6.4.2.2 Planung und Design

Ein zentraler Punkt des Lernmanagements ist die Planung des Lernprozesses, also seine Ausgestaltung. Es kennzeichnet das Wie des Lernens. Gerade im Hinblick auf das selbstgesteuerte Lernen ist die Verfolgung von komplexen und anspruchsvollen Zielsetzungen und damit die Ausgestaltung des Lernprozesses ein wichtiger Baustein für den Lernerfolg. Lernen muss vom Mitarbeiter strukturiert und organisiert werden, da es keiner für ihn übernimmt.

Zu Planung und Design zählt u. a. die Auswahl eines oder mehrerer geeigneter Lernformate. Lernkompetente Mitarbeiter haben bereits verschiedene Lernwege ausprobiert, kennen ihre Präferenzen, berücksichtigen diese bei ihrer Auswahl und fragen bei Bedarf aktiv nach geeigneten Weiterbildungsangeboten. Ebenso schließen Planung und Design im Lernprozess die Suche nach Hilfe bei Unterstützungsbedarf ein und umfassen die zeitliche Planung sowie die Schaffung von Lernzeiten. Ohne diese Kompetenz scheitern komplexere Lernprozesse, weil sich Mitarbeiter verzetteln, andere Prioritäten setzen oder vom Lernziel abkommen.

Allerdings ist gerade diese Kompetenz noch ausbaufähig: In der LEKAF-Studie geben nur 47% der Studienteilnehmer an, die Weiterbildungsangebote des Unternehmens gut zu kennen, und sogar nur 36% der Befragten fragen aktiv nach geeigneten Lernangeboten. Dies steht im Widerspruch zu der in der Selbstreflexion angegebenen Bereitschaft, Verantwortung für das eigene Lernen übernehmen zu wollen, und zeigt, dass es einen Unterschied zwischen Wunsch und Wirklichkeit gibt. Auch das zeitliche Planen und Organisieren des Lernens spielt eine wichtige Rolle im Lernprozess, aber nur 39% machen es tatsächlich.

! Tipps für Mitarbeiter

- Strukturieren Sie Ihren Lernprozess. Machen sie sich einen Plan, wann Sie was wie lernen möchten. Nehmen Sie sich nicht zu viel vor und kalkulieren Sie Störungen mit ein.
- Probieren Sie verschiedene Lernwege aus und lernen Sie Ihre Präferenzen kennen.
- Fragen Sie aktiv bei Ihrer Führungskraft und/oder der Personalentwicklung nach geeigneten Weiterbildungsangeboten.
- Suchen Sie sich bei Problemen aktiv Unterstützung im Lernprozess.
- Planen Sie Lernzeiten. Das hilft bei der Integration des Lernens in den Arbeitsprozess.

Durchhaltevermögen

Ausdauer und Geduld, die vor allem zu längeren und schwierigeren Lernprozessen gehören, kennzeichnen das Durchhaltevermögen im Lernprozess. Lernen ist immer auch zu einem gewissen Grad anstrengend, vor allem das selbstgesteuerte Lernen, bei dem man aktiv gestaltet und organisiert und sich selbst motivieren muss. Deshalb ist das Durchhaltevermögen im Lernprozess ein wichtiger Faktor für das Lernen. Das Aufraffen zum Lernen, obwohl man gerade keine Lust dazu hat, ist dabei genauso wichtig wie das Nicht-Aufgeben im Verlauf des Lernprozesses.

In der LEKAF-Studie geben jedoch nur 23 % der Befragten ein gutes Durchhaltevermögen an. Da es sich bei der Befragung um eine Selbsteinschätzung handelt, zeigt dieses Ergebnis auch einen sehr kritischen Umgang der Befragten mit ihrem eigenen Lernen.

Die 23 % stehen allerdings auch im Widerspruch zur Bereitschaft, Verantwortung für das eigene Lernen und die Weiterbildung übernehmen zu wollen, bestätigen aber aktuelle Zahlen wie z. B. Abbruchquoten bei MOOCs.

Bezüglich des Durchhaltevermögens zeigt sich ein geringfügiger Anstieg mit zunehmendem Alter. Vor allem Jüngeren (unter 21 Jahren) fällt es schwer, sich zum Lernen aufzuraffen, wenn sie keine Lust haben (32 %). Zudem fällt dies auch mehr Männern (35 %) als Frauen schwer (29 %). Zusätzlich zeigt sich für die Hartnäckigkeit, also das Nicht-Aufgeben bei schwierigen Aufgaben, ein Alterseffekt. Mit steigendem Alter nimmt diese zu (unter 21 Jahren: 49 %; über 60 Jahre: 58 %).

Tipps für Mitarbeiter   !

- Schaffen Sie sich individuelle Belohnungen, um die Lustlosigkeit zu lernen zu überwinden.
- Suchen Sie sich bei schwierigen Aufgaben aktiv Unterstützung durch einen Lernpartner.
- Aufschieberitis hilft nicht, vereinbaren sie Lernzeiten mit sich und halten diese so konsequent wie möglich ein.

6.4.2.3 Störanfälligkeit

Konträr zum Durchhaltevermögen ist die Störanfälligkeit, die Neigung, beim Lernen leicht ablenkbar zu sein. Dazu gehört zum Beispiel die Suche nach Vorwänden und Gelegenheiten für Pausen. Hinzu kommt, dass nach Störungen der Einstieg ins Lernen schwer fällt. Bei einer hohen Störanfälligkeit finden Mitarbeiter häufig andere Tätigkeiten statt des Lernens und lassen sich leicht von Telefon oder E-Mails ablenken. Folglich kann das Lernen nur schwer in den Arbeitsprozess integriert werden. Auch der Umgang mit Problemen und Widerständen wird nur schwer gemeistert. Häufig fehlen Mittel und Wege, damit umzugehen.

Der Hälfte der befragten Mitarbeiter (49%) fällt es teilweise schwer, den Einstieg ins Lernen zu finden. Jüngere zwischen 21 und 35 Jahren haben dabei häufiger Schwierigkeiten als Ältere (51 bis 60 Jahre: 36%). Außerdem kann mit zunehmendem Alter das Lernen besser in den Arbeitsprozess integriert werden. Interessant ist, dass es 24% der Befragten schwer fällt, nach Pausen den Wiedereinstieg ins Lernen zu finden, 29% zumindest teilweise. Insbesondere beim Lernen in kleinen »Häppchen«, wie zum Beispiel beim Mobile Learning, ist dies ein wesentlicher Aspekt.

Insgesamt zeigt sich, dass eine geringere Störanfälligkeit mit einem höheren Durchhaltevermögen einhergeht.

Tipps für Mitarbeiter   !

- Nutzen Sie feste Lernzeiten und Lernorte, um möglichst störungsfrei und ohne Ablenkung zu lernen.
- Reflektieren Sie stets Ihr eigenes Lernverhalten und prüfen Sie Ihre Störanfälligkeit.
- Suchen Sie Quellen für Ablenkungen und reduzieren Sie diese weitgehend.
- Schaffen Sie sich Rituale, um den Einstieg ins Lernen zu erleichtern, Kaffee holen, Telefon umleiten etc.

6.4.2.4 Transfer

Wesentlich für den Erfolg des Lernens ist die Übertragung des Gelernten in den Arbeitsprozess. Für den Transfer ist die Verknüpfung des Neugelernten mit den vorherigen Erfahrungen und damit die Integration des neuen in das bestehende Wissen wesentlich. Dies kann durch gezieltes Üben des neuen Wissens anhand entsprechender Aufgaben geschehen.

Die Vorwegnahme der positiven Veränderungen durch das Lernen kann dafür ebenso hilfreich sein wie die Motivation durch die Projektion positiver Auswirkungen des Lernens auf die eigene Arbeit. Gleichfalls ist das Hinterfragen von Gründen für bestimmte Antworten wichtig, um den Transfer zu stärken.

In der Studie schreiben sich jedoch nur 27 % eine hohe Fähigkeit zum Transfer zu. Dies macht noch einmal eine Transferlücke deutlich und hängt sicher auch mit der mangelnden Definition von Lernzielen zusammen. Ungefähr zwei Drittel der Befragten lernen, um ihre Arbeit danach besser erledigen zu können. Frauen (46 %) üben neu erworbenes Wissen etwas häufiger als Männer (41 %). Mit dem Alter nimmt das Üben des Gelernten tendenziell ab. Während sich bei den 21- bis 35-Jährigen 47 % Aufgaben zum Üben suchen, sind es bei den 51- bis 60-Jährigen nur noch 40 %.

!

Tipps für Mitarbeiter

- Machen Sie sich den Nutzen des Lernens bewusst. Reflektieren Sie, welche Verbesserungen durch das Lernen erreicht werden können.
- Üben Sie neu erworbenes Wissen, indem Sie sich gezielt entsprechende Aufgaben suchen.
- Prüfen Sie schon vor dem Lernen mögliche Nutzungen der Lerninhalte, um den Lernerfolg zu unterstützen.
- Versuchen Sie sich die positiven Auswirkungen des Lernens für Ihre Arbeit vorzustellen.
- Beziehen Sie das Lernen stets auf Ihre vorherigen Erfahrungen.

6.4.2.5 Evaluation

Um eigene Lernkompetenzen weiterzuentwickeln, ist das Reflektieren des Lernerfolges und des Lernprozesses wesentlich. Durch kontinuierliche Evaluation können Schwächen und Schwierigkeiten aufgedeckt und angegangen werden. Dies ist gerade beim selbstgesteuerten Lernen wichtig, da die Verantwortung für den gesamten Lernprozess gänzlich beim Lerner selbst liegt. Dazu ist zum einen das Reflektieren des Lernprozesses (Prozessevaluation) und zum anderen die Bewertung der Zielerreichung (Ergebnisevaluation) wichtig. Findet die Evaluation bereits im Lernprozess selbst statt, kann das Lernverhalten angepasst werden, wenn man im Lernprozess nicht wie gewünscht vorankommt.

Nur gut ein Viertel (27%) der befragten Mitarbeiter aus der LEKAF-Studie bewertet die eigene Fähigkeit zur Evaluation des Lernens als gut. Mit zunehmendem Alter wird mehr evaluiert (21- bis 35-Jährige: 29%; über 60 Jahre: 38%). 42% prüfen, ob sie die gesetzten Ziele erreicht haben. Frauen (45%) evaluieren tendenziell mehr als Männer (39%). Dies resultiert sicher daraus, dass eher wenige Lernziele gesetzt werden (Ergebnisevaluation). Im Sinne der Prozessevaluation reflektieren 49% der Befragten den Lernprozess. 42% überdenken zudem auch, was sie ändern könnten, wenn sie beim Lernen nicht wie geplant vorwärts kommen.

Tipps für Mitarbeiter !

- Ergebnisse können nur evaluiert werden, wenn Lernziele definiert wurden. Spezifizieren Sie also vor dem Lernen, was sie lernen möchten, und prüfen Sie am Ende des Lernprozesses, ob Sie die Ziele erreicht haben.
- Erleben Sie Erfolgsgefühle durch die Prüfung der Zielerreichung.
- Reflektieren Sie bei schwierigen Lernprozessen, worin das Problem liegt, und suchen Sie nach Alternativen oder Unterstützung.
- Nutzen Sie die Evaluation, um die Gestaltung des Lernprozesses zu reflektieren und Verbesserungspotentiale aufzudecken.

6.4.3 Rahmenbedingungen

Selbstgesteuertes Lernen am Arbeitsplatz ist immer auch in den Unternehmenskontext eingebunden: Wird Lernen als Störung oder Investition angesehen? Ist E-Learning Arbeitszeit? Sind Google, Youtube und Co. für Mitarbeiter zugänglich oder gesperrt? Von daher liegt es nahe, für die Beschreibung von Lernkompetenzen auch diese betrieblichen Rahmenbedingungen zu berücksichtigen. Der Mitarbeiter agiert in diesem Kontext und kann sein Lernen nur darin gestalten und umsetzen. Lernförderliche Rahmenbedingungen sind wichtig für den Lerner, um zu verstehen, ob und inwieweit mit Unterstützung gerechnet werden kann. Zu den Rahmenbedingungen des Unternehmens zählen zum einen die Lernkultur und zum anderen die Unterstützung durch die Führungskraft.

6.4.3.1 Lernkultur

Die Lernkultur spielt eine zentrale Rolle für die Rahmenbedingungen der Weiterbildung und des Lernens und beschreibt, wie Lernen im Unternehmen gewertet, eingeschätzt und gefördert/ermöglicht wird. Dies schließt ein, inwiefern beim Lernen Fehler gemacht werden dürfen und Weiterbildung und Lernen gelebte Werte im Unternehmen darstellen. Dies spiegelt sich zum Beispiel an der Verfügbarkeit eines breiten Weiterbildungsangebotes und die diesbezügliche Beratung der Mitarbeiter durch die Personalentwicklung wider. Dazu gehören zum einen klassische Angebote wie Seminare oder Workshops, aber auch Möglichkeiten für Selbstlernangebote wie Internetzugang, kollegiale Beratung und Hospitationen. Neben den Lernangeboten ist auch die Rolle des Lernens und der Weiterbildung in persönlichen Mitarbeitergesprächen ein wesentlicher Aspekt der Lernkultur.

In der Studie schätzen nur 8 % die Lernkultur im Unternehmen als gut ein. In den Bewertungen zeigt sich ein deutlicher Alterseffekt. Jüngere (unter 21 Jahre: 27 %) bewerten die herrschende Lernkultur positiver (27 %) als ältere Mitarbeiter (51 bis 60 Jahre: 6,6 %). Insgesamt geben nur ein Drittel (29 %) der Befragten an, dass Weiterbildung und Lernen gelebte Werte im Unternehmen sind. Dies ist gerade im Hinblick auf den zunehmenden Veränderungsdruck auf Unternehmen und Mitarbeiter ein kritisches Ergebnis. Das wird auch daran deutlich, dass nur ein Viertel (26 %) der Befragten angeben, dass Lernen und Weiterbildung im persönlichen Mitarbeitergespräch eine Rolle spielen. Daraus wird ersichtlich, dass Lernen weit weniger im Fokus steht, als es die Gegebenheiten des (digitalen) Wandels in der Arbeitswelt erfordern.

Im Hinblick auf das selbstgesteuerte Lernen geben zumindest 38 % der Befragten an, dass ihr Arbeitgeber gute Selbstlernangebote bietet. Allerdings wird die Vielfalt und Beratung durch die Personalentwicklung mit 17 % eher gering bewertet. Insgesamt fällt auch hier auf, dass Jüngere (47 %) eine deutlich positivere Einschätzung abgeben.

6.4.3.2 Führungskräfte

Neben der Lernkultur im Unternehmen ist noch die Unterstützung durch die Führungskraft Teil der förderlichen Rahmenbedingungen. Der Führungskraft kommt im Transformationsprozess zum selbstgesteuerten Lernen eine entscheidende Rolle zu. Aufgabe der Führungskraft ist es zum einen, dem Mitarbeiter den Rücken für das Lernen freizuhalten, die Angebote der Personalentwicklung zu kennen, geeignete Lernmethoden und -inhalte mit dem

Mitarbeiter für ihn auszuwählen oder zu schaffen und überhaupt sich für die Entwicklung seiner Mitarbeiter zu interessieren. Zum anderen sollte die Führungskraft die Mitarbeiter beim Lernen unterstützen und motivieren sowie die Aufgaben der Mitarbeiter an die neuen Kompetenzen anpassen. Dies wird auch im Zusammenhang mit den extrinsischen Anreizen deutlich. Wie die bundesweite Studie zeigt, legt der Großteil der Befragten Wert auf Lob und Anerkennung für die Lernleistung. Dies ist eine wichtige Erkenntnis für das Handeln von Führungskräften, die individuelle Weiterbildung und Weiterentwicklung mehr wertschätzen sollten. Nur 9% der Befragten schätzen die Unterstützung durch die Führungskraft als gut ein, und nur etwa ein Drittel (36%) bewerten die Motivation durch die Führungskraft als gut. Auch hier zeigt sich ein Alterseffekt. Während sich 52% der Jüngeren gut unterstützt fühlen, sind es bei den über 60-Jährigen weniger als ein Drittel (30%).

Es wird deutlich, dass auch die Rahmenbedingungen wesentlich für das Lernen sind. Gerade für das selbstgesteuerte Lernen ist es für Mitarbeiter wichtig, Unterstützung durch die Lernkultur und die Führungskraft zu erhalten. Das kann durch Beratung, Motivation oder auch durch vielfältige Lernangebote realisiert werden. Nicht zuletzt schließt es die Wertschätzung des Lernens im Unternehmen ein ebenso wie die Begleitung des Lernens und die Motivation der Mitarbeiter im Lernprozess. Dazu gehen wir in den nächsten Kapiteln noch intensiver auf die Führungskraft und die Lernkultur ein.

6.4.4 Fazit zu Lernkompetenzen

Obwohl Lernkompetenzen der Schlüssel zu einer erfolgreichen agilen Personalentwicklung und zu verantwortungsvoll lernenden Mitarbeitern sind, ist den Autoren kaum ein Unternehmen bekannt, dass gezielt diesen Kompetenzaufbau bei den Mitarbeitern fördert. Ein Grund hierfür kann die bisherige Ahnungslosigkeit der relevanten Ansatzpunkte sein. Mit dem Modell und den Erkenntnissen der Befragung ist nun eine Vorstellung vorhanden, welche Kompetenzen notwendig sind und wie sich Mitarbeiter in Deutschland selbst einschätzen. So haben Mitarbeiter, Personalentwicklung und Führungskräfte endlich eine Vorstellung davon, wo sie ansetzen können und wie sie Mitarbeiter dazu befähigen, selbstgesteuert agil zu lernen. Die Förderung dieser Kompetenzen sollte in der Priorität vor jeder Neuentwicklung neuer Lernangebote stehen.

6.4.5 Unterstützende Tools für Lernkompetenzen

Um die Lernkompetenzen zu unterstützen, bedarf es erst einmal einer individuellen Analyse des aktuellen Standes. Im Folgenden werden zwei Möglichkeiten vorgestellt, mit denen Mitarbeiter mittels Selbstanalyse ihre eigenen Kompetenzen reflektieren und in der Folge gezielter Stärken können.

6.4.5.1 Transferstärkemodell

Das Transferstärkemodell basiert auf der Annahme, dass Lernimpulse aus Trainings und ähnlichen Formaten besser in den Arbeitsalltag transferiert werden können, und stellt die Nachhaltigkeit von vorgegebenen Lern- und Veränderungsprozessen in den Fokus (Koch, 2009) – also die Schließung der Transferlücke. Ziel ist es, Lernerkenntnisse in praktisches Handeln umzusetzen. Mittels Fragebogen zur Selbsteinschätzung werden vier Faktoren erhoben, die aufgrund ihrer hohen Ausprägungen jeweils für eine hohe Transferstärke stehen:

- *Offenheit für Fortbildungsimpulse*: Damit wird die positive Einstellung gegenüber Fortbildungen beschrieben und die Bereitschaft, sich auf Neues und Ungewohntes einzulassen. Fehlende Offenheit resultiert meist aus negativen Erfahrungen und Selbstschutz, um nicht mit eigenen Schwächen konfrontiert zu werden.
- *Selbstverantwortung für den Umsetzungserfolg*: Das umfasst die aktiven Bemühungen, Gelerntes in die Tat umzusetzen. Dabei wird der bisherige Trott durchbrochen und die Person ist in der Lage, sich selbst zu motivieren und neue Methoden und Fertigkeiten anzuwenden, um ungünstige Verhaltensweisen zu verändern. Die einzelnen Schritte des Vorgehens sind klar, und es wird entsprechend Anstrengung aufgebracht, um Vorsätze umzusetzen, d.h. auch aktiv nach Übungsmöglichkeiten für neue Verhaltensweisen gesucht. Eine geringe Ausprägungen des Faktors spricht dafür, dass der eigene Nutzen nicht ausreichend erkannt wird oder ggf. Arbeitsmethoden nicht bekannt sind. Lernziele können somit nicht strukturiert werden.
- *Rückfallmanagement im Arbeitsalltag*: Das kennzeichnet die Umsetzung des Gelernten, das häufig im zeitlichen Konflikt mit den täglichen Anforderungen steht. Wichtig ist hierbei, dass Prioritäten der Umsetzung nicht durch Dringlichkeit von Themen verdrängt, sondern erforderliche Zeiträume geschaffen werden. So kann einem Rückfall durch entsprechende Strategien vorgebeugt werden.
- *Positives Selbstgespräch bei Rückschlägen*: Um die Lern- und Veränderungsziele aufrechtzuerhalten, ist es wichtig, sich nicht durch Rückschläge de-

motivieren zu lassen. Entscheidend ist dabei eine positive Grundeinstellung, die zum Beispiel durch das Feiern von Erfolgen erhalten bleibt. Fehlt das Bewusstsein dafür, entsteht oft Schwarz-Weiß-Denken und Rückschläge werden sofort als Versagen interpretiert.

Aus der Selbsteinschätzung bei diesen vier Faktoren kann ein Transferstärkeprofil abgeleitet werden, das Ausprägungen in den einzelnen Faktoren angibt. Somit können Stärken und Schwächen aufgezeigt werden. Der Autor der Transferstärke-Methode empfiehlt, sich vor der Teilnahme an Weiterbildungen ein genaues Bild über die eigene Transferstärke zu machen und diese Erkenntnisse aktiv im Lernprozess zu nutzen. Wissen über eigene Risikobereiche kann den Umsetzungserfolg erhöhen. Zusätzlich kann ein Transferstärke-Coaching unterstützen. Dazu wird zunächst ein Auswertungsgespräch zum Transferstärkeprofil durchgeführt, und im Anschluss an die Weiterbildung folgen in zeitlichem Abstand zwei Reflexionsgespräche. Ziel ist es, möglichst früh das Rückfallrisiko zu erkennen und durch entsprechende Gegenmaßnahmen einem Rückfall in den gewohnten Trott vorzubeugen. Es gilt, bestehende Automatismen aufzubrechen und aktiv zu verändern.

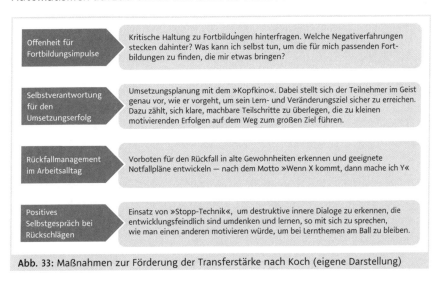

Abb. 33: Maßnahmen zur Förderung der Transferstärke nach Koch (eigene Darstellung)

6.4.5.2 LEKAF – Lernkompetenzanalyse

Die Lernkompetenzanalyse (LEKAF – Lernkompetenzen analysieren und fördern) basiert auf verschiedenen Forschungsergebnissen sowie der Studie mit 10.000 Mitarbeitern und erfasst sowohl Aspekte der Selbstreflexion als auch des Lernmanagements, eingebettet in die betrieblichen Rahmenbedingungen, wie sie im oben gezeigten Modell (Abbildung 31: Modell der Lernkompeten-zen (Vodafone Stiftung)) beschrieben wurden. Ziel ist das Reflektieren und Stärken eigener Lernkompetenzen als Voraussetzung für selbstgesteuertes Lernen, unabhängig von den Lernformaten. Die Selbstanalyse erfolgt durch einen Onlinefragebogen. Im Anschluss erhält der Teilnehmer seine Lernkom-petenzanalyse mit Tipps für das selbstgesteuerte Lernen.

Die Lernkompetenzanalyse gibt Auskunft über die Selbstreflexion mit den Faktoren

- Lernbereitschaft,
- Lernbewusstsein,
- extrinsische Anreize,
- Lernzugang und
- Lernstil

sowie das Lernmanagement, gekennzeichnet durch die Faktoren

- Lernziele setzen,
- Planung und Design,
- Störanfälligkeit,
- Durchhaltevermögen und
- Transfer und Evaluation.

Außerdem werden die Rahmenbedingungen

- Unterstützung durch die Führungskraft und
- Lernkultur im Unternehmen

als wichtige Kontextfaktoren betrachtet.

Die Lernkompetenzanalyse gibt Aufschluss über eigene Lernpräferenzen und hilft bei der Reflexion des eigenen Lernens. Außerdem werden Stärken und Herausforderungen im Lernprozess aufgezeigt. Die Analyse enthält zudem Tipps, welche Stärken für das erfolgreiche Lernen genutzt und wie potenzielle Herausforderungen überwunden werden können.

Wissen über die eigenen Lernpräferenzen ist vor allem im Hinblick auf die Mo-tivation zum Lernen wichtig. Zum einen ist der Anlass des Lernens, also das Lernen aus Freude am Lernen oder aus der Notwendigkeit durch veränderte Anforderungen im Beruf, ein wichtiger Aspekt. Zum anderen kann durch ex-terne Anreize die Motivation zum Lernen erhöht werden.

Ebenso bietet die strukturierte Erfassung des Lernmanagements die Möglich-keit, Herausforderungen im Lernprozess aufzudecken. So können fehlende Lernziele häufig die Ursache für einen geringen Lernerfolg sein. Ist nicht klar definiert, was gelernt werden soll, kann der Lernprozess nicht zielgerichtet erfolgen. In der Folge ist auch der Transfer in den Arbeitsprozess unzureichend. Gerade für den Transfer ist es aber wichtig, vorab Veränderungen, die durch das Lernen erreicht werden sollen, zu reflektieren.

Die Auswertung kann als Basis für Entwicklungsgespräche und die Förderung der Selbststeuerung eigener Lernprozesse zwischen Mitarbeiter und Führungskraft oder Mitarbeiter und Personalentwicklung im Rahmen eines Lerncoachings genutzt werden.

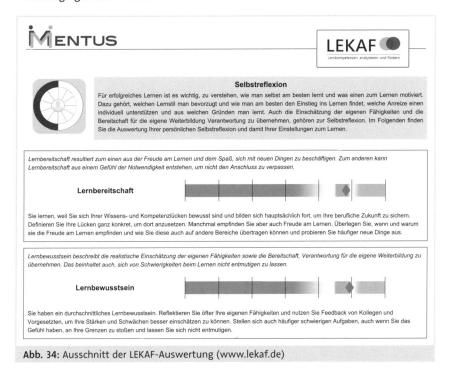

Abb. 34: Ausschnitt der LEKAF-Auswertung (www.lekaf.de)

Literatur

Abele, A. E., Stief, M., & Andrä, M. S. (2000). Zur ökonomischen Erfassung beruflicher Selbstwirksamkeitserwartungen – Neukonstruktion einer BSW-Skala Einleitung Theoretischer Hintergrund Fragestellung. *Zeitschrift für Arbeits- und Organisationspsychologie*, *44*, 145–151. http://doi.org/10.1026//0932-4089.4

Bandura, A. (1991). Social cognitive theory of self-regulation. *Organizational Behavior and Human Decision Processes*, *50*, 248–287.

Bless, H., Wänke, M., Bohner, G., Fellhauer, R. F., & Schwarz, N. (1994). Need for Cognition: Eine Skala zur Erfassung von Engagement und Freude bei Denkaufgaben. *Zeitschrift Für Sozialpsychologie*, 147–154.

Cacioppo, J. T., & Petty, R. E. (1982). The need for cognition. *Journal of Personality and Social Psychology, 42*(1), 116–131.

Ellström, P.-E. (2001). Integrating learning and work: Problems and prospects. *Human Resource Development Quarterly, 12*(4), 421–435. http://doi.org/10.1002/hrdq.1006

Engeser, S. (2005). *Messung des expliziten Leistungsmotivs: Kurzform der Achievement Motives Scale*. http://www.unitrier.de/fileadmin/fb1/prof/PSY/PGA/bilder/Engeser__2005__Kurzform_der_AMS.pdf.

Erpenbeck, J., & Sauter, W. (2013). *So werden wir lernen!* Springer Gabler. http://doi.org/10.1007/978-3-642-37181-3

Holman, D., Epitropaki, O., & Fernie, S. (2001). Short research note Understanding learning strategies in the workplace: A factor analytic investigation. *Journal of Occupational and Organizational Psychology, 74*, 675–681.

Kaiser, R., & Kaiser, A. (2000). Metakognition – eine Basiskompetenz in derWissensgesellschaft. *Personalführung, 8*, 46–54.

Krapp, A., & Ryan, R. M. (2002). Selbstwirksamkeit und Lernmotivation. Eine kritische Betrachtung der Theorie von Bandura aus Sicht der Selbstbestimmungstheorie und der pädagogisch-psychologischen Interessentheorie. In M. Jerusalem & D. Hopf (Eds.), *Selbstwirksamkeit und Motivationsprozesse in Bildungsinstitutionen – Zeitschrift für Pädagogik, Beiheft* (Vol. 44, pp. 54–82). Beltz.

Mandl, H., & Krause, U. (2001). *Lernkompetenz für die Wissensgesellschaft*.

McCombs, B. L., & Marzano, R. J. (1990). Putting the self in self-regulated learning: The self as agent in integrated will and skill. *Educational Psychologist, 25*(1), 51–69.

Noe, R. A., & Wilk, S. L. (1993). Investigation of the factors that influence employees' participation in development activities. *Journal of Applied Psychology, 78*(2), 291–302. http://doi.org/10.1037/0021-9010.78.2.291

Pintrich, P. R., & de Groot, E. V. (1990). Motivational and self-regulated learning components of classroom academic performance. *Journal of Educational Psychology, 82*(1), 33–40. http://doi.org/10.1037/0022-0663.82.1.33

Richter, T., & Naumann, J. (2010). Inventar zur Computerbildung (INCOBI-R). *Zeitschrift Für Pädagogische Psychologie, 24*, 23–37.

Schaper, N., Friebe, J., Wilmsmeier, A., & Hochholdinger, S. (2006). Ein Instrument zur Erfassung unternehmensbezogener Lernkulturen – das Lernkulturinventar (LKI). *Perspectives on Cognition. A Festschrift for Manfred Wettler*, 175–198.

Wirth, J., & Leutner, D. (2008). Self-Regulated Learning as a Competence. *Zeitschrift Für Psychologie / Journal of Psychology, 216*(2), 102–110. http://doi.org/10.1027/0044-3409.216.2.102

7 Die Rolle der Personalentwicklung

7.1 Personalentwicklung und Business nähern sich

Die Veränderungen in der gesamten Wirtschaft und damit in der Arbeitswelt machen es zwingend erforderlich, dass Personalentwicklung und Business näher aneinander rücken. Nur so kann die Personalentwicklung die Bedürfnisse aus dem Geschäft besser verstehen und optimal unterstützen. Das ist gemeint, wenn von einer nachfrageorientierten PE die Rede ist. Um diese Unterstützungsleistung gewährleisten zu können, ist die Abkehr vom Liefern von Lernangebote hin zu einer Art Performance-Beratung und -Unterstützung notwendig, wie sie bereits im Rahmen des Kapitels »New Learning« andiskutiert wurde. Performance-Beratung bedeutet in diesem Kontext, mit dem Business auf allen Ebenen – vom Topmanagement bis zum Mitarbeiter – zu reden, sich auszutauschen, Gründe für Probleme zu analysieren und gemeinsam Möglichkeiten zur Leistungssteigerung oder zum Leistungserhalt zu identifizieren sowie geeignete Methoden zu empfehlen bzw. umzusetzen und/oder zu begleiten. Die Bandbreite des PE-Portfolios sollte von einem spezifischen Lernangebot bis zur Kulturänderung reichen – solange es einen Mehrwert für das Business hat (Chartered Institute of Personnel and Development, 2015).

»To me, it doesn't matter where you [L & D] sit. If you're a small company and you're an L&D function, you need to be in with the board and you need to be able to understand what the priorities are. If you're a massive company like ours, you still need that absolute business linkage because the role of L&D is to solve business problems with the business, whether they're performance, whether they're skillbuilding or whatever. It's about solving business problems and being a business partner. I think if you're just in an ivory tower, then, you're not going to be relevant any time soon. I don't so much think it matters where you are. It's where you are linked to.« Sarah Lindsell, Director, Global & UK Learning Technology & Transformation, PWC

Performance-Beratung in diesem weiten Sinne bedeutet eine Abkehr vom traditionellen Verständnis der Personalentwicklung als Provider von Lernangeboten. Wir haben einmal die beiden Extreme einander gegenübergestellt:

	Klassische, angebots-orientierte PE	Performance-Beratung (nachfrageorientierte PE)
Fokus	Lernbedarfe aus Sicht der PE	Performance-Bedarf aus Sicht des Business
Output	Strukturierte, geplante Lernerfahrungen	Lösungen, die die Leistung steigern/halten
Rechenschaft für	Trainingsaktivitäten	Bessere Geschäftsergebnisse
Kennzahlen	Teilnehmerzufriedenheit & Lernergebnisse	Performance-Änderung und ROI
Bewertung	Wissen und Kompetenzen	Performance-Lücken
Grundverständnis in der Organisation über PE	Cost Center	Produktivitätsbooster, Erfolgs-sicherung
Initiative	reaktiv	Proaktiv und reaktiv

Tab. 6: Klassische PE vs. Performance-Beratung (eigene Darstellung)

Um dem neuen Anspruch gerecht zu werden, muss Personalentwicklung zum einen ein fundiertes Know-how vom inhaltlichen Geschäft, den Wertschöpfungsprozessen und ggf. Technologien haben. Zum anderen ist ein breites Repertoire an Tools zur Diagnose, Entwicklung und Umsetzung passender Lösungen – mit dem Business gemeinsam – notwendig, flankiert von starken kommunikativen Kompetenzen und Projektmanagement. Dabei ist zukunftsorientierten Personalentwicklern klar, dass sie als Vorbild erst einmal in ihre eigenen Fähigkeiten investieren müssen, um den Anforderungen gerecht werden und einen echten Einfluss auf das Unternehmen haben zu können.

Die wichtigste Aufgabe der Personalentwicklung ist also, sämtliche PE-Aktionen auf die Bedürfnisse des Business abzustimmen und so den Return on Investment der eingesetzten Ressourcen im Arbeitsprozess zu optimieren. Von hier aus kann Personalentwicklung innovativ über die eigene Organisation, Aktivitäten etc. nachdenken und die Umsetzung einer nachfrageorientierten PE planen.

! **Tipp: PE vom Business her denken**

Folgende Fragen können dabei unterstützen:
- Bewerten Sie, wie gut Sie an den Bedarfen des Business und der lernenden Mitarbeiter ausgerichtet sind. Gibt es Felder, wo die Verbindung noch nicht stimmt? Wie können diese verbessert werden?
- Bewerten Sie, wie gut Ihr internes Netzwerk ist: Helfen Ihnen gute Beziehungen, die Bedarfe des Business zu verstehen?

- Knappes Budget? Das könnte ein guter Ansatz sein, kreativ zu werden und neue Wege zu gehen. Statt extern eingekaufte Trainings können die Möglichkeiten innerhalb der Organisation genutzt werden.
- Seien Sie wendig: Halten Sie Ausschau nach »Quick wins«?
- Klappern gehört zum Handwerk: Kommunizieren Sie intern Erfolge und positionieren Sie sich intern als Veränderungsexperte?

7.2   Strategische Herausforderungen

Bei der Grundorientierung am Business und der Umgestaltung von einer angebots- zu einer nachfrageorientierten PE existieren vier wichtige Treiber, die die Arbeit der Personalentwicklung massiv beeinflussen und mit der agilen Welt, wie wir sie in den ersten Kapiteln beschrieben haben, zu tun haben.

Abb. 36: Treiber für Innovationen in der PE (in Anlehnung an Seufert, 2008, S.143)[15]

Entwicklungen in Wirtschaft und Gesellschaft

Unter Stichworten wie VUCA, Social Enterprise, demokratische Unternehmen etc. verstecken sich neue Ansprüche an Unternehmenskultur, Geschwindigkeit, Anpassungsfähigkeit und Entscheidungsprozesse, um nur einige zu nennen. Mit sozialen Medien und damit Tools zur Information, Meinungsbildung und Meinungsabgabe werden diese Anforderungen von den Mitarbeitern an das Unternehmen verstärkt zunehmen. Mit steigenden Partizipationansprü-

---

15   https://www.scil-blog.ch/wp-content/uploads/2012/11/Whitepaper_SocBusLearning_2012-11-19.pdf

chen auf Seiten hoch qualifizierter Mitarbeitender verändern sich auch die Erwartungen an Führung: Flache Hierarchien, im Falle von agilen Organisationen zum Teil sogar die völlige Abschaffung von klassischer Führung, und ein neues Führungsverständnis (siehe Kapitel 8 »Rolle der Führungskraft«) treten in den Vordergrund. Das führt nicht zuletzt zum Ausbau des eigenverantwortlichen Handelns der Mitarbeiter. An dieser Stelle muss die Basis in Form von Kulturanpassung, Werteüberprüfung, Führungskräfteentwicklung etc. von der Personalentwicklung geschaffen werden, um diesen strategischen Forderungen gerecht zu werden.

Entwicklungen im Bildungsmarkt

Im Bereich der Bildung werden verstärkt offene Inhalte (open content) angeboten. Seien es MOOCs von renommierten Universitäten wie Harvard, Lernvideos oder in Deutschland der vom Bundesministerium für Bildung und Forschung vorangetriebene Ausbau der OER[16] (open educational resources), vieles ist inzwischen kostenlos verfügbar. Zudem erhalten neue Lernformen außerhalb der formalen Bildung weiteren Einzug in die Personalentwicklung. Um die Anerkennung dieses Kompetenzaufbaus zu steigern, entstehen nicht nur im Rahmen der Debatte zum »Deutschen Qualifikationsrahmen für lebenslanges Lernen« (DQR) Bestrebungen, non-formales und informelles Lernen zu dokumentieren und aufzuwerten. Es existieren bereits diverse Initiativen zur Zertifizierung informell erworbener Kompetenzen.

Technologische Entwicklungen

Hier spielen verschiedene Entwicklungen eine Rolle, die gemeinsam einen starken Innovationsschub entfalten. In erster Linie handelt es sich um Entwicklungen im Rahmen der weiteren Digitalisierung der Arbeitswelt wie Social Media, Internet der Dinge, Künstliche Intelligenz etc. Daraus resultieren erweiterte Möglichkeiten für den Zugriff auf Inhalte, für die Zusammenarbeit, für den Wissens- und Erfahrungsaustausch und das Lernen selbst.

Veränderte Bedürfnisse der Kunden

Schlagworte wie individuell, spezifisch, zeitnah u.ä. spiegeln eine grundlegende Tendenz wieder: Die Mitarbeiter fordern deutlich maßgeschneiderte Angebote. Hinzu kommen Metakompetenzen (siehe Kapitel 5 »Lerninhalte«) wie etwa die Lernkompetenz und aufgrund der Verbreitung von elektronischen Lernformaten der Ausbau von Medienkompetenz, die gefördert werden sollten.

---

16 freie Lern- und Lehrmaterialien mit einer offenen Lizenz wie etwa Creative Commons

Ohne diese strategischen Entwicklungen zu verstehen und sich als Personalentwicklung damit auseinanderzusetzen, kann keine Wirkung auf das Business entfaltet werden. Zusätzlich zu den strategischen Themen kommen aber auch ganz konkrete Herausforderungen im Arbeitsalltag der Personalentwicklung auf, die das Identifizieren und Umsetzen von konkreten Maßnahmen im unternehmerischen Kontext erschweren.

Herausforderungen im operativen Geschäft

Die größten Herausforderungen einer zukunftsfähigen Personalentwicklung laut »Expertendelphi Personalentwicklung 2020« (Schermuly , Schröder, Nachtwei, & Kauffeld, 2012) sind folgende Themen:

- Der Umgang mit immer schnellerer Veränderung: Bereits vielfach in diesem Buch angesprochen, bedeutet das, als PE selbst deutlich schneller agieren zu können und die eigene Arbeitsweise umzustellen sowie die Organisation für selbiges zu befähigen.
- Die Integration der Personalentwicklung in die Unternehmensstrategie: Personalentwicklung ist eine der Schlüsselfunktionen, um eine definierte Unternehmensstrategie verwirklichen zu können. PE ist hier der Übersetzer und Projektmanager (siehe weiter unten im Kapitel 7.3.1 »*PE als Stratege*«).
- Der Umgang mit dem Fachkräftemangel: Wenn Fachkräftemangel nicht über Recruiting gelöst werden kann oder soll, dann muss Personal sich den neuen Anforderungen anpassen, und zwar gestützt durch eine zielgerichtete PE. Dabei muss PE die Entwicklungen – soweit möglich – auch mittel- und langfristig im Blick haben, denn bevor neue Kompetenzen benötigt werden, müssen sie aufgebaut sein. PE muss also hier sogar vor dem Business stehen!
- Der demographische Wandel und alternde Belegschaften: Auch mit 55 Jahren gehört man heute nicht mehr zum »Alten Eisen« – insbesondere wenn wir von der Warte der Performance aus blicken. Bei älteren Mitarbeitern ist es u.a. wichtig, gezielt die Leistungsfähigkeit aufrecht zu erhalten, während bei Jüngeren Ausbildung und ggf. Kompensation von fehlender Vorbildung (Schul- oder Ausbildungsabbrecher) relevant werden.
- Wissens- und Innovationsmanagement: Die abteilungsübergreifende Vernetzung von Experten, Communites of Practices etc. gehört zur Aufgabe der PE (Details später im Kapitel 7.3.4 unter *PE als Broker*).
- Die Optimierung von Effektivität und Nutzen der Personalentwicklung: Sowohl auf organisationaler als auch auf individueller Ebene kann die Effektivität gesteigert werden. Seien es die Ausrichtung an realen Bedarfen, die Transfersicherung oder die Förderung der Selbststeuerung beim Lernen (Lernkompetenz), die Wirkung von PE-Maßnahmen muss sich erhöhen

und sichtbar werden (siehe hierzu weiter unten unter *PE als Lerncoach* und im Kapitel 9 »Unternehmen«).

- Die Förderung der Werteentwicklung und Unternehmenskultur: Lernen muss Bestandteil der Arbeit werden. Dazu gehört, sich als Individuum und als Team immer wieder in Frage zu stellen und aus Fehlern zu lernen (siehe hierzu weiter unten unter *PE als Förderer* und im Kapitel 9 »Unternehmen«).
- Der Umgang mit kultureller Diversität und Globalisierung: PE hat hier ein großes Feld vor sich, von interkulturellem Management über globale und diverse PE bis zur Vernetzung über Grenzen und Unterschiede hinweg.
- Work-Life-Balance und Gesundheitsmanagement: Beide Themen sind aktuell wie nie. Aspekte wie Achtsamkeit, Vereinbarkeit von Familie und Beruf etc. gehören in jedes Repertoire eines Personalentwicklers. Dabei bezieht sich die PE-Beratung nicht nur auf das Individuum, sondern z.B. auch auf die Übergabe von Wissen bei Job-Sharing oder geplanten Fehlzeiten durch Pflege, Elternschaft oder Sabbatical. Die PE muss Mechanismen und Vorgehensweisen bereitstellen, um den Wissenstransfer zu unterstützen.
- Die Legitimierung der Personalentwicklung heißt, ihren Wertbeitrag klar machen! Auch wenn es der letzte Punkt ist, so ist er doch der Anfang, von dem aus PE gedacht werden muss. Was ist die Existenzberechtigung von PE und wie kann diese gemessen und kommuniziert werden?

7.3   Die Rolle der Personalentwicklung ändert sich

Wir haben nun sowohl den Grundgedanken der Performance-Beratung als auch das Umfeld mit all seinen Herausforderungen, in dem sich PE bewegen wird, analysiert.

Dabei ändert sich auch die Rolle der Personalentwicklung, die deutlich vielfältiger wird. Grundsätzlich kann man nun von vier Rollen sprechen, nimmt man die Performance-Beratung als Fundament:
- PE als **Stratege**: PE analysiert Bedarfe, übersetzt die Unternehmens- oder Abteilungsstrategie in Entwicklungskonzepte und ist Sparringspartner des Business'.
- PE als **Förderer** einer Unternehmens- und Lernkultur, die die Transformations- und Arbeitsprozesse, aber auch die Zufriedenheit der Mitarbeiter optimal unterstützt.
- PE als **Lerncoach** unterstützt die Mitarbeiter bei der Entwicklung von Lernkompetenzen sowie bei der Analyse und Umsetzung individueller Maßnahmen zur Leistungssteigerung und zum Leistungserhalt.

- PE als **Broker** vermittelt zur Performance-Beratung passende Instrumente, als Wissensmanager bringt er passende Lernpartner zusammen und entwickelt bedarfsgerecht neue Tools.

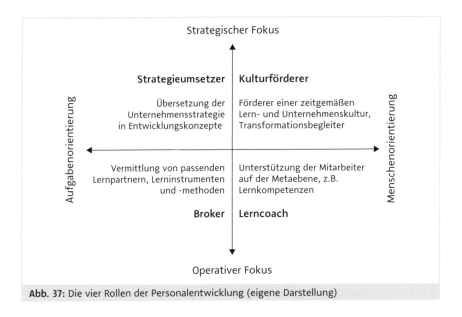

Abb. 37: Die vier Rollen der Personalentwicklung (eigene Darstellung)

Auf diese vier Rollen wollen wir im Folgenden ausführlicher eingehen.

7.3.1 PE als Stratege und Sicherer des Unternehmenserfolgs

Der strategische Teil der Entwicklung wurde häufig der Organisationsentwicklung (OE) zugeschrieben. In diesem Buch machen wir zwischen der Personalentwicklung und der Organisationsentwicklung keine Unterscheidung, da beides mit Lernen und Entwicklung zu tun hat und auch OE abhängig vom Lernen des Individuums ist. Wir gehen davon aus, dass die Trennung von Personal- und Organisationsentwicklung mittelfristig aussterben wird.

Die Rolle als Strategieumsetzer und Sicherer kann man noch einmal in zwei Perspektiven unterteilen: Zum einen gibt es die globale Ebene Organisation bzw. Standort oder Region und zum anderen die Ebene des Teams, der Abteilung oder des Fachbereichs.

Die PE übersetzt generell die Unternehmensziele in strategische Entwicklungskonzepte mit organisationalen Lernzielen, runtergebrochen auf die

Abteilungen bis hin zum einzelnen Mitarbeiter, und ermöglicht das Lernen in Bezug auf diese Ziele. Damit leistet sie einen messbaren Beitrag im Wertschöpfungsprozess und trägt noch stärker als bisher zur Erfüllung der Unternehmensziele bei. Sie unterstützt die Abteilungen darin, die Ziele, die hinter der Strategie stehen, zu erfüllen, und ist somit Sparringspartner des Business.

7.3.1.1 Übersetzung der Unternehmensstrategie[17]

Ihre Bedeutung erhält Personalentwicklung, wenn sie zur Strategieverwirklichung beiträgt. Dazu muss sie konsequent zielorientiert ausgerichtet sein: weg vom unspezifischen und zu allgemeinen Gießkannen-Prinzip, hin zum wohlüberlegten Einsatz der knappen PE-Ressourcen im Sinne der Unternehmensziele. Dazu gehören übrigens auch »Soft facts« wie die Förderung einer guten Unternehmenskultur und die Bindung von Mitarbeitern.

Unternehmen, in denen Personal und damit Personalarbeit hauptsächlich als Kostenfaktor betrachtet wird, gehören nicht zu denen, die langfristig erfolgreich bleiben werden. Ein Indiz für eine derartige Betrachtung liefert der Umgang mit Personalentwicklung in schwierigen Zeiten. In den Jahren der letzten Wirtschaftskrise gab es zwei Tendenzen: Entweder haben Unternehmen das Budget für PE radikal zusammengestrichen oder sie haben die Zeit genutzt und die Weiterbildung ausgebaut, um in der folgenden Hochphase gut gerüstet zu sein.

Die Unternehmen, die das Budget radikal zusammenstrichen, sahen Personalentwicklung eher als nette Incentives: Sie sind motivierende Arbeitsanreize oder Belohnung für Schönwetterzeiten. Mit der unmittelbaren Performance des Unternehmens hat dieses Verständnis der Personalentwicklung wenig zu tun. Das ist der Grund, weshalb Personalabteilungen in solchen Unternehmen lediglich als Kostenfaktor angesehen werden.

Anders die Unternehmen, in denen Personalentwicklung als relevanter Erfolgsfaktor verstanden wird: In Krisenzeiten wurde auch hier das Budget meist nicht aufgestockt, aber statt z.B. Mitarbeiter aufgrund von Unterbeschäftigung zu entlassen, haben einige Unternehmen ihren Mitarbeitern bis zu 20% ihrer Arbeitszeit für Lernzwecke zur Verfügung gestellt – mit dem Ziel, gestärkt als Unternehmen aus der Krise hervorzugehen. Diese Unternehmen haben verstanden, dass die Leistung und Innovationsfähigkeit der Mitarbeiter

---

17 http://4managers.de/management/themen/strategische-personalentwicklung/

ihr größtes Kapital ist. Denn es sind die Menschen, die über den zukünftigen Erfolg oder Misserfolg entscheiden, da hier das entscheidende Leistungspotenzial eines Unternehmens zu finden ist.

Der Personalentwicklung kommt damit auf strategischer Ebene eine fundamentale Bedeutung zu.

> **Eine strategische Personalentwicklung beachtet folgende Prozessschritte:**
> - konkrete Ziele aus der Unternehmensstrategie festlegen
> - Zielgruppen identifizieren
> - strategische Kompetenzanforderung definieren und Ist-Zustand analysieren
> - Maßnahmen: Ziele definieren und Methoden entwickeln, umsetzen und evaluieren
> - Institutionalisierung einer permanenten strategischen Personalentwicklung
> - Mitarbeiterbindung stärken

Konkrete Ziele aus der Unternehmensstrategie festlegen

Unternehmensstrategien drücken oft langfristige Ziele aus und beschreiben, was erreicht werden soll, aber nicht den Weg – damit ist das Wie gemeint – dorthin. Personalentwicklung kann jedoch nur dann zum Treiber der Strategieverwirklichung werden, wenn dieses Wie eindeutig festgelegt ist. Aus dem Ziel »Wir sind 2020 Marktführer in unserer Branche« lässt sich so wenig für die PE ableiten. Erst die Konkretisierung durch Schlagworte wie »innovative Produkte«, »kurze Time to Market«, »hohe Produktqualität« o. ä. kann zeigen, wo der Ansatzhebel für die PE ist: Innovationsfähigkeit, schnelle Umsetzung, Gewissenhaftigkeit im Produktionsprozess.

Zielgruppen identifizieren

Wenn also die Ziele und die Ansatzhebel geklärt sind, stellt sich die Frage, bei wem man ansetzt. Gibt es Schlüsselpersonen oder -abteilungen? Ist es der Führungskreis? An welchen Gruppen hängt die Strategieverwirklichung in besonderem Maße? Wer ist zu informieren? Wer kann unterstützen?

Nur wer klar die entscheidenden Personengruppen identifiziert, kann als PE schnell und effizient strategisch agieren.

Strategische Kompetenzanforderung definieren und Ist-Zustand analysieren

Für die bestimmten Zielgruppen werden die genauen Anforderungen definiert: Was müssen die Führungskräfte/Mitarbeiter in Zukunft konkret tun können, um die definierten Unternehmensziele in ihrem Verantwortungsbereich zu verwirklichen? Dies kann nur in Interaktion zwischen Zielgruppe (Projektteam, Abteilung, Fachbereich) und PE gemeinsam analysiert werden.

Bei der Analyse handelt es sich zum einen um den individuellen IST-SOLL-Abgleich bzgl. der Fähigkeiten, die im Rahmen der Strategieänderung notwendig werden. Zum anderen geht es um einen Gesamtüberblick über Bedarfe der Belegschaft. Hierzu gehört es auch, die Führungskräfte und Mitarbeiter über Änderungen zu informieren und zu involvieren. Gemeinsam können Entwicklungsziele vereinbart und der Unterstützungsbedarf durch die PE konkretisiert werden.

Maßnahmen: Ziele definieren und Methoden entwickeln, umsetzen und evaluieren

Die Aufgabe der PE sollte durch klare Ziele konkretisiert werden, in dem die Effekte, die die Maßnahmen haben sollen, genau beschrieben werden (SMART). Damit ist die ressourcenschonende Umsetzung möglich und sind Prioritäten für jeden eindeutig. PE wird so messbar, was vielleicht erst einmal einige PEler verschreckt. Aber so können Erfolge belegt und kommuniziert und damit die Akzeptanz der PE als wichtige strategische Begleitung gefördert werden.

Die Wahl der richtigen Maßnahmenformen und -methoden verhindert finanziell und strategisch schmerzhafte Fehlinvestitionen. PE sollte hier ein breites Portfolio haben (siehe Kapitel 4 »Agile Lernformate«), das je nach Ziel und Zielgruppe ausgesucht, angepasst und ausgebaut werden kann.

Jede Maßnahme ist mit einem Evaluationsprozess verbunden, um den Strategieverwirklichungsgrad des Einzelnen und der Mannschaft zu verfolgen sowie Fortschritte und Maßnahmen kontinuierlich zu optimieren. Ein wichtiger Aspekt ist das persönliche Erleben der Fortschritte. Mögliche Instrumente dazu sind: Durchführung interner Wettbewerbe, Feiern von Erfolgen, Installation von Belohnungssystemen im Hinblick auf den Grad der Strategieverwirklichung.

! **OKR – Objectives and Key Results**

Auch das Thema Zielvereinbarung zeigt, wie sich das Arbeiten in der agilen Welt verändert. Während die meisten »klassischen« Unternehmen mit Zielvereinbarungen arbeiten, die auf Management by Objectives und SMARTen Zielen basieren, setzten sich in agilen Unternehmen die Objectives and Key Results durch. Es handelt sich um eine Management-Methode, die von Intel-Mitgründer Andy Grove erfunden und 1999 bei Google eingeführt wurde. Heute nutzen beispielsweise Unternehmen wie Oracle, Twitter, Zynga oder LinkedIn OKR, um unternehmensweit Ziele zu definieren, auf Unternehmens-, Team- oder Mitarbeiterebene abzustimmen, den Fortschritt im Auge zu behalten und Ziele messbar zu machen.
Die Grundidee der OKR ist einfach: Jedem Ziel (Objective) werden messbare Schlüsselergebnisse (Key Results) zugeordnet. In regelmäßigen Abständen werden die Ergebnisse gemessen und neue OKR definiert. So kann eine Vision bzw. ein strategisches Ziel konkretisiert werden. OKR werden auf Unternehmensebene festgelegt

und für jedes Team und jeden Mitarbeiter. Unternehmens-OKR liefern das große Ganze, persönliche OKR definieren die Tätigkeiten und Ziele eines einzelnen Mitarbeiters, Team-OKR legen die Prioritäten für das Team fest und bündeln nicht nur die OKR der Teammitglieder.

Soweit wird die Logik der Zielvereinbarung auch in bestehenden Zielvereinbarungssystemen verstanden. Die Unterschiede werden an folgenden Faktoren sichtbar:

- OKR werden (zumindest bei Google) quartalsweise definiert;
- die Objectives sind sehr ambitioniert. Eine Zielerreichung von 60 % wird angestrebt. Liegt die Zielerreichung darüber, sind die Ziele nicht ambitioniert genug gewesen, liegt sie darunter, geht es nicht um Fehlersuche oder Leistungsmängel, sondern um eine Gelegenheit zu lernen;
- alle OKR sind öffentlich, jeder Mitarbeiter kennt also die OKR von jedem anderen und weiß somit, woran gearbeitet wird. So wird maximale Transparenz geschaffen, die zu einem größeren Teamzusammenhalt führt.

An diesen Punkten erkennt man erneut, dass Agiles Arbeiten anderen Werten und Haltungen folgt als die üblichen Managementsysteme. Neben der Transparenz fördert das Modell die Sinnstiftung und so die Motivation der Mitarbeiter.

Weitere Informationen über OKR: https://de.wikipedia.org/wiki/Objectives_and_Key_Results

Google Ventures Startup Lab | GV-Partner Rick Klau über »How Google sets goals«: OKRs https://www.youtube.com/watch?v=mJB83EZtAjc

Institutionalisierung einer kontinuierlichen strategischen Personalentwicklung
Wird ein strategischer Personalentwicklungsprozess einmalig durchgeführt, führt dies im optimalen Fall zur gemeinsamen Verwirklichung eines unternehmerischen Ziels. Um einen langfristigen kontinuierlichen Gleichklang von Unternehmenszielen und persönlichen Zielen der Belegschaft zu erreichen, muss strategische Personalentwicklung im Unternehmen zur gelebten Institution werden. Erst durch die Institutionalisierung einer kontinuierlichen strategischen Personalentwicklung wird das Erarbeiten der unternehmerisch angestrebten Wettbewerbsvorteile zum nachhaltigen Prozess. Dazu müssen alle Personalthemen (Gehalt, Recruiting etc.) sinnvoll mit den Zielen der strategischen Personalentwicklung abgestimmt werden.

Eng damit verbunden ist die Mitarbeiterbindung zur Strategiesicherung. Strategische Personalentwicklung ist nur möglich, wenn sich die Mitarbeiter mit dem Unternehmen und seinen Zielen identifizieren, und zahlt sich nur dann aus, wenn sich die Fluktuation in einem normalen Rahmen bewegt. Bei kurzer Verweildauer der Mitarbeiter und Führungskräfte können die strategieverwirklichenden Maßnahmen nicht mit der gebotenen Stringenz greifen und das Unternehmen investiert letztlich in den Wettbewerb. Deshalb gehören zur strategischen Personalentwicklung auch Maßnahmen zur Mitarbeiterbindung, die in keinem unmittelbaren Zusammenhang mit den eigentlichen Strategieverwirklichungsprozessen stehen.

7.3.1.2 Übersetzung der Business Needs

Angenommen, eine Vertriebsmannschaft bittet Sie um Unterstützung, weil Sie die Vorgabe bekommen hat, 15% mehr Umsatz bei gleicher Gewinnmarge zu machen. Es könnte ein PE-Thema sein. Allerdings macht es keinen Sinn, auf Basis dieser Zielsetzung z.B. ein Training zu konzipieren.

Vielmehr sollte überlegt werden, was sowohl effektiv als auch effizient ist und was die Mitarbeiter für sinnvoll halten und akzeptieren. Es bietet sich hier meist ein Methodenmix an. Die Maßnahmen hängen aber vom Zeitdruck, der Ursache, bestehenden Angeboten und vielen anderen Faktoren ab. Die Anpassung auf die spezifische Situation ist erfolgskritisch. PE sollte hier als Experte für Didaktik unterstützend tätig sein. Zudem gehört es zu den Aufgaben einer Performance-orientierten PE, den Prozess des Lernens zu begleiten und zu erkennen, wann Adaptionen notwendig sind. Eine Abschlussevaluation des Prozesses und des Ergebnisses mit dem internen Auftraggeber (in unserem Fall die Vertriebsmannschaft) ist notwendig. Zum einen um die Zufriedenheit und das Ergebnis zu bewerten, aber zum anderen auch, um als Personalentwicklung für die nächsten Projekte zu lernen.

> **! Exkurs: Diagnosekompetenz von PE**
>
> Als Performance-Beratung muss ein Personaler erst einmal mit dem Business diagnostizieren, wo die Stellhebel für Leistungserhalt bzw. -steigerung sind. Für diesen Schritt bedarf es einer hohen diagnostischen Kompetenz und einer Vielfalt von Diagnosetools, die je nach Bedarf zum Einsatz kommen. Exemplarisch könnten dies sein:
>
> - Kraftfeldanalyse, um treibende und rückhaltende Faktoren in der Situation zu verstehen;
> - Ursache-Wirkungs-Diagramm zur Analyse und Darstellung von Kausalitätsbeziehungen (Ishikawa-Diagramm);
> - Process Mapping, falls es an den Arbeitsprozessen liegt;
> - Mitarbeiterbefragung z.B. zur Zufriedenheit und Kultur, falls man gegeneinander anstatt miteinander arbeitet;
> - Kompetenzanalyse, falls individuelle Fähigkeiten etwa zur Kaltakquise fehlen (Selbst- und Fremdbewertung);
> - Bedarfsanalysen, falls klar ist, woran es liegt (durch Fragebögen, Interviews, Fokusgruppen, Experimente, Beobachtungen …)

7.3.2 PE als Förderer und Ermöglicher einer unterstützenden Unternehmenskultur

Das Lernen im Unternehmen verändert sich, wie wir im Kapitel 3 »New Learning« bereits beschrieben haben. Die Mitarbeiter tragen mehr Eigenverantwortung hinsichtlich ihrer beruflichen Kompetenzentwicklung und organisieren und steuern ihre Lernprozesse zunehmend selbst. Als notwendige Konsequenz entsteht der Bedarf bzw. die Forderung nach einem neuen Verständnis von Lernen im Unternehmen, nach neuen Rollenverantwortlichkeiten und nach einer neuen Lernkultur, die dieses Verständnis fördert und unterstützt (Schaper, Friebe & Sonntag, 2003)[18]. Eine in dieser Form verstandene Lernkultur verdeutlicht den Stellenwert von Lernen im Unternehmen, beinhaltet Wertvorstellungen und Erwartungen in Bezug auf Lernen und schafft lernförderliche Rahmenbedingungen. Eine neue, zeitgemäße Lernkultur kann somit als lern- und kompetenzförderlich verstanden werden.

Je nach Größe entstehen im Unternehmen ggf. unterschiedliche Kulturen in Untergruppen. Diese werden geprägt durch gemeinsame Ziele, gemeinsame Interessen und »Feinde« oder Führungsansprüche einzelner Gruppenmitglieder.

Um daraus als Personalentwicklung seine Maßnahmen ableiten zu können, lässt sich das Wesen von Unternehmens- und Lernkultur folgendermaßen beschreiben:

- sozial: viele Organisationsmitglieder tragen zu ihrem Entstehen bei,
- verhaltenssteuernd: zwischenmenschliche Beziehungen werden von ihr beeinflusst,
- traditionell: basiert auf einem historischen Prozess,
- erlernbar: erwünschte und unerwünschte Verhaltensweisen werden übermittelt,
- bewusst und unbewusst: Werte und Verhaltensweisen sind in den Köpfen und Herzen verankert,
- nicht direkt fassbar: Kultur mit all ihren Facetten kann nur »erlebt« werden,
- ein Ergebnis und ein Prozess, der ständigen Veränderungen unterliegt.

Personalentwicklung ist die Einzige, die die gesamte Lernlandschaft des Unternehmens im Blick hat und sich sowohl für deren Pflege als auch für die Weiterentwicklung einer Lernkultur verantwortlich fühlt. Dies beinhaltet die Mitgestaltung der Rahmenbedingungen für erfolgreiches Lernen, etwa

---

18 Schaper, Friebe & Sonntag, 2003

die Ausgestaltung der Rolle von Vorgesetzten als Lernunterstützer, »Empowerment« der Mitarbeitenden für selbstorganisierte Lernaktivitäten, Möglichkeiten zur flexiblen Einteilung des Arbeitstages und die Schaffung von Infrastrukturen für Kommunikation und Austausch. Diese Angebote sollten darüber hinaus mit der Lernkultur kompatibel sein, können aber auch gezielt Impulse zur Weiterentwicklung dieser Lernkultur setzen; Mentoring als Instrument zur Wissensteilung wäre ein solches.

Die »Kulturförderer« konzentrieren sich künftig also auf die Entwicklung, die Implementierung und die Organisation eines förderlichen Lernrahmens und begleiten den Wandel zur selbstlernenden Organisation. Ihnen obliegt es, das Lernen als festen Wert in der Unternehmenskultur zu verankern.

! Tipps zur Förderung einer Lernkultur

- Schaffen Sie eine Kultur der Wertschätzung von Lernen. Nicht nur die Lernergebnisse, sondern die Lernanstrengungen selbst sollten wertgeschätzt werden. Lernen ist auch mal langwierig, anstrengend und führt nicht sofort zu greifbaren Ergebnissen. Wertschätzung von Anstrengung kann die Motivation von Mitarbeitern unterstützen. Dazu gehört es auch, beim Lernen Fehler machen zu dürfen, ohne Konsequenzen befürchten zu müssen. Nur so sind Mitarbeiter motiviert, sich auch schwierigen Aufgaben zu stellen und neue Dinge zu lernen.
- Fördern Sie positive Rahmenbedingungen, damit Lernen besser in die Arbeit integriert werden kann. Erleichtern Sie den Zugang zum Lernen mithilfe von E-Learning-Bibliotheken oder Internetzugang. Aber auch Rahmenbedingungen wie Datenschutz und -sicherheit im Kontext digitaler Lernformate sollten geklärt sein.
- Vereinbaren Sie klare Regelungen zum selbstgesteuerten Lernen. Inwiefern und in welchem Umfang können Onlineangebote wie z.B. Youtube-Videos in der Arbeitszeit genutzt werden?
- Gestalten Sie Kommunikationswege und Partizipationsmöglichkeiten. PE muss als Ermöglicher einer lernförderlichen Lernkultur Wege schaffen, um Mitarbeiterpartizipation zu gestalten.

7.3.3 PE als Lerncoach für Mitarbeiter und Führungskräfte

Heute ein neues Computerprogramm lernen, morgen die Strategie weiterentwickeln, übermorgen interkulturelle Fähigkeiten trainieren – das Arbeitsleben stellt Mitarbeiter und Führungskräfte vor viele Herausforderungen, die nicht allein mit formalen Lernangeboten wie Präsenzveranstaltungen zu festen Terminen zu bewältigen sind. Damit selbstverantwortliches und selbstgesteuertes Lernen funktioniert, muss man die passenden Voraussetzungen schaffen. Selbstgesteuertes Lernen setzt Motivation voraus, gezieltes Lernmanagement und vieles mehr. Selbstreflexion und Neugier oder die gedankliche Vorwegnahme von Resultaten wirken sich ebenfalls positiv auf die Fähigkeit zum selbstgesteuerten Lernen aus. Abträglich dagegen sind eine hohe Störanfälligkeit und viel Druck im Arbeitsalltag. Viele Lerner brauchen daher Unterstützung, um die benötigten Lernkompetenzen als Voraussetzung für selbstgesteuertes Lernen zu entwickeln.

Der Lerncoach schafft positive Bedingungen für die Selbstorganisation der Lerner und unterstützt sie bei der Weiterentwicklung ihrer Lernkompetenzen. So ermöglicht er selbstorganisierte Lernprozesse der Lerner in der Zukunft (»Hilfe zur Selbsthilfe«). Er begleitet die Lernenden auf ihrem Weg der Suche, Erprobung und Aneignung.

Pädagogische Aufgabe der Zukunft wird es also sein, entsprechende Lernkompetenzen bei den Mitarbeitern in der beruflichen Bildung zu fördern. Dies muss jedoch unabdingbar auf individueller Basis passieren, da aufgrund der biografischen Erfahrungen jedes Individuum bereits mehr oder weniger erfolgreich ausgebildete Lernkompetenzen besitzt. Viele erwachsene Lerner sind zudem systematisches Lernen nicht (mehr) gewohnt und können häufig nur sehr eingeschränkt den eigenen Lernprozess gestalten (siehe Studienergebnisse im Kapitel 6 zum Mitarbeiter). Sie benötigen aus diesem Grund professionelle Unterstützung zur Entwicklung ihrer Lernkompetenzen (Arnold, Gomez Tutor, & Kammerer, 2002).

Betrachtet man die Führungskräfte, so sollten sie in zweierlei Hinsicht gecoacht werden: Zum einen selbst als Lerner und zum anderen in ihrer neuen Rolle als Lerncoach (siehe Kapitel 8 zur Führungskraft) ihrer Mitarbeiter – wie sie ihren Mitarbeitern das Lernen im Arbeitsalltag erleichtern und ihnen helfen, Probleme selbst zu lösen.

Wer Mitarbeiter motivieren will, selbst für ihre Karriere und Entwicklung Verantwortung zu übernehmen, sollte ihnen dazu die Möglichkeit geben und Werte wie Wertschätzung und Vertrauen sowie eine Atmosphäre, in der es regelmäßig Feedback für die geleistete Arbeit gibt und in der Fragen wie Fehler zugelassen sind, selber vorleben. Die Kernaufgabe als PE besteht darin, vielfältige Erprobungs- und Handlungsmöglichkeiten zu schaffen, indem sie herausfordernde Praxisprojekte initiieren oder die Zusammenführung von Lernen und Arbeiten sowie vielfältige Formen des Erfahrungsaustausches und der Kommunikation ermöglichen. Dieser Ansatz der Ermöglichungsdidaktik wird in den Diskussionen, die wir erleben, teilweise infrage gestellt, weil die Menschen mit dieser Konzeption und der damit verbundenen Selbstorganisation überfordert sind (Sauter, Erpenbeck, 2016) – trotzdem wird er die Zukunft sein.

Die folgenden Instrumente und Maßnahmen helfen der Personalentwicklung, ihrer Rolle als Lerncoach gerecht zu werden, und den Mitarbeitern, Kompetenzen für selbstgesteuertes Lernen aufzubauen sowie beim Lernen selbst (u.a. Kutsch, 2016):

- *Anreize, Verbindlichkeiten schaffen und Vereinbarungen treffen*: Lernziele festhalten, Anstrengungen und Weiterentwicklungen belohnen, z.B. durch Fachkarrieren.
- *Nachweisbarkeit von Lernerfolgen:* Themen wie Arbeitssicherheit und Compliance erfordern einen Lernnachweis. Soziale und informelle Lernformen allerdings nicht. Lernen erfolgt direkt in der Arbeit für die Arbeit. Der individuelle Nutzen des Lernens wird in Arbeitsprozessen und -ergebnissen deutlich.
- *Lernkompetenzen fördern:* Selbstgesteuertes Lernen setzt Lernkompetenzen voraus. Grundlegende Voraussetzungen wie Selbstorganisation, Reflexion eigener Fähigkeiten oder strukturierte Planung und Umsetzung von Lernen sind nicht selbstverständlich und müssen gefördert werden.
- *Lernen organisieren:* Unterstützung bei der Integration des Lernens in den Arbeitsalltag. PE kann aufzeigen, welche Wege genutzt werden können, um Lernen und Arbeiten besser zu verbinden. Neben klaren Regelungen und Rahmenbedingungen seitens der Organisation müssen Mitarbeiter für Möglichkeiten sensibilisiert und motiviert werden, auch im Arbeitsprozess verschiedene Lernwege zu beschreiten.
- *Lernzeiten und -räume schaffen*, in denen Mitarbeiter störungsfrei lernen können. Ggf. sind damit verbundene Erwartungen von Führungskräften zu klären. Absprachen mit Kollegen und Führungskräften (z.B. Telefon umleiten) sind zu treffen, räumliche und digitale Voraussetzungen für individuelles Lernen und sozialen Austausch zu schaffen und kooperatives Lernen zu unterstützen.
- Ein persönlicher *Entwicklungsplan* vermittelt Ziele und zugleich eine Vorstellung davon, wie diese zu erreichen sind.
- Ein *Lerntagebuch* führen. Der Mitarbeiter sieht seine Lernfortschritte und reflektiert seine Erfahrungen. Das fördert den Lerntransfer.
- *Weitere Coachingangebote zur Verfügung stellen*: Ein Coach ist als neutraler Begleiter geeignet, die eigenen Erfahrungen zu reflektieren, sich Stärken und Schwächen bewusst zu machen und daraus einen Entwicklungs- oder Lernbedarf abzuleiten.

Zusätzlich zum Lerncoaching kann Personalentwicklung den Transformationsprozess u.a. über folgende Themen fördern:

- *Beratungsangebote schaffen*: Die Beratung von Mitarbeitern bei der Auswahl eines geeigneten Lernangebotes kann PE unterstützen.
- *Fordern und fördern*: Ist die Tätigkeit als lehrreiche Aufgabe gestaltet, das heißt komplex, divers, mit viel Abwechslung, hoher Eigenverantwortung

sowie Konfrontation mit Verschiedenheit gestaltet und entsteht das Gefühl, einen Beitrag zu leisten, entspricht das dem Prinzip des Forderns. Nur wenn die Aufgabe bzw. der Arbeitsplatz fordernd gestaltet ist, wird Entwicklung ermöglicht und damit gefördert. Die weiteren Maßnahmen helfen, Lernen zu erleichtern.

- Ein der Funktion und Tätigkeit entsprechendes *Kompetenzprofil* macht dem Mitarbeiter deutlich, an welchen Stellen es Entwicklungsbedarf gibt, zeigt ihm zugleich aber auch, wo seine Stärken liegen. Es hilft damit, die eigenen Lernbedürfnisse zu diagnostizieren.

- *Praxisnahe Lernangebote*: Die Integration von Lernen und Arbeiten fällt Mitarbeitern leichter, wenn sie den unmittelbaren Nutzen des Lernens erkennen und die Verankerung im Arbeitskontext deutlich ist.

- *Planen und gestalten Sie Lernumgebungen* für selbstgesteuertes Lernen. Das können reale Räume sein, die dem Austausch oder dem Lernen dienen (z.B. Lerninseln), oder virtuelle Räume, in denen sich die Mitarbeiter standortübergreifend austauschen. Ermöglichen Sie allen Mitarbeitern einen freien Zugang zu digitalen Lernwelten, in denen sie selbst entscheiden, was sie lernen möchten.

- *Kontextorientierte Unterstützung im Arbeitsprozess*: Wenn Mitarbeiter im Prozess der Arbeit lernen sollen, müssen die notwendigen Ressourcen dafür zur Verfügung stehen. Das können zum Beispiel Microlearnings sein, elektronische Performance Support-Programme, frei zugängliche und durchsuchbare E-Learning-Bibliotheken und Communities of Practice, in denen man gemeinsam Probleme löst.

- Bieten Sie einen *Zugang zu Lerninhalten* an, die einen Bezug zum Arbeitsalltag der Mitarbeiter haben. Nutzen Sie dazu die Vorteile digitaler Lernangebote wie E-Learning-Bibliotheken.

- Gehen Sie mit *gutem Beispiel* voran und definieren Sie klare Lernziele für Lernangebote. Beschreiben Sie Lernergebnisse und nehmen Sie Verbesserungen der Arbeit in den Beschreibungen vorweg, um den Nutzen der Lernangebote aufzuzeigen.

- Ermöglichen Sie einen *intensiven sozialen Austausch*. Dabei hilft die moderne Kommunikationstechnologie. Interne soziale Netzwerke und Communities machen es leicht, Expertenwissen abzufragen, Lernpartnerschaften zu pflegen oder das eigene Wissen zu evaluieren.

- Etablieren Sie eine *Feedbackkultur*, die Fehler zulässt und es Mitarbeitern ermöglicht, die eigenen Handlungen und ihren Entwicklungsstand kritisch, aber konstruktiv zu hinterfragen.

- *Medienkompetenz ausbauen*: Neue digitale Formate, E-Learnings, Onlinecommunities etc. setzen ein gewisses Maß an Medienkompetenz voraus, andernfalls sind Mitarbeiter schnell überfordert und können die Lernangebote entsprechend nicht nutzen. Tandems von jüngeren und älteren Mitarbeitern können das gegenseitige Lernen fördern.

- *Nicht alles digitalisieren:* Nicht immer macht die Digitalisierung von Lernangeboten Sinn. Mitarbeiter möchten und müssen auch nicht immer computergestützt lernen. Alternative Lernformate und -angebote haben ebenso ihre Berechtigung und können oft auch die bessere Wahl sein. Soziales Lernen kann für verschiedene Themen eine gute Möglichkeit des Lernens sein.
- *Internes Marketing von Lernmöglichkeiten zur Inspiration:* Neue Lernmöglichkeit kommunizieren, Perspektiven durch Innovationen aufzeigen und damit Vorbehalte und Bedenken abbauen.

Ziel aller Maßnahmen und Instrumente sollte es sein, dass Mitarbeiter nach und nach mehr Eigenverantwortung für ihr Lernen übernehmen und weniger Unterstützung brauchen. Idealerweise können sie ihren Lernprozess sukzessive selbst organisieren, strukturieren, überwachen und kontrollieren.

7.3.4 PE als Broker/Vermittler von Lernpartnern, Inhalten und Formaten

Das Wissensmanagement leistet im Rahmen der Personalentwicklung einen effektiven Beitrag, der sich in zwei Facetten äußern kann:

- Kollaboration und Identifikation von Ansprechpartnern (Expertenvermittlung) und
- verbessertes Auffinden und einfacher Zugriff auf benötigte Informationen (Wissensmanagement).

Die richtigen Lernformate zugänglich zu machen und Vorschläge für die geeignete Vorgehensweise gemeinsam mit der Führungskraft und dem Mitarbeiter zu erarbeiten, gewinnt immer stärker an Bedeutung. In der zeitnahen und bedarfsgerechten Vermittlung sozialer Lernformate wie Lerntandems, Mentorings und Coachings fungieren Personalentwickler zukünftig als Vermittler (siehe Kapitel 4 »Agile Lernformate«).

Sie eröffnen den Lernern Zugänge zu Wissensquellen und zu Lernlandschaften.

PE ist auch immer ein Wissensmanager
Mitarbeiter sind unbestritten *der* zentrale Erfolgsfaktor für Unternehmen. Doch was macht sie so unersetzlich? Es sind vor allem ihr Wissen, ihre Kompetenzen und ihr Erfahrungsschatz. Denn diese sind die Basis für Produktin-

novationen sowie für neue kreative Geschäftsideen – und im Gegensatz zu Waren und deren Produktion nicht kopierbar.

Personalentwicklung sieht sich in der Verantwortung, das Wissensmanagement und den Kompetenzaufbau im Unternehmen voranzutreiben. Die befragten Human Resources-Mitarbeiter der Haufe-Lexware-Studie »HR als Wissensmanager«[19] etwa geben eine eindeutige Antwort, wer verantwortlich dafür ist: HR selbst (82 %). Danach befragt, was sie derzeit als ihre wichtigste Aufgabe ansehen, nennen auch 85 % das Wissensmanagement. Es liegt damit auf Rang vier der HR-Agenda nach Mitarbeiterentwicklung (95 %), Prozesseffizienz (91 %) und Nachfolgeplanung (88 %) bei möglicher Mehrfachnennung. Das oft »gehypte« Employer Branding liegt an fünfter Stelle; es wird nur von 66 % als relevantes Strategiethema in HR genannt.

Aus den Einschätzungen von über 400 Personalern der Haufe-Lexware Studie (2014) haben wir folgende drei Thesen herausgegriffen:

HR ist bereits heute Treiber für einen produktiven Umgang mit Wissen
Die überwiegende Mehrheit der Personaler fühlt sich bereits für das Wissensmanagement in ihrem Unternehmen zuständig. Mehr sogar noch: Rund 85 % halten das Thema für eines der strategisch wichtigsten in ihrem Aufgabengebiet.

Es besteht jedoch noch Optimierungspotenzial für HR, effiziente Prozesse rund um Know-how und die interne Kommunikation im Unternehmen zu implementieren. Denn traditionell liegt der Schwerpunkt ihrer Aktivitäten vor allem bei Weiterbildung, Nachfolgeplanung und interner Kommunikation. Tools wie Datenbanken oder Wissensmanagement-Lösungen, die Informationen nicht nur speichern, vernetzen und einfach zugänglich machen, sondern auch den Austausch unter den Mitarbeitern fördern, werden nur von einer kleinen Anzahl (4 %) eingesetzt.

Mangelndes Wissen ist einer der größten Motivationskiller für Mitarbeiter
Die Folgen eines unproduktiven Umgangs mit Wissen sind gravierend, denn fehlendes Wissen demotiviert Mitarbeiter. Diese Überzeugung teilen 81 % der befragten Personaler. Wenn Mitarbeiter lange – und womöglich sogar vergeblich – nach dringend benötigten Informationen recherchieren müssen, ist dies nicht nur ineffizient, sondern schlägt sich auch in Frustration und

---

19 Die Haufe-Lexware-Studie »HR als Wissensmanager: Strategien für den Unternehmenserfolg« wurde im Oktober 2014 als telefonische Befragung unter 400 HR-Mitarbeitern innerhalb Deutschlands durchgeführt.

mangelndem Engagement nieder. Lediglich fehlende Wertschätzung für die eigene Arbeit ist ein noch größerer Motivationskiller als eine ungenügende Wissensbasis.

PE-Abteilungen verfügen über großes Potenzial, den Umgang mit Wissen in Unternehmen nachhaltig zu verbessern

Schöpfen Personaler alle Möglichkeiten des verantwortungsbewussten Umgangs mit dem Know-how der Mitarbeiter konsequent aus, tragen sie entscheidend zum Firmenerfolg bei. Bevor es so weit ist, stehen sie aber vor folgenden Aufgaben:

a) **Wissen identifizieren**: Welche Mitarbeiter verfügen über welches Know-how und welche Erfahrungen? Und welche Kompetenzen benötigt das Unternehmen in den nächsten Jahren? Kann HR Antworten auf diese zentralen Fragen geben – etwa durch Organisationspläne mit hinterlegten Anforderungsprofilen oder durch die Einrichtung von Kompetenzzentren –, ist der erste wichtige Schritt für einen produktiven Umgang mit Wissen geschafft. Strategische Personalentwicklung mit integriertem Weiterbildungscontrolling sorgt dafür, dass auch das zukünftig benötigte Know-how rechtzeitig entwickelt wird.

> **!** **PE kuratiert Inhalte als Grundlagenangebot**
>
> Je mehr Informationen (Wissen) verfügbar sind, umso entscheidender wird es, sie zu bewerten, einzuordnen, zu organisieren, in Zusammenhänge zu stellen, sie in medial neu aufbereiteten Formen zu präsentieren und zu verbreiten.
> Das lateinische Wort »cura« bedeutet »Fürsorge« bzw. »Pflege«. Mit dem Kuratieren geht Verantwortung einher: Informationen bewerten, eine sorgfältige Auswahl treffen, Informationen einordnen, kombinieren und quer verbinden, Perspektiven wechseln …
> *»Zusätzlich zu eigens produzierten Inhalten sollten Personalentwickler daher auch interessante Quellen aus dem Netz sichten, prüfen und in sortierter Form zusammenstellen. Kuratieren heißt dieses neue Arbeitsprofil für Weiterbildungsverantwortliche: Führungskräften soll so der Zugang zu den besten Inhalten ermöglicht werden, ohne dass sie selbst im Netz suchen müssen: zu Youtube-Videos, Magazinartikeln, Podcasts, Blogbeiträgen, interaktiven Aufgaben, die bedarfsgerecht zusammengestellt werden. Das Ziel muss es sein, aktuell und potenziell wichtiges Wissen zusammenzustellen, zu prüfen und so aufzubereiten, dass Führungskräfte es leicht finden und mühelos rezipieren können«* (Haidar, 2016).

b) **Wissensaustausch fördern**: Wissen muss geteilt werden, wenn es Mehrwert bieten soll. Die Personalentwicklung kann unterstützen und Mitarbeiter mittels Kommunikation von Best Practices und durch die Gestaltung einer positiven Unternehmenskultur motivieren, ihr Wissen zu teilen.

Wissenstransfer-Methoden

Beobachtung   After Action Review

Best Practice   *Beziehungslandkarten*   **Checklisten**

Coaching   Community of Practice

Debriefing/Expert Debriefing

Interview   Learning history   FAQ

Mikroartikel   Mindmapping   **Lessons learned**

Story telling   Prozessbesschreibungen

Wissenslandkarten   **Wissensnetzwerk**

Wissensstafette   Wissensträgerkarten

Yellow Pages

Expertennetze

Abb. 38: Methoden des Wissenstransfers (Behm)

c) Wissen vernetzen: Ist der Wissenstransfer in der Unternehmenskultur verankert, benötigen Firmen – und HR – technische Unterstützung, um relevantes Know-how an einem zentralen Speicherplatz zu erfassen, zu vernetzen und einfach zur Verfügung zu stellen. Wichtig bei der Softwareauswahl sind eine hohe Benutzerfreundlichkeit und individuelle Bedienbarkeit.

d) Prozesse optimieren und standardisieren: Effiziente Wissensprozesse – etwa dank verbindlicher und einheitlicher Ablagestrukturen – sorgen dafür, dass Informationen schnell und einfach gefunden werden können. Damit bleibt den Mitarbeitern mehr Zeit für strategisch relevante Tätigkeiten – und das steigert ihre Motivation.

e) Wissen halten: Zentrale Aufgabe des Personalmanagements ist es, Mitarbeiter und deren Wissen an das Unternehmen zu binden. Dafür muss Talenten ein Umfeld geboten werden, in dem sie bei ihrer Arbeit bestmöglich unterstützt werden. Dies erhält ihre Motivation, senkt die Fluktuation und versetzt sie in die Lage, den größtmöglichen Beitrag zum Unternehmenserfolg zu leisten.

Sind alle diese »Hausaufgaben« erledigt, haben die Personaler erfolgreich an gleich zwei der größten Stellschrauben für wirtschaftlichen Erfolg gedreht: am Wissen und der Motivation ihrer Mitarbeiter. Finden Mitarbeiter Arbeitsbedingungen vor, die es ihnen ermöglichen, schnell und einfach ihre Aufgaben wahrnehmen zu können, profitiert das Unternehmen gleich zweifach, nämlich durch eine niedrigere Fehlerquote und ein höheres Engagement der Belegschaft.

! **Exkurs: Die Aufgaben eines Wissensmanagers**

Die Rolle der PE wandelt sich also entscheidend, besonders der Umgang mit Wissen gewinnt an Bedeutung. Sie lässt sich sogar mehr und mehr als die eines Wissensmanagers definieren. Dies sind die Aufgaben eines solchen Managers:

- Changemanager: Die Einführung/Erweiterung von Wissensmanagement stellt meist eine weitreichende Veränderung in den Bereichen Vision, Struktur, Kultur und Technologie dar und muss deshalb zwingend durch ein professionelles und konkretes Changemanagement begleitet werden (zum Beispiel Schaffung von Bereitschaft zur Wissensteilung durch Partizipation).
- Wissensbroker: Ferner muss der Wissensmanager zwischen dem Angebot und der Nachfrage von Wissen vermitteln. Insbesondere muss er zum Wissensnutzungsmanager werden (Begriffsmanager, Findespezialist, Not-invented-here-Syndrom usw.).
- Lean Manager: Schlankes Wissensmanagement in Ausbaustufen und Reifegraden ohne Verzettelung ist gefragt. Dazu sind Kosten- und Risikoaspekte einzubeziehen und der Faktor »Zeit« zu beachten.
- Marketingmanager: Die interne Werbung für solch ein wesentliches Thema wie Wissensmanagement wird oft unterschätzt. Deshalb müssen neue Kommunikationskonzepte erstellt werden (zielgruppenspezifische Nutzenargumentation, Erfolgsgeschichten usw.).
- Diversitymanager: Wie bringt man »Alte Hasen« und »Neue Besen« in altersgemischten Teams zusammen?
- Talentmanager: Wie schafft man es, erfolgskritische Wissensträger langfristig an das Unternehmen zu binden?
- Technology Scout: Welche neuen technologischen Entwicklungen sind relevant und im Wissensmanagement nutzbar?
- »Erwartungsmanager«: Wie vermittelt man dem Topmanagement eine realistische Erfolgserwartung?

Weiterhin sollte sich der Wissensmanager eher als visionärer, partizipativer »Wissensführer« begreifen.

7.3.5   Fazit zu den vier Rollen der Personalentwicklung

Alleine an der Skizzierung der vier Rollen wird klar, wie umfangreich das neue Profil von Personalentwicklung wird und welche Voraussetzungen Personalentwickler mitbringen müssen. Ob dabei die Rollen in der PE aufgeteilt (funktionsorientierte PE) werden oder ein Personalentwickler alle Rollen für eine bestimmte Zielgruppe übernimmt (objektorientierte PE), ist von der eigenen Organisation und den Kompetenzen der Personalentwickler abhängig. Zusammen bieten die vier beschriebenen Rollen allerdings das Profil, um nachfrageorientierte Personalentwicklung betreiben zu können.

Interessanterweise haben noch nicht alle Personalentwickler diese Transformation (zumindest gedanklich) vorgenommen. Schaut man sich bei einer Selbsteinschätzung der PEler an, wo der Fokus in den nächste Jahren liegen wird, so werden Themen zu den Rollen PE als Broker und PE als Stratege fast immer genannt. Die Rollen als Lerncoach und Kulturförderer bleiben dagegen häufig ungenannt, obwohl gerade hier die Stellhebel für den Wertbeitrag der PE liegen.

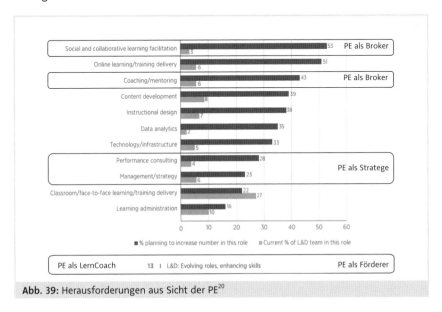

Abb. 39: Herausforderungen aus Sicht der PE[20]

So ist es auch nicht verwunderlich, dass in puncto Bedarfsorientierung die Personalentwicklung aus Sicht der Mitarbeiter noch einen deutlichen Aufholbedarf hat. Mehr als die Hälfte der Befragten (65 %) der oben genannten LEKAF-Studie gab an, dass ihre Personalentwicklung weder ein vielfältiges Angebot bietet noch bei der Auswahl berät.

---

20 https://www.cipd.co.uk/Images/l-d-evolving-roles-enhancing-skills_2015_tcm18-9162.pdf

7.4   Der Status quo – Personalentwicklung heute

In der bundesweiten Befragung (LEKAF-Studie)[21] wurden mehr als 10.000 Mitarbeiter verschiedenster Branchen zu ihren individuellen Lernkompetenzen sowie den Rahmenbedingungen im Unternehmen befragt, so auch zur Arbeit der Personalentwicklung.

Die LEKAF-Studie zeigt, dass Personalentwicklung sich aus Sicht der Mitarbeiter besser aufstellen könnte. In der Befragung geben nur 38% der Befragten an, dass gute Selbstlernangebote im Unternehmen zur Verfügung stehen. Zudem wird die Vielfalt und die Beratung durch die Personalentwicklung bei der Auswahl von Angeboten nur von 17% als gut bewertet. Im Hinblick auf die Wahrnehmung der Vielfalt von Angeboten wird deutlich, dass Jüngere dies im Vergleich zu Älteren eher positiv bewerten. Unter 21-Jährige, die sich noch in der Ausbildung befinden oder erst ins Berufsleben einsteigen, finden aufgrund des noch höheren Ausbildungsbedarfs eher Lernangebote für sich (47%). Mit zunehmendem Alter nimmt dies deutlich ab.

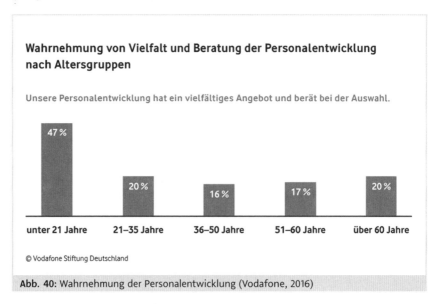

Abb. 40: Wahrnehmung der Personalentwicklung (Vodafone, 2016)

Spezifische Lernangebote, die sich am tatsächlichen Bedarf der Mitarbeiter im Rahmen längerer beruflicher Tätigkeiten orientieren, sind oft nur unzureichend.

---

21 Forschungsprojekt »Lernkompetenzen von Mitarbeitern analysieren und fördern – LEKAF« der Hochschule für angewandtes Management, Vodafone Stiftung Deutschland und Prof. Heister (BIBB) – Graf, Gramß, Heister, 2016

Dies macht deutlich, dass sich entweder die Angebote nur unzureichend am Lernbedarf der Mitarbeiter orientieren oder sie von den Mitarbeitern nicht wahrgenommen werden. So ist die Verbesserungen der Kommunikation von Angeboten und damit das Aufzeigen von Lernmöglichkeiten für Mitarbeiter notwendig (Graf et al. 2016).

Zudem zeigt sich die Notwendigkeit, Mitarbeiter bei der Wahl der Lernangebote zu beraten, das Lernen zu begleiten und zu unterstützen. Aktuell bedarf selbstgesteuertes Lernen an sich deshalb Unterstützung, da Erwachsene systematisches Lernen nicht (mehr) gewohnt sind. Die Studie zeigt, Mitarbeiter wollen mehr Verantwortung für ihr Lernen übernehmen, aber können dies oft nicht umsetzen. Sie würden also von der Beratung bei der Auswahl von Lernangeboten profitieren und durch Lerncoaching in der Selbststeuerung des Lernens unterstützt werden. Durch die zunehmende Bedeutung selbstgesteuerten Lernens und damit steigende Eigenverantwortung von Mitarbeitern für ihre Lernprozesse muss Personalentwicklung individuell begleitend und unterstützend zur Seite stehen. Genau hier zeigt sich die Rolle als Lerncoach von großer Bedeutung, der die PE bisher noch nicht ausreichend gerecht wird.

Die Ergebnisse der LEKAF-Studie stellen noch einmal die Bedeutung der PE als wichtige Rahmenbedingung für das selbstgesteuerte Lernen von Mitarbeitern heraus.

7.5 Fazit: Attraktiv, aber fordernd – die Personalentwicklung muss sich anders aufstellen

Die in der Studie beschriebene Entwicklung klingt für viele Personalentwickler durchaus attraktiv: Während der Mitarbeiter zukünftig stärker Verantwortung für den eigenen Wissenszuwachs übernimmt, gewinnen sie vielversprechende, einflussreiche neue Aufgaben hinzu, indem sie näher an das Business rücken, die Rollenanpassungen im Unternehmen entsprechend vorantreiben sowie die kulturelle Veränderung voranbringen.

> **Exkurs: Personalentwicklung vs. IT – wer treibt wen?**   **!**
>
> Durch die Digitalisierung wird die IT-Abteilung zur Konkurrenz für HR. IT kann Transformationsprozesse vorantreiben und digitale Möglichkeiten bereitstellen: interne Arbeitsprozesse, Interaktion mit Kunden, mobile Kommunikation, soziale Medien etc. Doch wie genau und unter welchen Bedingungen digitale Technologien zur Verbesserung und Anpassung der Unternehmensarbeit beiträgt, kann IT mangels geeigneter ganzheitlicher Konzepte weder messen noch entwickeln. Die Personalentwicklung hingegen kann solche zukunftsfähigen Konzepte entwickeln und

diese mit Unterstützung der IT gewinnbringend für das Unternehmen umsetzen. Im Hinblick auf die Nutzung digitaler Möglichkeiten ist PE deshalb gefordert, die treibende Kraft zu sein. Dazu sind zum einen tragfähige Konzepte notwendig, die dem Mehrwert durch Digitalisierung von Prozessen und Aufgaben im Unternehmen dienen. Zum anderen kann PE die Möglichkeiten der IT-Landschaft für sich nutzen und damit selbst aktiv die Transformation im Unternehmen gestalten.

Grundvoraussetzung dafür ist allerdings die eigene Weiterentwicklung der HR, um entsprechend konzeptuell leistungsfähig zu sein. Digitalisierung von HR-Prozessen in Recruiting und Personalentwicklung muss gestaltet werden. Vor allem zielgerichtete Veränderungen in Prozessen und Aufgaben gilt es umzusetzen. HR leitet dabei die IT in der Umsetzung neuartiger Konzepte und Anforderungen an und schafft so eine wesentliche Grundlage für die Weiterentwicklung im Sinne der Digitalisierung in allen Bereichen des Personalwesens und damit des Unternehmens.

Besondere Bedeutung kommt– wie das übernächste Kapitel 9 zeigt – einer veränderten modernen Lernkultur zu. Dazu gilt es, sowohl organisationale Bedingungen zu schaffen als auch Lernformate zu entwickeln, die das effiziente, selbstgesteuerte Lernen von Mitarbeitern unterstützen und fördern. Neue digitale Lernformate (z. B. Mobile Learning, Micro Learning etc.) und die Möglichkeiten für Vernetzung und Kooperationen (z. B. Learning Communities) bieten dem Mitarbeiter verschiedene Optionen, eigenverantwortlich zu lernen und das Lernen in den Arbeitsprozess zu integrieren.

Weiterhin kann HR für andere Aufgabenfelder die digitale Transformation für sich nutzen und eigene Prozesse verbessern, modernisieren und damit dem Megatrend wie Fachkräftemangel entgegenwirken. Hier stehen Unternehmen in ständiger Konkurrenz mit anderen Arbeitgebern in Deutschland. HR kann wesentlich dazu beitragen, dass Vorteile eines Unternehmens und damit dessen Attraktivität nach außen sichtbar und kommuniziert wird.

Auch beim Recruiting ist Kreativität gefragt. Neben klassischen Verfahren können digitale Netzwerke für das Recruiting genutzt werden. Konzepte wie »Mitarbeiter werben Mitarbeiter« oder Unternehmenszusammenschlüsse zur Vermittlung von Bewerbern sind nur einige Möglichkeiten. Auch in der Gestaltung von Auswahlprozessen können digitale Formate genutzt werden. Onlineassessmentcenter oder Onlineinterviews sind gute Möglichkeiten eines effizienten Auswahlprozesses.

HR muss sich also selbst im Rahmen digitaler Transformation modernisieren und den Fokus auf Beziehungen, Zusammenarbeit, Kommunikation und Arbeitskultur legen. In enger Zusammenarbeit können Möglichkeiten der Digitalisierung sinnvoll und effizient genutzt werden. Die Steuerung dieser Transformationsprozesse obliegt der HR, die ohne diese eigene notwendige Weiterentwicklung in der Bedeutungslosigkeit verschwände. Es gilt, mit positivem Beispiel vorauszugehen und die Chancen für Innovationen zu ergreifen und zu gestalten.

Literatur

Arnold, R. et al (2002) Selbst gesteuertes Lernen als Perspektive der beruflichen Bildung, BIBB BWP 4/2002

Behm-Steidel, G. (2015) Wissensmanagement & Personalentwicklung http://www.know-tech.de/files/documents/F10_25_1145_Behm_HSHannover.pdf

Erpenbeck, J. und Sauter, W. (2016) Alle Macht den Lernern, In wirtschaft + weiterbildung 04_2016, S. 18-23 Link: https://www.haufe.de/download/wirtschaft-weiterbildung-ausgabe-42016-wirtschaft-weiterbildung-344606.pdf

Graf, N. In: Bosbach, G. und Anzengruber, J. (2015) ArbeitsVisionen2025: Perspektiven, Gedanken, Impulse und Fragen zur Zukunft unserer Arbeit

Hasanbegovic, J; Seufert, S. und & Euler, D. (2007) Lernkultur als Ausgangspunkt für die Implementierung von Bildungsinnovationen. In: Organisationsentwicklung 2/2007; S. 22-30

Haufe Lexware (2014): HR als Wissensmanager: Strategien für den Unternehmenserfolg Link: http://whitepaper.haufe.de/unternehmensfuehrung/HR-als-Wissensmanager-Strategien-fuer-den-Unternehmenserfolg-Studie-2015/,82,524,48

Kutsch, L. (2016) Mit Selbstgesteuertem Lernen mehr erreichen https://www.haufe-akademie.de/blog/themen/personalentwicklung/mit-selbstgesteuertem-lernen-mehr-erreichen/

Leila Haidar (2016) E-Learning für Eilige In: managerSeminare | Heft 221 | August 2016, 78-86

Schaper, N., Friebe, J. & Sonntag, Kh. (2003). Lernkulturen-– eine explorative Studie mit Experten aus der Unternehmenspraxis und der angewandten Forschung. Wirtschaftspsychologie, 3, 80-82.

Schermuly, C. et al (2010) Expertendelphi Personalentwicklung 2020: https://www.sage.de/~/media/markets/de/anwendungsgebiete-und-branchen/anwendungen/infopakete/mlz4_personalentwicklung_leseprobe.pdf?la=de

Literatur im Internet

http://de.slideshare.net/MikeKunkle/trainer-vsperformanceconsultanthighleveloverview

https://www.scil-blog.ch/wp-content/uploads/2012/11/Whitepaper_SocBusLearning_2012-11-19.pdf

http://4managers.de/management/themen/strategische-personalentwicklung/

https://learning.linkedin.com/content/dam/me/learning/en-us/pdfs/lil-workplace-learning-report.pdf

http://www.abwf.de/content/main/publik/materialien/materialien79.pdf

8 Die Rolle der Führungskraft

In den vorherigen Kapiteln wurde bereits an vielen Stellen darauf verwiesen, dass den Führungskräften bei der Weiterentwicklung der Mitarbeiter und des betrieblichen Lernens eine besondere Rolle zukommt. Jetzt wollen wir dieser Rolle der Führungskräfte selbst etwas mehr Aufmerksamkeit widmen und sie aus verschiedenen Blickwinkeln beleuchten. Zunächst schauen wir uns die Herausforderungen an, denen Führungskräfte in der VUCA-Welt begegnen. Danach gehen wir intensiv darauf ein, wie die Rolle der Führungskraft beim agilen Lernen aussieht und was die LEKAF-Studie an Erkenntnissen dazu beiträgt. Zum Schluss widmen wir uns der Führungskräfteentwicklung und wie diese aussehen sollte, denn Führungskräfte sind selber Lerner und entwickeln sich stetig weiter.

8.1 Herausforderungen für Führungskräfte in der (agilen) VUCA-Lernwelt

Die Logik von VUCA (vergl. Kapitel 1) zu verstehen, ist nicht schwer. Der harte Teil ist herauszufinden, wie man in einem VUCA-Umfeld als Führungskraft agieren und wie für diese Welt Lernen gestalten muss. Daher lohnt es sich, ein paar Gedanken in die Herausforderungen zu investieren, die eine Führungskraft in einem VUCA-Umfeld erleben wird und welche Kompetenzen beim Umgang mit VUCA helfen.

Beginnen wir mit einer (wahrscheinlich unvollständigen) Übersicht der Herausforderungen, die sich aus den vier VUCA-Faktoren Volatilität, Unsicherheit, Komplexität und Ambiguität ergeben können:

Volatilität
- Die Geschwindigkeit des Fortschritts ist deutlich schneller als unsere Fähigkeit, darauf zu reagieren.
- Die beschleunigte Veränderung beschleunigt auch die Notwendigkeit, Entscheidungen zu treffen.
- Veränderungen sind umfangreicher, erfolgen plötzlich und erfordern meist eine dringende Reaktion.
- Command & Control-Strukturen versagen in schnell veränderlichen und disruptiven Umgebungen.

Unsicherheit

- Es ist schwierig, sicher einzuschätzen, was gerade passiert.
- Führungskräfte müssen auf Basis unvollständiger oder unzureichender Informationen handeln.
- Sich darauf zu verlassen, was in der Vergangenheit funktioniert hat, ist gefährlich.
- Ursache und Wirkung sind nur schwierig zu identifizieren (»connecting the dots«).

Komplexität

- Steigende Komplexität macht es schwerer, einen guten Ansatz- und Startpunkt für Veränderung zu finden.
- Es ist schwierig, die notwendigen Veränderungen voranzutreiben, da miteinander verwobene Aspekte, Interessen und Bedenken existieren.
- Es ist verführerisch, sich auf die kurzfristigen und einfacheren Aspekte zu konzentrieren (»low hanging fruits«).
- Es fehlt (scheinbar) an der notwendigen Zeit, die Komplexität zu analysieren, zu durchdenken und zu reflektieren.
- Maßnahmen zur Reduktion der Komplexität setzen an den Symptomen, nicht an den Ursachen an.

Ambiguität

- Fehleinschätzungen hinsichtlich der Relevanz einer Situation können entstehen.
- Fehlinterpretation dessen, was passiert, und entsprechend falsche Reaktionen werden wahrscheinlicher.
- Mistrauen, Zweifel, Zögerlichkeit werden erzeugt und behindern Entscheidungen und Veränderung.
- Führungskräfte müssen auf Basis eines begrenzten Verständnisses der Ereignisse und deren Bedeutung handeln.

Die Relevanz von VUCA für das Thema Führung in Unternehmen liegt also darin, dass sie herkömmliche Vorstellungen von Management, die eher dem Motto »Think – Plan – Act – Learn« folgen, in Frage stellt. Bisherige Managementmethoden beruhen oft auf einer linearen Logik von Ursache und Wirkung und können die vielschichtig vernetzten Elemente einer agilen Wirtschaft nur unzureichend erfassen. Dies zeigt sich unter anderem in den hierarchisch aufgebauten Organisationsstrukturen, die in Organigrammen dargestellt werden. Was in der Industrie 2.0 oder 3.0 noch leidlich funktioniert hat, ist in der agilen vernetzten Welt moderner Wirtschaft nicht mehr geeignet, die Organisation steuerungsfähig zu halten. Heute und in Zukunft wird Management das Management komplexer Netzwerke sein.

Management in einer VUCA-Welt fokussiert sich daher stark auf:

- *Stabilität vermitteln*: In der VUCA-Welt kann Stabilität nicht aus Beständigkeit kommen, sondern muss darauf abzielen, mit vielfältigen Anforderungen umgehen zu können. Dazu kann ein Manager seine Mitarbeiter befähigen, mehrere Rollen auszufüllen oder selbständiger (statt nach fixen Stellenbeschreibungen) zu arbeiten, und bei Neueinstellungen stärker auf die Passung ins Team und die Arbeitsweise achten als auf den fachlichen Hintergrund (der sich ohnehin bald ändert).
- *Klarheit schaffen*: Gerade bei unsicheren Entwicklungen ist die Herstellung von Klarheit wichtig. Die wiederkehrende Vermittlung der Vision, Strategie und Erwartungen an Ergebnisse werden immer bedeutsamer. Was genau zu tun ist, gehört immer weniger in die Kommunikation der Führungskräfte.
- *Risiken steuern*: In einer volatilen Welt werden Pläne immer öfter nicht umsetzbar sein. Die frühe Vorbereitung auf Abweichungen und Veränderungen erfordert neben einem Plan B deshalb auch einen Plan C. Gleichzeitig ist es Aufgabe der Führungskraft, Risiken stärker als Chance für Lernprozesse und Weiterentwicklungen zu sehen.
- *Kommunizieren*: Regelmäßige und klare Kommunikation ist ein wesentliches Erfolgselement in der VUCA-Welt. Der Erfolg agiler Methoden beruht unter anderem auf den regelmäßigen Teammeetings und der Retrospektive nach jedem Sprint, die auch oder gerade unter Druck nie ausfallen dürfen. Ein volatiler Kontext erfordert die Gewissheit, informiert zu sein, und das Streben, stetig besser zu werden.
- *Entwickeln von Mitarbeitern*: Die permanente, aber variable Kooperation der Mitarbeiter in den agilen Teams bedeutet, dass diese immer weniger eine »soziale Heimat« haben, wie dies etwa in festen Abteilungen der Fall ist. Die Beziehung von Mitarbeiter und Führungskraft kann und sollte hier den nötigen Ausgleich schaffen. Dies vor allem auch, da die Mitarbeiter unter der permanenten Notwendigkeit stehen, sich weiterzuentwickeln. Führungskräfte, die sich intensiv um die Qualifizierung und Weiterentwicklung der Mitarbeiter kümmern, können so einen echten Mehrwert schaffen.

Welche Bedeutung Entwicklungen haben, die unter VUCA zusammengefasst werden, ist stark vom einzelnen Kontext abhängig. Neben der sehr persönlichen Einschätzung sind auch Unternehmen und sogar einzelne Funktionsbereiche darin ganz unterschiedlich betroffen. Dementsprechend wird auch die Vorbereitung auf eine Zunahme von VUCA unterschiedlich ausfallen. Insgesamt erscheint es allerdings ratsam, folgende Fähigkeiten und Verhaltensweisen zu stärken:

1. Vorhersehen, welche Themen und Einflussfaktoren die gegebenen Rahmenbedingungen, den eigenen Kontext beeinflussen.
2. Die Konsequenzen von Entscheidungen und Handlungen einschätzen und aufgrund der Komplexität mehr Entscheidungen partizipativ in einem Expertenteam entscheiden.
3. Die vielfältigen Verknüpfungen zwischen Variablen als Chance sehen und nutzen. Komplexität handhaben statt nach einfachen Rezepten suchen.
4. Alternative Szenarien und vielfältige Optionen entwickeln. Immer über den Tellerrand schauen.
5. Erkennen, was relevant ist und wie damit umzugehen ist.
6. Permanentes Lernen zum Normalzustand machen, organisatorisch und auf der Verhaltensebene!

VUCA kann man dann auch als Handlungsempfehlung formulieren:
- **V**ision – Vision, Strategie und strategische Ziele definieren und kommunizieren
- **U**nderstanding – umfassende Erfahrung in unterschiedlichen Fachbereichen, Industrien …
- **C**larity – Transparenz in der Kommunikation und im Handeln
- **A**gility – schnelle Entscheidungen und konsequentes Handeln

Da Agility in der Auflistung steht, hier noch ein Statement. Von manchen »Agilisten« wird immer wieder die These kolportiert, dass agile Unternehmen ohne Führungskräfte besser funktionieren und agile Teams »vor Führungskräften geschützt werden müssen.« Diese These muss nach unserer Einschätzung erst noch bewiesen werden. Wir halten sie sogar für Unfug! Führung ist auch zukünftig ein wichtiger Erfolgsfaktor, muss sich allerdings verändern.

8.2 Die Rollen der Führungskraft beim agilen Lernen

Die Rolle der Führungskraft hat sich in den letzten Jahrzehnten massiv gewandelt und wird sich auch noch weiter wandeln. Machtverhältnisse, Kontrollmechanismen, Steuerungsfunktionen stehen zurzeit in der Diskussion (siehe u. a. Forum Gute Führung). Das hat zum einen mit der VUCA-Welt zu tun und zum anderen mit dem gesteigerten Partizipationsbedarf der Mitarbeiter. Hierarchische Strukturen werden zumindest in Deutschland selten als positiv wahrgenommen.

Eine der (neuen) Hauptaufgaben von Führungskräften ist die Begleitung ihres Teams in eine VUCA-Welt und damit der Kompetenzaufbau der Mitarbeiter individuell und als Team im Sinne der Unternehmensziele – also die Förderung der Mitarbeiter. Dabei sind abteilungsspezifisches Silo- und Besitz-Denken (»mein Talent«, »den habe ich aufgebaut«) völlig kontraproduktiv.

Obwohl die Teamperspektive, also die Optimierung der Schnittstellen in einem Team, ein hochinteressantes und wichtiges Entwicklungsthema ist, konzentrieren wir uns in diesem Buch auf die individuelle Ebene als Basis jeglicher Lernprozesse.

In dem individuellen Kontext kommen der Führungskraft mehrere Aufgaben zu:

- *Die Führungskraft als Vermittler zwischen strategischen und individuellen Erwartungen* an Kompetenzen und Entwicklungsmöglichkeiten: Wie bereits im Kapitel 4, zu den Lernformaten beschrieben, können Lernimpulse sowohl vom Mitarbeiter als auch vom Unternehmen ausgehen. Welche Erwartungen das Unternehmen an den Mitarbeiter, sein Wissen und seine Kompetenzen hat und was das Unternehmen dem Mitarbeiter bzgl. seiner eigenen Präferenzen bieten kann, ist ein Austausch- und Verhandlungsprozess, den die Führungskraft stellvertretend für die Organisation mit dem Mitarbeiter führen muss. Dazu muss sie sowohl die strategischen Erwartungen im Allgemeinen, aber auch die der eigenen Abteilung kennen und eine Vorstellung der Beteiligung des Mitarbeiters zu dieser Erfüllung haben sowie um seine Stärken wissen. Insbesondere kommen ihr in diesem essentiellen Dialog kommunikative Kompetenzen zugute.
- *Die Führungskraft als Lernbegleiter*: Da Lernen zu den wichtigsten strategischen Themen gehört, sollten Führungskräfte sich auch für die Lernprozesse ihrer Mitarbeiter interessieren und diese im Bedarfsfall fördern. Es geht also nicht, dass sie die Mitarbeiter nur zum Seminar anmelden und (hoffentlich) in der Zeit von ihren Arbeitsaufgaben entbinden. Vielmehr sollten im Rahmen des agilen Lernens Führungskräfte als Sparringspartner ansprechbar sein. Sie sollten Erwartungshaltungen (Lernziele) mit dem Mitarbeiter definieren und sich für Fortschritte interessieren.

In der deutschlandweiten Befragung zu Lernkompetenzen von Mitarbeitern wurde auch die Unterstützung durch die Führungskraft erfasst. Mitarbeiter haben eingeschätzt, wie gut und in welcher Art und Weise sie sich von ihrer Führungskraft bei Lernen und Weiterbildung unterstützt fühlen.

Insgesamt schätzt nur ein geringer Teil, nämlich 9%, der Befragten die Unterstützung durch die Führungskraft als gut ein. Allerdings zeigt sich in der Bewertung der Führungskräfte als Unterstützer beim Lernen ein deutlicher Alterseffekt. Jüngere (unter 21 Jahre) fühlen sich von ihrer Führungskraft wesentlich besser unterstützt als Ältere (Abbildung 36). Dies zeigt, dass Lernen vor allem bei Mitarbeitern, die sich noch in bzw. kurz nach der Ausbildungsphase befinden, durch mehr Begleitung von Lernen und Weiterentwicklung durch die Führungskraft gefördert wird.

Unterstützung durch die Führungskraft nach Altersgruppen

17 %   unter 21 Jahre
11 %   21–35 Jahre
8 %   36–50 Jahre
7 %   51–60 Jahre
8 %   über 60 Jahre

© Vodafone Stiftung Deutschland

Abb. 41: Unterstützung durch die Führungskraft nach Altersgruppen (Vodafone Stiftung)

Im Detail betrachtet, gibt insgesamt knapp ein Drittel (31 %) an, dass ihre Führungskraft ihnen den Rücken freihält, wenn sie lernen. Dies ist gerade im Hinblick auf die zunehmende Integration des Lernens in den Arbeitsprozess, die von der Führungskraft unterstützt werden soll, noch unzureichend. Auch hierfür wird das Engagement der Führungskraft von Jüngeren unter 21 Jahren (43 %) höher eingeschätzt als von Älteren (51 bis 60 Jahre: 29 %).

Als Anreiz für Weiterbildung und Lernen ist es zudem wichtig, der Weiterentwicklung von Mitarbeitern Rechnung zu tragen. Eine Möglichkeit dafür ist, die Aufgaben der Mitarbeiter an die neuen Kompetenzen anzupassen. Dies ist jedoch selten die Realität, wie die LEKAF-Studie zeigt. Nur 18 % geben an, dass ihre Aufgaben an erworbene Kompetenz angepasst werden. Auch hier wird wieder ein Alterseffekt deutlich, da dies häufiger bei jüngeren Mitarbeitern praktiziert wird (unter 21 Jahre: 29 %) als bei älteren (51 bis 60 Jahre: 15 %).

Die Ergebnisse der Studie machen im Kontext des zunehmenden selbstgesteuerten Lernens von Mitarbeitern deutlich, dass Führungskräfte noch nicht ihre neue Rolle als Lernbegleiter umsetzen und das Lernen der Mitarbeiter entsprechend unterstützen. Förderung von Mitarbeitern kann zum einen bedeuten, diese durch Lob und Anerkennung von Lernleistungen zu würdigen, zum anderen durch das Aufzeigen von Perspektiven für Weiterentwicklungen geschehen. Damit wird die Freude am Lernen gefördert, um so Interesse an neuen Themen anzuregen.

Konkret können Führungskräfte u. a. folgendes tun:

- In kritischen Momenten im Lernprozess für die Mitarbeiter ansprechbar sein.
- Feedback geben und Anreize schaffen, die den Mitarbeiter beim Durchhalten in einem Lernprozess unterstützen.
- Das Lernen im Team fördern und eine offene Kommunikation unterstützen.
- Freiräume schaffen, die die Mitarbeiter zum Lernen nutzen können.

Die Führungskraft als Gestalter von Lernsituation und Vernetzungsmöglichkeiten:

Neben der Begleitung der Lernprozesse ist es beim agilen Lernen noch wichtig, dass die Führungskraft ihr Organisationswissen nutzt, um für und mit dem Mitarbeiter sinnvolle Lernkontexte zu schaffen. Der wesentliche Teil der Lernkontexte sollte nicht aus Seminaren bestehen, sondern das Lernen in Arbeitssituationen sein. Sei es, die richtigen Lernpartner zu identifizieren und zu vermitteln oder Situationen zu schaffen, die das zielorientierte Lernen fördern. Das können Themen wie Job-Rotation, Hospitation, Projektarbeit etc. sein. Das Kapitel 4 zu den Formaten hat gezeigt, dass der Gestaltung von Lernsituationen keine Grenzen gesetzt sind.

Im Rahmen der Gestaltung ist es auch Aufgabe der Führungskraft als Lerncoach, Mitarbeiter bei der Wahl und Nutzung von Lernangeboten zur Seite zu stehen. In der Befragung geben allerdings nur 39 % der Mitarbeiter an, dass ihre Führungskraft die Angebote der Personalentwicklung kennt. Folglich können Führungskräfte aus Mangel an Kenntnissen Mitarbeiter nicht in dem Maße unterstützen, wie es erforderlich wäre. So kann das Potential der unternehmensinternen Lernmöglichkeiten nicht optimal für das Lernen und die Weiterbildung von Mitarbeitern ausgeschöpft werden.

Die Führungskraft als Lerncoach

Das Verständnis der Personalentwicklung verändert sich, und damit geht, wie erläutert, ein Wandel der Rollen und Verantwortlichkeiten im Lernprozess einher. Dieser Wandel betrifft vor allem die Mitarbeiter. Damit diese allerdings die sich ändernden Anforderungen verstehen und diesen Wandel vollziehen können, bedarf es der Unterstützung der Führungskräfte. Führungskräfte werden in Zeiten des Wandels zu Lerncoaches. Sie regen die Mitarbeiter zu neuen Denk- und Handlungsmustern an. Sie sollten (z. B. mittels einer Lernkompetenzanalyse) den Mitarbeiter und seinen aktuellen Bestand verstehen und im Rahmen einer »Hilfe zur Selbsthilfe« in Richtung eines selbstgesteuerten Lerners begleiten. Dazu gehört auch, individuelle Schwierigkeiten beim Lernen im Blick zu haben und durch spezifisches Feedback und Anreize das

Durchhalten beim Lernen zu unterstützen. Gemeinsam mit dem Mitarbeiter kann das individuelle Lernen reflektiert und dadurch gefördert werden. Eine Führungskraft sollte hierfür Grundlagen des Coachings beherrschen und motivieren.

Die Motivation und Unterstützung durch die Führungskraft wird nur von ca. einem Drittel (36%) aller Studienteilnehmer als gut bewertet. Der bereits oben beschriebene Rückgang mit zunehmendem Alter der Mitarbeiter findet sich auch hier. Während sich bei den unter 21-Jährigen 52% motiviert und unterstützt fühlen, sind es bei den über 60-Jährigen nur noch 30%.

Die Ergebnisse der Studie zeigen insbesondere auf, dass das Verständnis von Führungskräften als Lerncoach noch nicht ausgereift ist. Nicht nur junge Mitarbeiter am Anfang ihres Berufslebens brauchen Unterstützung beim Erlernen von agilem Lernen, auch ältere Mitarbeiter müssen bei ihrer Weiterbildung angemessen begleitet werden. Mit zunehmendem Alter ist Lernen mit Schwierigkeiten und besonderen Herausforderungen verbunden. Hier kann die Führungskraft als Lerncoach Mitarbeiter unterstützen und damit wesentlich zum erfolgreichen Lernen beitragen.

Wie die Studienergebnisse außerdem zeigen, nimmt die Unterstützung und Motivation durch die Führungskraft mit steigendem Bildungsgrad ab (keine Berufsausbildung 44% vs. Hochschulabschluss 34%). Lernen und Weiterbildung sind jedoch für alle Mitarbeiter von Bedeutung.

Die Führungskraft als Vorbild
Im Rahmen des Wandels ist auch die Führungskraft selbst ein Lerner. Der Umgang mit den eigenen Lernbedarfen und -prozessen wirkt sich auf die Lernkultur und auf die Art des Lernens der Mitarbeiter aus. Führungskräfte sollten also am besten transparent mit ihrem Lernen umgehen und Mitarbeiter an ihren Einstellungen und Lernprozessen partizipieren lassen.

Die Führungskraft als Lernkultur-Botschafter
Für Führungskräfte gibt es viele Möglichkeiten, auch im Sinne einer Lernkultur dazu beizutragen, das Lernen und Weiterbildung gelebte Werte sind. Allgemein können Freiräume zum Lernen, Lernzeiten, Übungsmöglichkeiten, aber auch die Förderung des Austauschs im Team Möglichkeiten sein, die Werte von Lernen erlebbar zu machen und damit selbst einen Beitrag zu einer positiven, lernförderlichen Unternehmenskultur zu leisten (weitere Informationen zur Lernkultur finden Sie im nächsten Kapitel).

Letztlich ist von Führungskräften in ihren (neuen) Rollen in Bezug auf die Transformation zum agilen Lernen und zum Lernen allgemein Selbstreflexion, Kreativität, Augenmaß und die intensive Kommunikation mit den Mitarbeitern gefordert. Denn um es noch einmal zu betonen: Die Kompetenzen in einem Unternehmen sind der Erfolgsfaktor für die Zukunft.

8.3 Führungskräfteentwicklung (FKE) in der agilen Welt

Während wir zu Beginn des Kapitels die Rolle der Führungskräfte bei der Entwicklung der Mitarbeiter im Fokus hatten, sollten wir nun auch die Entwicklung der Führungskräfte selbst betrachten. In einer schnell veränderlichen Welt steigt der Druck, sich selbst zu entwickeln, deutlich an. Die Zeiten, in denen man auf den oberen Karrierestufen »ausgelernt« hat, sind definitiv vorbei. Wie aber soll eine zeitgemäße Führungskräfteentwicklung aussehen?

Weltweit geben Unternehmen mehrere Milliarden Euro jährlich für Führungskräfteentwicklung (FKE) aus. Das meiste verpufft davon völlig nutzlos. Und warum? Sie stehen im Widerspruch zum Ziel!

Wie kann das sein? Die Masse der Maßnahmen zur Führungskräfteentwicklung basiert auf formalen Lernformaten, mehrtägigen Workshops, Kompetenzmodellen, Karrierestufen, Funktionsprofilen usw. Diese Formen der »Weisungsdidaktik« stehen im direkten Widerspruch zu den eigentlichen Herausforderungen der Führungskräfte, die in schwer vorhersehbaren Situationen die Handlungsfähigkeit (sozial) komplexer Organisationseinheiten gewährleisten sollen. Selten aber dürfen die Führungskräfte mitentscheiden, wie und was gelernt wird. Die individuellen Bedürfnisse sowie Stärken und Schwächen werden nur sehr bedingt beachtet, und spätestens bei der Zeitplanung kollidieren formale Formate und die Möglichkeiten eines Managers endgültig. Daher verwundert es nicht, dass sowohl die Beteiligung an den angebotenen Maßnahmen als auch das Angebot selbst mit steigender Hierarchiestufe zurückgeht. Der größte Teil der wirksamen Führungskräfteentwicklung passiert im Alltag oder in Eigeninitiative außerhalb der organisierten Personalentwicklung.

Wir benötigen einen völlig anderen Ansatz der Führungskräfteentwicklung!

Es gilt, auf drei Ebenen anzusetzen und die Logik der Führungskräfteentwicklung zu verändern:

- Individuelle Ebene: Mehr Eigenverantwortung und gruppenbasiertes Lernen erlauben der Führungskraft, ihre ganz individuelle Lernreise zu realisieren, von der Definition der Ziele über die Auswahl der Methoden bis zu Anpassungen an Veränderungen, die sich an vielen Stellen ergeben können.
- Organisationale Ebene: Stärkerer Zugriff auf nutzerorientierte Methoden wie Design Thinking, Fokus auf Lernerlebnisse, Experimente und Simulationen, und zwar eingebettet in den Arbeitsalltag oder arbeitsnahe Projekte.
- Methodenebene: Eine Verschiebung zur Kuratierung und Moderation statt der Vorgabe von Lerninhalten und Abarbeitung von Curricula. Lernen findet auf einer kollektiven Lernplattform statt (digital und real).

Interessanterweise lassen sich die Bedürfnisse der Manager bezüglich der eigenen Weiterentwicklung hervorragend mit den Agilen Werten und Prinzipien in Einklang bringen. Das Prinzip agiler Führungskräfteentwicklung kann dann lauten:

- Der Lerner entscheidet selbst, was er wann, wie und wo lernen will.
- Die Stärken stehen im Fokus – solange keine echten Schwächen vorhanden sind.
- Soziales Lernen steht im Vordergrund, über Peer-Consulting, Mentoring usw.
- Der Bezug zum individuellen Kontext/Arbeitsrealität ist gewährleistet.
- Der Start erfolgt analog eines Labs (also doch Workshops), wird aber schnell in praktische und nützliche Arbeit/Projekte für das Unternehmen überführt.
- Kreativität, Innovation, generell das Verlassen der gewohnten (Denk-)Strukturen wird aktiv herbeigeführt.

Dieses Verständnis der eigenen Lernprozesse unterstützt auch die Funktion als Vorbild im Wandel zur agilen Lernwelt. Dabei könnten die Grundelemente agilen Arbeitens auf die Führungskräfteentwicklung übersetzt werden:

- Product Owner des eigenen Lernprojekts sind die Führungskräfte selbst (Eigenverantwortung, Entwicklung)
- Backlog – individueller und priorisierter Entwicklungsplan mit den zugehörigen Maßnahmen
- Sprint – sinnvolle Entwicklungszyklen für die Maßnahme
- Team – Peer Group, also die gegenseitige Unterstützung im Lernnetzwerk
- SCRUM-Master – HR/PE/Trainer. Methodenverantwortung, z.B. bei der Auswahl von Lernformaten und Schaffung von Rahmenbedingungen

(Mentoring-Programm etc. etablieren). Didaktik der Weiterbildung und Koordination der Lernteams

- Standup-Meetings – Abstimmung der Maßnahmen, Vorstellung der Fortschritte, Peer-Consulting
- Retrospektive – Peer-Consulting + Simulation. Definition weiterer Entwicklungsschritte, Wissensmanagement

Dieser Shift in der Logik mag vielen Personalverantwortlichen als großes Risiko erscheinen, denn bisher gingen sie immer davon aus, dass die Ziele, Rahmenbedingungen und Maßnahmen vordefiniert sein sollten. Das ist nicht nachvollziehbar, denn wir erwarten von Führungskräften, dass sie Mitarbeiter verantwortlich führen und bei der Entwicklung helfen. Dabei dürfen sie niemals die klaren Geschäftsziele, die unternehmerisches Handeln erfordern, aus den Augen verlieren. Diese Führungskräfte sollen nicht in der Lage sein, das eigene Lernen in die Hand zu nehmen?

Umsetzung der agilen Logik der FKE
Wie könnte der Start in die neue, agile Logik der FKE aussehen? Ein möglicher Weg wäre dieser:

Die Stakeholder, das sind betroffene Teilnehmer, ihre Manager, Human Resources, externe Dienstleister, definieren in einem Vorab-Workshop gemeinsam, welche Ziele (in Abhängigkeit vom Purpose, der Vision des Unternehmens) ein FKE-Programm hat, wie es strukturiert und organisiert ist und welche Methoden zum Einsatz kommen. Wichtig ist hier, die Inhalte und Rahmenbedingungen für die praktischen, d.h. möglichst mit dem operativen Betrieb verknüpften, Lernformate (Praxisprojekte etc.) zu definieren und zu vereinbaren, also die Rollendefinition und Messkriterien festzulegen. Grundidee dabei ist: Die Teilnehmer wissen zu einem guten Teil selber, was sie benötigen und wo sie Kompetenzen erweitern wollen. Die anderen Stakeholder, HR und Dienstleister, unterstützen methodisch und in der praktischen Einbindung in den Arbeitsalltag (Manager).

Vorteile:
- Die Teilnehmer stehen hinter »ihrem« Programm und werden noch motivierter an der eigenen Kompetenzentwicklung arbeiten.
- Die Manager der Führungskräfte werden stärker eingebunden, erkennen den eigenen Anteil am Lernerfolg und die eigene Verantwortung, geeignete Rahmenbedingungen zu schaffen.
- Personalentwicklung: Je mehr die Teilnehmer über ein Programm wissen und es nach ihren Bedürfnissen mitgestalten können, desto mehr nehmen sie daraus mit. Die Wirksamkeit steigt unmittelbar, Verantwortung bei den

Teilnehmern, Evaluation wird von lästiger Pflicht zu selbstverantwortetem Handeln.

- Grundlagen der Motivation (vergl. D. Pink: https://www.youtube.com/watch?v=u6XAPnuFjJc) werden beachtet, selbstverantwortete Gestaltung plus professionelle Beratung ist: Purpose, Mastery, Autonomy.

Die nächste Konsequenz gilt für das operative Lernen. Fach- und Businessthemen werden in kleinen Gruppen erarbeitet und z. B. über selbstproduzierte Lernmedien anderen Teilnehmer zur Verfügung gestellt oder sogar nach dem Prinzip der internen Trainer vermittelt. Die anderen Teilnehmer und die »Trainer« geben Feedback. Die Trainer unterstützen beim Aufbau von Methodenkompetenz, Kommunikations- und Publikationskompetenz (»Talk like TED«, Produktion von Webvideos usw.) und liefern passenden Content als Anregung. Sie sind nur noch für Einzelthemen Trainer und agieren primär als Lernbegleiter, Coach, Sparringspartner und Community-Moderatoren.

Ein Beispiel für ein nach dieser Logik konzipiertes Entwicklungsprogramm, »Agile Transformation«, haben wir in den Anhang 11.5 aufgenommen.

Extraordinary Leadership – ein Entwicklungsansatz für die agile Welt
In der Diskussion der gängigen Logik von Führungskräfteentwicklung ist bereits angeklungen, dass wir die standardisierenden Elemente (Kompetenzmodell, Führungsprofile, Entwicklungsprogramme etc.) eher kritisch sehen. Für die VUCA-Welt sind individualisierte, praxisbezogene und flexibel an Veränderungen anpassbare Entwicklungsmöglichkeiten zu präferieren. Diese sollten in Eigenregie umsetzbar sein.

Nun stellen diese Anforderungen die für Führungskräfteentwicklung Verantwortlichen vor das gleiche Dilemma, dass die Führungskräfte mit ihren agilen Teams haben: Wie können wir sicherstellen, dass die übergeordneten strategischen Ziele nicht aus dem Auge verloren werden und sich die Gesamtgruppe der Führungskräfte so weiterentwickelt, dass diese alle Anforderungen des Unternehmens erfüllt? Es bedarf also doch einer wie auch immer gearteten Methodik oder eines Zielmodells, das eine gewisse Koordination erlaubt.

Für ein derartiges Modell bietet sich hier der Ansatz des Extraordinary Leadership von Zenger und Folkman an. Die Kompetenzforscher John Zenger und Joseph Folkman haben Anfang der 2000er-Jahre die Zusammenhänge der Führungsqualität mit den individuellen Kompetenzen der Führungskräfte untersucht. Sie haben dazu die 360°-Feedbacks von über 20.000 Führungskräften (über 200.000 Datensätze) unterschiedlicher Branchen ausgewertet und eine Reihe von Zusammenhängen gefunden, die für die Entwicklung exzellenter Führung sehr hilfreich sind. Bis heute wurden über 50.000 Führungskräfte weltweit mit über 1.5 Mio. Datensätzen in die Untersuchungen einbezogen, wobei die ursprünglichen Erkenntnisse bestätigt werden konnten (Zenger, Folkman 2009, 2014).

Der früher eher intuitive Zusammenhang von Führungsleistung im Sinne des Modells und Unternehmenserfolg konnte eindeutig gezeigt werden. Alle Erfolgsparameter, von Mitarbeiter- und Kundenzufriedenheit bis Umsatz und Gewinn waren mit der Bewertung der Führungsleistung korreliert. Etwas überraschend war die Erkenntnis, dass der Abstand zwischen schlechten und guten Führungskräften genauso groß ist wie der zwischen den gut bewerteten Führungskräften und den Spitzenleistern. Für eine Organisation gerade in Branchen mit schwierigen, veränderlichen Rahmenbedingungen bedeutet dies, dass es mehr Sinn macht, die vorhandenen guten Führungskräfte weiter zu entwickeln und zu Top-Leistungen zu führen. Dies ist erfahrungsgemäß deutlich einfacher, als die schwächeren Führungskräfte (mit viel Aufwand) zu sehr wahrscheinlich nur mittelmäßigen Leistungen zu bringen.

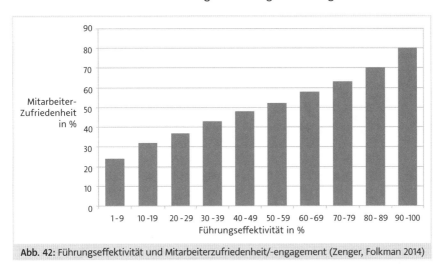

Abb. 42: Führungseffektivität und Mitarbeiterzufriedenheit/-engagement (Zenger, Folkman 2014)

Die Ergebnisse der Untersuchungen zeigten weiterhin, dass auch die exzellent bewerteten Führungskräfte bei weitem nicht perfekt waren. Sie wiesen in der Regel zwei bis drei herausragende Stärken auf und keine »fatalen Schwächen«. Als fatale Schwächen galten gering ausgeprägte Kompetenzen, die für den Erfolg in der jeweiligen Funktion wichtig sind. Bei den Stärken waren interessanterweise nur 16 Kompetenzen relevant, die für den Unterschied zwischen guten und exzellenten Führungskräften entscheidend sind. Liegen besonders stark ausgeprägte Kompetenzen vor, können sie erkennbar geringer ausgeprägte Kompetenzen positiv überlagern. Auch die Top-Führungskräfte sind nicht perfekt, brauchen es aber auch gar nicht sein.

Ergebnis-orientierung	Veränderungen vorantreiben	Charakter	Interpersonelle Fähigkeiten	Individuelle Fähigkeiten
• Handelt er-gebnisorientiert • Setzt heraus-fordernde Ziele • Ergreift Initiative	• Entwickelt strategische Perspektive • Zeigt Verände-rungsinitiative • Verbindet und repräsentiert die Organisation nach Außen	• Zeigt hohe Integrität und Ehrlichkeit	• Kommuniziert kraftvoll und effektiv • Inspiriert und motiviert andere zu Höchst-leistungen • Baut Bezieh-ungen auf • Entwickelt und fördert andere • Zusammenarbeit und Teamwork	• Technische/berufliche Erfahrung • Problemlösung und -analyse • Innovation • Entwickelt sich selbst weiter

Abb. 43: 16 Kompetenzen außergewöhnlicher Führungskräfte
(Quelle: modifiziert nach Zenger, Folkman 2009)

Für die Entwicklung von Führungskräften ergeben sich bis hierher bereits hilf-reiche Erkenntnisse. Sofern eine Führungskraft über eine solide Grundquali-fizierung verfügt, kann eine sehr gezielte Weiterentwicklung der vorhande-nen Stärken erfolgen. Mit großer Wahrscheinlichkeit wird es sich um Bereiche handeln, in denen ohnehin ein größeres Interesse besteht, gute Grundlagen vorhanden sind und am Ende auch eine gewisse Leidenschaft. Dies sind beste Voraussetzungen, noch besser zu werden und gezielt an zwei bis drei Kom-petenzen zu arbeiten. Das lässt sich auch in einem anspruchsvollen Tagesge-schäft gut realisieren (Hübner, Edelkraut, 2015).

Die Entwicklung von Stärken weist in der Praxis allerdings eine Schwierigkeit auf. In den Bereichen, in denen ein Mensch bereits gut ist, hat er längst ei-nige Energie und Zeit in die Erreichung dieses Zustandes investiert. Eine Wei-terentwicklung erfordert daher ein deutlich fokussiertes und zielgerichtetes Handeln als bisher. Die Forschung von Zenger und Folkman zeigt, dass auch bei der Kompetenzentwicklung von Führungskräften ein Effekt genutzt wer-den kann, der im Sport bereits länger üblich ist: das Cross-Training. Hierunter versteht man die Entwicklung von Fähigkeiten, die mit der zu entwickelnden Kompetenz nur indirekt zu tun haben, aber helfen, die Gesamtleistung zu steigern. So kann ein Golfspieler, der viel an seinem Schwung gearbeitet hat, über ein Mentaltraining seine Leistung im Turnier oder ein Marathonläufer über Ernährungsumstellung die Leistung seines Körpers steigern.

Für die 16 Kernkompetenzen von Zenger und Folkman existieren jeweils fünf bis zwölf Begleitkompetenzen, d.h. Kompetenzen, die im Sinne eines Cross-Trainings gesteigert werden können und gleichzeitig die Leistung in der Kern-kompetenz heben.

Für die Führungskräfteentwicklung in der VUCA-Welt sind diese Erkenntnisse deswegen besonders wichtig, weil sie erlauben, für jede einzelne Führungskraft zu entscheiden, welche der vorhandenen Stärken weiter ausgebaut werden sollen, und für diese Stärken dann im Arbeitsalltag verankerte Entwicklungsmaßnahmen zu definieren. Über wiederholtes 360°-Feedback ist die Entwicklung messbar, und bei Veränderungen können auch die einzelnen Zielkompetenzen und zugehörigen Maßnahmen neu definiert werden. So kommt die Führungskräfteentwicklung den Prinzipien und Erfolgstreibern der modernen Wirtschaft – Individualisierung, Agilität, Produktivität – sehr nahe.

Gute Führung = Schnelle Führung?
Digitalisierung und die Nutzung agiler Methoden ziehen einige Konsequenzen für das Organisationsdesign, Lernumgebungen oder Teamrollen nach sich. Eine weitere der vielen Konsequenzen ist die Veränderung der Führungsrolle, über die bereits viel geschrieben wurde. Hier wollen wir einen Aspekt beleuchten, der auf folgende Frage zurückgeht: Wenn sich in der modernen Wirtschaft alle Prozesse beschleunigen, muss sich dann auch die Geschwindigkeit von Führung erhöhen?

Führung beschleunigen? Wie soll das gehen? Gerade Topmanager sind von der zunehmenden Arbeitsverdichtung in den letzten Jahren besonders betroffen. Ein Blick in einen typischen Kalender zeigt dies überdeutlich. Somit könnte ein bereits heute kritischer Zustand in der agilen Welt noch kritischer werden. Es ist offensichtlich, dass die Wartezeit auf Termine mit Managern oder die Dauer von Entscheidungen kürzer werden müssen.

Die daraus häufig abgeleitete Forderung lautet: Führung muss schneller werden!

Jetzt werden die Vertreter der agilen Welt diese Forderung als Beleg dafür nehmen, dass mehr Verantwortung und Handlungsspielraum an die Teams delegiert werden müssen. Dies mag zukünftig erstrebenswert sein, in der aktuellen Übergangsphase hilft es jedoch kaum weiter. Die gegebenen Rahmenbedingungen, man denke nur an die Gesetzeslage bei Arbeitsrecht und Mitbestimmung sowie die noch nicht ausreichend entwickelte Motivation und Kompetenz der Mitarbeiter, lassen dies nur teilweise zu.

Bedenken gegen eine Beschleunigung von Führung sind auch aus einem anderen Blickwinkel zu erwarten. Es gibt viele Menschen, die Geschwindigkeit und Qualität/Leistung als Gegensatzpaar sehen. Dies ist falsch! Es ist ein Trugschluss anzunehmen, dass schnelle und hochwertige Führung nicht zusammenpassen.

In vielen Funktionen gehören hohe Geschwindigkeit und Qualität untrennbar zusammen. Denken Sie an einen Chirurgen, der fachlich korrekt (zum angestrebten Ergebnis) und schnell (kurze Narkosezeit und geringeres Infektionsrisiko) operieren muss. Auch der Spitzenkoch wird stets hochwertig (exzellenter Geschmack und perfekte Optik) und gleichzeitig schnell (die Teller aller Gäste eines Tisches zur gleichen Zeit und warm) arbeiten. In vielen Branchen bedeutet Professionalität, exzellent und schnell zugleich zu sein.

Das gleiche gilt für die Rolle der Führungskraft. Entscheidungen sind fundiert und zeitnah zu treffen, Feedback präzise und umgehend zu geben usw. Schnelle Führung ist bessere Führung. Dies beweist auch die Forschungsarbeit von Jo Folkmann und Jack Zenger, den Organisationsexperten aus den USA.

Bei der Frage, wie die Geschwindigkeit von Führung (Leadership Speed) wahrgenommen wird und die Ergebnisse der Organisation beeinflusst, zeigten sich eindeutige Ergebnisse. Von allen befragten Mitarbeitern und Führungskräften sagten:
- 83%: I feel that I am often expected to move faster and do more.
- 61%: Too often I am frustrated that our organization moves too slow and gets stalled.
- 70%: If this organization were to move faster, it would substantially influence our success.

Von den als besonders gut bewerteten Führungskräften (360°-Feedbacks) waren 74% besonders schnell, aber nur 13% arbeiteten eher langsam.

Die anstehende agile Transformation ist eine exzellente Gelegenheit, den eigenen Führungsstil nicht nur an agiles Arbeiten anzupassen, sondern auch die Geschwindigkeit zu erhöhen. Eine Hürde ist dabei jedoch zu nehmen: Nahezu alle Führungskräfte werden von sich behaupten, bereits schnell zu arbeiten und wenige Chancen zu sehen, noch schnellere Leistung zu erbringen. Es fehlt am Wissen darum, wie die entsprechende Kompetenzentwicklung gestaltet werden kann. Auch hier bietet die Arbeit von Zenger und Folkman einen Ansatzpunkt. Sie haben acht Kompetenzen identifiziert, deren Entwicklung in einem Cross-Training-Ansatz (s. o.) automatisch zu größerer Führungsgeschwindigkeit führt:

Abb. 44: Die acht Kompetenzen, die Führungskräften helfen, schneller zu führen. (Quelle: Folkman 2015, 2016)

Zusammengefasst ist die aktuell anlaufende Agile Transformation in vielen Unternehmen die ideale Gelegenheit, auch die eigene Führungsleistung zu steigern. Auch und ganz besonders durch mehr Leadership Speed!

Literatur

Deloitte: Global Human Capital Trends 2016: http://www2.deloitte.com/us/en/pages/human-capital/articles/introduction-human-capital-trends.html

Hübner C., Edelkraut F. (2015) Extraordinary Leadership – Führung im Gesundheitswesen, ZFPG 2016 http://de.slideshare.net/fredel00/fhrung-im-gesundheitswesen-51101540

Jo Folkman; 8 Ways To Get Work Done Faster: http://www.forbes.com/sites/joefolkman/2015/03/23/8-ways-to-get-work-done-faster/#39eac21975f9

Jo Folkman, The Key to Organizational Agility – Leadership Speed (August 2016) http://zengerfolkman.com/webinars/

PwC: The hidden talent: 10 ways to identify and retain transformational leaders: http://www.pwc.co.uk/services/human-resource-services/human-resource-consulting/under-your-nose-ten-ways-to-identify-and-retain-transformation-leaders.html

Zenger J. H., Folkman J. R. (2009) The Extraordinry Leader, McGraw Hill, New York

Zenger J. H., Folkman J. R. (2012) How to be Exceptional, McGraw Hill, New York

9 Unternehmen: individuelles vs. organisationales Lernen

Nicht nur Individuen, auch Organisationen oder Teile davon wie einzelne Teams lernen. Bei genauerem Hinsehen handelt es sich jedoch stets um individuelle Veränderungen und Verhaltensweisen, die in ihrer Gesamtheit und Koordination das organisationale Lernen ausmachen. Bei allen Themen des Organisationslernens entsteht eine komplexe Gemengelage aus den individuellen Lernprozessen und einer notwendigen übergeordneten Konzeption und Steuerung, die durch die Lernkultur positiv beeinflusst werden.

9.1 Lernkultur als Grundlage einer lernenden Organisation

Wie bereits oben erläutert, sind Organisationen wesentlich von den Kompetenzen und dem Wissen der Mitarbeiter abhängig, die natürlich entsprechend der Veränderungen des Arbeitskontextes und neuer Herausforderungen (Stichworte: Digitalisierung, Technologisierung) stetig weiterentwickelt werden müssen. Dazu bedarf es entsprechender Rahmenbedingungen. Eine förderliche Lernkultur, in der Weiterbildung und Lernen gelebte Werte sind, ist von daher wichtig für die Anpassungsfähigkeit von Mitarbeitern und Organisation.

9.1.1 Was ist Lernkultur

Der Begriff »Lernkultur« meint die Kultur des Lernens und Lehrens in einem Unternehmen. Um die bisher beschriebenen und geforderten Änderungen des Lernens und der Personalentwicklung zu unterstützen und zu begleiten, muss sich auch die Lernkultur wandeln. Sowohl das Topmanagement, die Führungskräfte als auch die Mitarbeiter und die Trainer bzw. Ausbildungsverantwortlichen nehmen unserer Meinung nach darauf Einfluss und können diese aktiv mitgestalten. Aber wie kann eine agile Lernkultur etabliert und verändert bzw. gestaltet werden und welche Denkmuster müssen wir dafür abwerfen?

In einer Studie, die 2013 gemeinsam von Wissenschaftlern des Instituts für Performance Management (IPM) der Leuphana Universität Lüneburg und dem Versandhandelsunternehmen OTTO erstellt wurde, findet sich darauf eine treffende Antwort: »Grundlage muss die Verankerung lern- und entwicklungsbezogener Aspekte innerhalb der Unternehmensphilosophie sein, die es zunächst zu formulieren gilt und die von den jeweiligen Führungskräften und nicht zuletzt auch von der Unternehmensführung vorgelebt werden müssen. Entscheidend für den Erfolg einer Lernkultur ist die Bereitschaft zur Veränderung. Sowohl Lernende als auch Lehrende müssen sich in neue Rollen einfinden und neuen Formen des Lernens offen begegnen.« (IPM, 2013)

Drei Ebenen sind für die Schaffung einer nachhaltigen Lernkultur relevant:

Ebene	Beschreibung
Normative Ebene	auf das Lernen bezogene Werte, Normen und Einstellungen
Strategische Ebene	organisationale Rahmenbedingungen, die Lernen nachhaltig fördern sollen
Operative Ebene	Umsetzung auf Ebene des Mitarbeiters, Teams oder Unternehmens

Tab. 7: Ebenen einer Lernkultur (eigene Darstellung)

Viele Unternehmen scheinen allerdings bisher nicht den Fokus auf eine fördernde Lernkultur gelegt zu haben. Insgesamt schätzten in der LEKAF-Studie nur 8 % der Befragten die Lernkultur in ihrem Unternehmen als gut ein. Konkret bewerten jüngere (unter 21 Jahre: 27 %) die Lernkultur zwar deutlich positiver ein als ältere Mitarbeiter (51 bis 60 Jahre: 6,6 %), allerdings besteht auch hier Verbesserungspotenzial. Ob es an der unterschiedlichen Wahrnehmung der Lernkultur oder einem unterschiedlichen Bild einer guten Lernkultur liegt, kann hier nicht geklärt werden. Allerdings sind Herausforderungen des demographischen Wandels im Bereich der Lernkultur offensichtlich.

Die LEKAF-Studie zeigt außerdem, dass lediglich bei einem Drittel der Befragten (29 %) Werte wie Lernen und Weiterbildung im Unternehmen (normative Ebene) tatsächlich gelebt werden.

Dabei spielen ganz konkrete Elemente wie die Schaffung von Rahmenbedingungen (strategische Ebene) wie z.B. Internetzugang, Lernzeiten und -orte, Austauschangebote und -förderung durch kollegiale Beratung sowie Hospitationsmöglichkeiten eine wichtige Rolle. Mit diesen können Sie eine entsprechende Kultur fördern.

Auch die Bedeutung von Lernen und Entwicklung in persönlichen Mitarbeitergesprächen ist ein Grundpfeiler einer wertschätzenden Lernkultur (operative Ebene). Zum Beispiel können im Rahmen solcher Gespräche Perspektiven und Anreize für Weiterbildung und Lernen geschaffen werden. Damit wird dem selbstorganisierten Lernen einzelner Mitarbeiter Rechnung getragen. Mitarbeiter, die durch eigenverantwortliches Lernen neue Kompetenzen erwerben, ihre Arbeitsaufgaben dadurch besser bearbeiten und neue Anforderungen gut handhaben können, erhalten in persönlichen Mitarbeitergesprächen sowohl Anerkennung ihrer Bemühungen als auch ggf. Unterstützung bei Schwierigkeiten.

Laut LEKAF-Studie spielt allerdings nur bei einem Viertel der Befragten (26 %) das Lernen in den Gesprächen überhaupt eine Rolle. Lernen muss hier also im Sinne einer lernförderlichen Kultur noch viel mehr an Bedeutung gewinnen.

Die Debatte bzw. der Wunsch nach einer neuen und effektiveren Lernkultur hat auch »[...] eine provokative, kreative Funktion: Sie soll ein Nachdenken darüber anregen, ob das Gewohnte tatsächlich noch zeitgemäß ist, ob sich das Selbstverständliche tatsächlich von selber versteht, ob ungewöhnliche Lernorte ohne weiteres auch lernintensiv sind [...]« (Siebert, 2002)

Um Lernkultur neuzudenken, empfiehlt es sich, mit der Diagnose der vorhandenen Lernkultur zu starten. Dafür gibt es u.a. als Instrument den Lernkulturinventar (LKI) von Sonntag et. al. (2003).

Der LKI besteht aus neun Dimensionen:

Dimension	Unterkategorien
1. Lernen als Teil der Unternehmens-philosophie	<ul><li>lernorientierte Leitlinien</li><li>Umsetzung der lernorientierten Leitlinien</li><li>Erwartungen an lernende Mitarbeiter</li></ul>
2. Organisationale Rahmenbedingungen des Lernens	<ul><li>organisationale Strukturen</li><li>Entgelt- und Anreizsysteme</li><li>Arbeitszeitregelungen</li><li>lernen durch arbeits- und organisationsbezogene Veränderungen</li></ul>
3. Aspekte der Personalentwicklung im Unternehmen	<ul><li>Stellenwert der Personalentwicklungsarbeit</li><li>strategische Ausrichtung der Personalentwicklung</li><li>Reichweite und Nutzung von Personalentwicklungsmaßnahmen</li><li>Qualitätssicherung der Personalentwicklungsmaßnahmen</li></ul>
4. Kompetenzentwicklung der Mitarbeiter	<ul><li>Kompetenzmessung</li><li>Kompetenzentwicklung</li></ul>

Dimension	Unterkategorien
5. Lern- und Entwicklungsmöglichkeiten im Unternehmen	<ul><li>gruppenbezogenes Lernen</li><li>informelles Lernen</li><li>selbstorganisiertes Lernen</li><li>eigenverantwortliches Lernen zur beruflichen Entwicklung</li><li>mediengestütztes Lernen</li><li>Transfersicherung</li></ul>
6. Lernorientierte Führungsleitlinien und -aufgaben	<ul><li>lernorientierte Führungsleitlinien</li><li>lernorientierte Führungsaufgaben</li></ul>
7. Information und Partizipation im Unternehmen	<ul><li>Informationswege und -möglichkeiten</li><li>Partizipationsmöglichkeiten bei der Gestaltung von Lernen und Personalentwicklung</li><li>lernen durch Wissensaustausch</li></ul>
8. Lernkontakte des Unternehmens mit seiner Umwelt	<ul><li>Ausbau und Pflege von Netzwerken und Kontakten</li><li>Benchmarking als Lernprozess</li></ul>
9. Lernatmosphäre und Unterstützung durch Kollegen	<ul><li>Wahrnehmung und Förderung von Atmosphäre und Unterstützung</li></ul>

> **!** **Tipp: Vertiefung des LKI**
>
> Weitere Informationen zum LKI finden Sie unter: Das Lernkulturinventar (LKI) — Ermittlung von Lernkulturen in Wirtschaft und Verwaltung
> Autoren: Prof. Dr. Karlheinz Sonntag, Dr. Ralf Stegmaier
> https://www.dgfp.de/wissen/personalwissen-direkt/dokument/61597/herunterladen

Im Anschluss an die Lernkulturanalyse werden geeignete Interventionen identifiziert, durch die die bestehende Lernkultur der beteiligten Bildungsorganisationen weiter entwickelt und die Potenziale von »Social Business Learning« genutzt werden können.

Kultureller Wandel fängt in den Köpfen der Menschen an! Die Elemente einer Lernkultur im Sinne einer lernenden Organisation müssen von den Lernenden akzeptiert und erfolgreich angewendet werden können. So gesehen identifiziert Sabine Seufert[22] zwei Entwicklungsrichtungen im Rahmen der Lernkultur für die Personalentwicklung: 1) Förderer intensivierter Kommunikation und Zusammenarbeit in der Gesamtorganisation (»Promotor einer Mitmachkul-

---

22 http://www.zfo.de/download/jahresinhaltsverzeichnis/zfo_Inhaltsverzeichnis_2011.pdf

tur«) und 2) Gestalter von Lernkultur und Change-Agent im Hinblick auf die Einstellungen zum Lernen.

Mythen über die Lernkultur – Denkmuster, die zu verwerfen sind
Im Laufe der Zeit haben sich einige Mythen über die Lernkultur herausgebildet. Diese stehen deren Weiterentwicklung nun im Wege und müssen erst benannt und verworfen werden, um fortfahren zu können. Arnold entlarvt beispielsweise folgende der »überlieferten und verinnerlichten ›Selbstverständlichkeiten‹ des Umgangs mit Lehren und Lernen« (Arnold 2005, S. 2):

- *Lehren und Lernen werden voneinander getrennt betrachtet* in dem Sinne, dass Lerner nicht lehren und Lehrer nicht lernen. Damit verbindet sich der Trugschluss, dass Lehren notwendige Voraussetzung für Lernen sei, sprich nur gelernt wird, wenn gelehrt wird. Das Leitmotiv pädagogischen Handelns liegt demnach in der Motivation der Lernenden. Diese Annahme übersieht aber, dass das Lernsubjekt sich nur selbst motivieren kann, was ihm dann gelingt, wenn es seine eigenen Lerninteressen verfolgen kann.
- Das Lernen Erwachsener ist in institutionalisierter Form durch eine *Synchronisierung des Lernens* der einzelnen Lerner zu organisieren. Dieses »Lernen im Gleichschritt« bedingt, dass individuelle Lernprozesse einer Gruppe aus Sicht des Lehrenden einander angeglichen werden und somit nur ein einheitlicher Prozess durchlaufen wird. Dieser Gedanke übersieht die Vielfalt der Differenzierungs- und Distribuierungsformen, die heute vor allem durch elaborierte Formen des E-Learnings möglich werden.
- Die *Lehrerdominanz* drückt sich auch darin aus, dass die Kenntnis von und die Entscheidung über den Einsatz von Methoden meist auf die Lehrenden beschränkt bleibt. Sie entscheiden, welche Methode wann anzuwenden ist, was Selbstlernkompetenzen der Lernenden weder voraussetzt noch fördert.
- *Lerninhalte und Lerngegenstände sind oftmals überliefert.* Sie werden gewählt, weil ihnen eine generelle oder auch kulturelle Bedeutung zugemessen wird. Allerdings folgt diese Vorstellung einer »intellektualistischen Illusion«, nämlich dem Glauben, Wissen bzw. der Erwerb von Kenntnissen eines bestimmten Fächerkanons sei für die Kompetenzentwicklung maßgebend. Allerdings berücksichtigt dies weder die Veränderung des Wissens in der Wissensgesellschaft noch die hohen Vergessensquoten bei der Wissensvermittlung.
- Das Bildungssystem folgt einer *Gleichheitsillusion*, die sich aber auf Grund der Selektions- und Allokationsfunktion der Bildungsinstitutionen als ein uneinlösbares Versprechen entpuppt. Lehr- und Lernprozesse stellen sich so häufig als Machtbeziehungen dar, in denen sich die vorherrschenden gesellschaftlichen Ungleichheiten reproduzieren und das Lernen in den Kontext von Zwang und Nötigung rückt.
  (Quelle: http://www.die-bonn.de/doks/2005-lernkultur-01.pdf).

9.1.2 Eine Lernkultur für eine lernende Organisation

»Als lernende Organisation kann ein Unternehmen bezeichnet werden, das in der Lage ist, den sich ständig verändernden Umweltanforderungen durch geeignete Anpassungen im Inneren der Organisation zu begegnen. In einer lernenden Organisation sind die Menschen in der Lage, sich ständig weiterzu-entwickeln. Insbesondere sind Formen der Arbeitsorganisation nicht starr und endgültig, sondern so flexibel, dass die angebotenen Produkte oder Dienstleistungen ständig optimiert werden können. Die Lernende Organisation ist geprägt durch Informations- und Wissensmanagement.« (Die Akademie 2017)

Peter Senge machte den Begriff der lernenden Organisation durch sein Standardwerk »Die fünfte Disziplin: Kunst und Praxis der lernenden Organisation« bekannt. Senge bestätigt darin unsere bisherigen Grundannahmen: Führungskräfte können nicht alles wissen, in modernen, sogenannten lernenden Organisationen kommt es vielmehr auf starke Teams an.

Zahlreiche Beispiele der Vergangenheit haben uns gelehrt, dass strategische und strukturelle Veränderungen oft viel zu spät in Gang gesetzt werden. Der Notwendigkeit einer kompletten Reorganisation kann durch den Aufbau einer lernenden Organisation vorgebeugt werden! Organisationen sollten eine Kultur schaffen, die ständig in Bewegung ist, sich selbst kontinuierlich erneuert und vor allen Dingen vorausschaut!

Das Modell der lernenden Organisation geht mit einem bestimmten Verständnis von Führung und Zusammenarbeit im Unternehmen einher. Zunehmende Dynamik der Umwelt durch veränderte Marktbedingungen und Kundenbedürfnisse sowie Technologien und Digitalisierung erfordern eine gute Anpassungsfähigkeit von Organisationen. Starre hierarchische, direktive Strukturen können diesen Herausforderungen nicht mehr gerecht werden. Vielmehr werden Veränderungen gemeinsam gestaltet. Schnelle Reaktionen und Selbstveränderungen im Sinne eigener Weiterentwicklung der Organisation bedingen die Angepasstheit an relevante Umweltbedingungen. Unternehmen müssen Potentiale und Ressourcen nutzen, um den Anforderungen gerecht zu werden. Damit steigt die Lernfähigkeit des Unternehmens zum zentralen strategischen Erfolgsfaktor auf. Als Resultat werden umfassende Veränderungen mit hoher Veränderungsgeschwindigkeit das Unternehmen prägen und zu profitablem Wachstum und nachhaltiger Wertschöpfung führen.

Die Vorteile einer lernenden Organisation liegen auf der Hand, wie auch die nachfolgende Grafik noch einmal deutlich macht:

Abb. 45: Vorteile einer lernenden Organisation (4managers)

Das Buch »Die fünfte Disziplin« von Peter Senge beschreibt lernende Organisationen als Gruppen von Menschen, die einander brauchen und die im Laufe der Zeit kontinuierlich ihre Fähigkeiten ausweiten, um das zu erreichen, was sie kollektiv anstreben. Aus organisationspsychologischer Sicht ist eine lernende Organisation also eine Organisation, die systematisch strategische und zielgerichtete Lernprozesse anstößt und zukunftsorientiertes Lernen mit Erfahrungslernen kombiniert. Um eine lernende Organisation zu werden, sind nach Senge fünf »Disziplinen« erforderlich:

- Die erste Disziplin, Personal Mastery, bedeutet, dass Mitarbeitende (aber auch die Unternehmensführung) bestärkt werden, nach dem Ausbau ihrer individuellen Kompetenzen zu streben.
- In der zweiten Disziplin sollen die verschiedenen mentalen Modelle innerhalb der Organisation analysiert, thematisiert und gemeinsam weiterentwickelt werden. Mentale Modelle sind gedankliche »Bilder« von Zusammenhängen und Abläufen, z.B. wie eine bestimmte Maschine funktioniert oder wie eine Bestellung durchgeführt wird. Dies führt zu einem besseren Verständnis voneinander, beugt Missverständnissen vor und bietet eine gute Basis zur Erreichung einer gemeinsamen Vision.
- Die dritte Disziplin ist eine gemeinsame Vision der Organisation, sie gibt die Richtung vor, in welche die Entwicklung gehen soll. Damit Individuen sich einbringen, ist es wichtig, dass die Vision der Organisation mit individuellen Werten und Zielen grundsätzlich übereinstimmt.
- Die Disziplin Teamlernen meint die Weiterentwicklung von Wissen und Kompetenzen auf Team-Ebene, wie wir schon mehrfach angedeutet ha-

ben. Voraussetzung ist, dass gemeinsame Reflexion und Lernen aus Erfahrung gefördert und befürwortet werden.

- Die »fünfte Disziplin«, nach der das Buch benannt ist, ist das Systemdenken, d.h. das Erkennen von Systemzusammenhängen innerhalb der Organisation.

Fazit für die lernende Organisation: Obwohl die Konzepte der lernenden Organisation bekannt sind, fällt es vielen Organisationen schwer, sie umzusetzen. Oft verliert man eine oder mehrere der Disziplinen aus den Augen. Organisationen, die zielgerichtet Lernprozesse anstoßen und die zukunftsorientierte Weiterentwicklung fördern wollen, sollten sich deshalb regelmäßig die Zeit nehmen, nach Senge folgende Fragen zu reflektieren:

- Die gemeinsame Vision: Wie lautet die gemeinsame (Lern-)Vision unserer Organisation? Wie können wir sicherstellen, dass alle Mitarbeitenden die gemeinsame Vision mit tragen?
- Systemdenken: Wie hängen einzelne Bereiche unserer Organisation zusammen, die bisher immer getrennt voneinander gesehen wurden (z.B. Buchhaltung und Marketing), und wie können diese voneinander lernen?
- Mentale Modelle: Welche unterschiedlichen mentalen Modelle gibt es in unserer Organisation (z.B. von Entwicklung und Vertrieb) und wie können wir sie sichtbar machen?
- Teamlernen: Welche Möglichkeiten, Maßnahmen, Anlässe etc. gibt es in unserem Unternehmen für Team-Lernen? Wie können wir dieses Angebot weiter verbessern bzw. ausbauen?
- Personal Mastery: Auf welche Art und Weise werden in unserer Organisation Mitarbeitende motiviert, nach persönlichen Höchstleistungen zu streben?

9.2 Lernen als Erfolgsfaktor in der Unternehmensentwicklung

Mit dem Managementmodell der lernenden Organisation soll die Anpassungsfähigkeit von Unternehmen an ein dynamisches Umfeld sichergestellt werden. Das Lernen wird dabei als zentraler Erfolgsfaktor von Unternehmensentwicklungsprozessen (wieder-)entdeckt. Bei Garvin (1994) heißt es dazu: »Ohne Dazulernen laufen Unternehmen – wie Individuen – in den alten Gleisen, bleiben Veränderungen Kosmetik und stellen sich Verbesserungen entweder zufällig oder als kurzlebig heraus.«

Die lernende Organisation ist also ständig in Bewegung. Ereignisse werden als Anregungen für Entwicklungsprozesse verstanden. Damit ist eine Anpassung an Veränderungen und neue Anforderungen schnell und flexibel möglich. Die Organisation bleibt somit auch bei unvorhergesehenen Situationen handlungsfähig.

Verfolgt die Organisation eine gemeinsame Lernvision, entsteht außerdem ein anregendes, kreativitätsförderndes Klima, das zum einen den verbesserten Umgang mit Problemstellungen unterstützt und zum anderen eine lernfreundliche Umgebung schafft. Darüber hinaus erhalten Mitarbeiter durch die Vernetzung der Kommunikation, die Teilung und Weitergabe von Wissen eine ganzheitliche Sicht auf das Unternehmen und damit ihren Beitrag für den Erfolg. So werden unternehmerische Ziele nachvollziehbar und bilden die Basis für zielgerichtete Lernprozesse in der Organisation. Organisationsmitglieder können ihr Handeln und Lernen danach ausrichten und gestalten.

Dadurch wird nicht nur reaktiv gelernt, um zum Beispiel Risiken durch Veränderungen am Markt zu vermeiden oder Chancen zu nutzen. Vielmehr wird Lernen im Hinblick auf die Ziele der Organisation zweckgerichtet strategisch umgesetzt. Lernen nimmt nun Herausforderungen vorweg und ermöglicht der Organisation, proaktiv auf Veränderungen zu reagieren. Die Organisation kann außerdem den Markt aktiv gestalten und Impulse für Innovationen und Veränderungen anstoßen.

Zu unterscheiden ist demnach zwischen personenbezogenem Lernen und Wissen bzw. organisationalem Wissen, das zum einen auf dem individuellen Wissen der Organisationsmitgliedern gründet, zum anderen aber auch Wissen über Programme, Prozeduren, Routinen und Strategien etc. umfasst. Letztere leiten neben dem individuellen Wissen das Handeln der Organisationsmitglieder. Lernen umfasst also nicht nur die Ansammlung und Aktualisierung von Fachkompetenz und Wissen, sondern auch die Umstrukturierung von Prozessen innerhalb einer Organisation. Lernen findet konkret dann statt, wenn bisherige Prozesse und Routinen unter veränderten Rahmenbedingungen zu Fehlern führen, diese Fehler gesucht und behoben werden. Dies resultiert letztlich ggf. in der Veränderung der Routine bzw. Prozesse – die Organisation hat gelernt.

Hierbei kann man zwischen »single-loop« und »double-loop-learning« unterscheiden (H. Schuler, 2004. Organisationspsychologie. Hans Huber), wobei »double-loop learning« in der agilen Welt eine größere Rolle spielt:

- Single-loop-learning: Auftretende Diskrepanzen werden innerhalb der festgelegten Grenzen definierter Regeln und Strukturen der Organisation überwunden. Dabei wird die Prämisse des Handelns grundsätzlich nicht reflektiert oder in Frage gestellt. Es wird »nur« die Beseitigung von Symptomen angestrebt. Dies birgt allerdings die Gefahr, dass bei mangelnder Effizienz die Ursachen in fundamentalen Prinzipien der Organisation nicht erkannt werden. Stellt zum Beispiel ein Unternehmen fest, dass die Produktivität der Mitarbeiter zu niedrig ist, wäre im Falle des Single-loop-learnings als Reaktion der Organisation der Abbau von Belohnungs- und Prämiensystemen bis hin zur Entlassung leistungsschwacher Mitarbeiter denkbar.

- Double-loop-learning: Hier werden grundsätzlich die Regeln und Theorien, auf denen die Organisation gründet, in Frage gestellt. Daraus ergeben sich Möglichkeiten für weitreichende Veränderungen und Anpassungen der Organisation, zum Beispiel entsprechend der wirtschaftlichen Rahmenbedingungen. Exemplarisch wäre in Folge geringer Produktivität eine Maßnahme der Organisation, die grundsätzlichen Prozesse im Unternehmen zu prüfen (Leitfrage: Welche Faktoren beeinflussen die Produktivität?) und zu verändern. Dazu können u.a. Arbeitsprozesse optimiert oder Entscheidungsverfahren neu strukturiert werden. Gerade im Hinblick auf die zunehmende Dynamik der Technologisierung und Digitalisierung sind häufig fundamentale Veränderungen und eine hohe Anpassungsfähigkeit der Organisation unabdingbar, um sich weiterhin am Markt behaupten zu können.

Kontinuierliche Weiterentwicklung einer Organisation setzt voraus, dass alle Organisationsmitglieder ausreichende Kompetenzen für das Double-loop-Lernen besitzen und diese auch im Sinne der Organisation nutzen.

Anreize und das Aufzeigen von Perspektiven für das Lernen von Mitarbeitern im Sinne einer lernförderlichen Lernkultur unterstützen zusätzlich. Zentral ist dabei das gemeinsame Handeln in Lern- und Veränderungsprozessen. Ergänzende Reflexion als Kontrolle der Lernaktivitäten ermöglicht die Überprüfung von Lernfortschritten und ggf. -defiziten, die wiederum neue Lernprozesse begründen. Ein transparenter Umgang mit Fehlern erlaubt es den Organisationsmitgliedern, eigene Fehler aufzuzeigen und individuell sowie als Organisation aus ihnen zu lernen. Nach dieser Idee findet Lernen miteinander und vor allem voneinander – und das sowohl aus Erfolgen wie auch aus Misserfolgen – statt. Durch den ständigen Austausch von Wissen und Lernen werden Risiken in Entscheidungsprozessen reduziert. Abstimmung zwischen Führungskräften mit und zwischen den Mitarbeitern, dass bestimmte Probleme anders als bisher gelöst werden müssen, ist die Grundlage für dauerhafte Veränderungen des Regelsystems und bestehender Strukturen. Konkrete Handlungen der Individuen setzen den Konsens in Verhalten um, für das es die Wirksamkeit zu prüfen gilt.

Im Rahmen einer agilen Lernkultur verliert das Denken in Abteilungen und Hierarchieebenen an Bedeutung und Sinnhaftigkeit. Zum Beispiel werden Entscheidungen nicht mehr nach Hierarchieebene gefällt, sondern auf der Ebene mit der höchsten Kompetenz. Auf Mitarbeiterebene ergeben sich für das Konzept der lernenden Organisation folgende konkrete Effekte:

- Mitarbeiter werden zu Beteiligten und identifizieren sich mit der Organisation und ihren Zielen – die Grundlage einer lernenden Organisation ist eine angemessene lernförderliche Kultur.
- Klare Zieldefinition zeigt Mitarbeitern die Erwartungshaltung und macht Prozesse nachvollziehbar. Organisationsmitglieder werden durch dieses Konzept zu mehr Engagement angeregt und können somit durch innovative Ideen aktiv zum Unternehmenserfolg beitragen.
- Freiräume geben Mitarbeitern die Möglichkeit, optimale Lösungen zu finden und dabei Selbstvertrauen aufzubauen.
- Offene Kommunikation, Teamwork und Teamlernen unterstützen den gegenseitigen Wissensaustausch sowie das gemeinsame Verfolgen von Zielen der Organisation.
- Lernen umfasst sowohl die vorausgehenden Erfahrungen als auch die Integration und Verarbeitung von Informationen. Daraus werden neues Wissen abgeleitet und neue Handlungsmöglichkeiten eröffnet.
- Die Zusammenarbeit ist geprägt von gegenseitigem Respekt und Wertschätzung auch gerade im Hinblick auf Diversity. Die Vielfalt ihrer Mitglieder ist ein wesentlicher Teil der Kreativität und Anpassungsfähigkeit an neue Anforderungen der Organisation.

Exkurs: Learning Agility   **!**

Enterprise Agility

Today's business exists in a complex, unpredictable environment. The volume, speed, and scale of change is so impactful that it is disruptive and can derail an organization's strategy. As such, organizations are faced with this question:
How do we progress and stay competitive in this environment?
The answer: enterprise agility.
Enterprise agility is a company's ability to outperform the competition and drive growth in new, ambiguous situations by learning and adapting when confronted with foreseen and unforeseen circumstances, dilemmas, crises, and complex problems.
Learning agility drives enterprise agility.
So, what makes an enterprise agile? The level of learning agility among its employees and leaders. Learning agility is the ability and willingness to learn from experience, and subsequently apply that learning to perform successfully under new and first-time conditions. And in today's business climate, learning agility is what drives success and gives enterprises the adaptability to meet the unknown and thrive.
There are five factors of learning agility:

Delivers results in challenging first-time situations.

Extent to which an individual knows his or her true strengths and weaknesses.

Likes to experiment and comfortable with change.

Ability to examine problems in unique and unusual ways.

Skilled communicator who can work with diverse types of people.

Diagnose your enterprise agility.

To understand the agility of the enterprise, organizations need to assess the learning agility of their talent at the individual level. Korn Ferry's leading via-EDGE® self-assessment readily measures individuals' learning agility to gauge the organization's overall strategic agility while answering the key questions for leaders:

1. How learning agile is my organization overall?
2. How agile does my organization need to be given the business strategy we are pursuing?
3. Where in my organization do we need the most agility and how do we address and fill the gaps?
4. How can we drive further growth by maximizing the potential of our organization's talent?

The agility-to-business-strategy fit.

Once learning agility is measured, Korn Ferry can help organizations determine which factors of agility need to be strengthened, and how to build them within the workforce to achieve specific strategies. By measuring agility against business strategies, organizations can identify precise areas where their talent and strategy are aligned or where there are shortfalls. Organizations that identify this and take an agility-oriented approach to talent can then build enterprise agility that aligns with their key strategic priorities.

http://www.kornferry.com/enterprise-agility

9.3 Die lehrende Organisation als logische Weiterführung der lernenden Organisation

Frei nach dem Motto »Wenn wir nur wüssten, was wir wissen«, ist nicht nur das Lernen voneinander, sondern auch das Lehren für einander wichtig. Mitarbeiter müssen ihr Wissen weitergeben und im Rahmen von Workplace learning und sozialen Lernformaten andere Lerner in ihrem Kompetenz- und Wissensaufbau unterstützen.

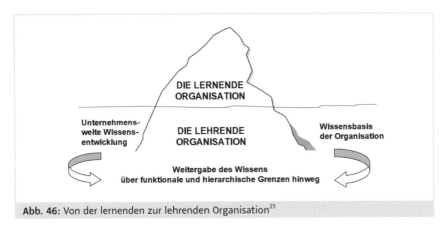

Abb. 46: Von der lernenden zur lehrenden Organisation[23]

Schlüsselqualifikationen sind neben den Lern- also auch die Lehrfähigkeiten von Mitarbeitern und Führungskräften. Gemeinsames Gestalten von Veränderungen durch Mitarbeiter und Führungskräfte ist ein permanenter Prozess des Lehrens und Lernens. Die Weitergabe mentaler Modelle, Werte, prozeduraler Regeln etc. gehört dazu.

Basis der lernenden Organisation ist somit eine lehrende Organisation, die Wissensentwicklungen organisationsweit nach innen trägt und damit die Wissensbasis der Organisation verändert. In diesem Rahmen wird Wissen über funktionale und hierarchische Grenzen hinweg weitergegeben. Dafür muss das Arbeitsumfeld entsprechend lernförderlich gestaltet sein. Folgende Elemente können dabei hilfreich sein:

---

23 http://docplayer.org/3190933-Fuehren-bedeutet-lehren-fuehrungsrollen-neu-definieren.html

ERFOLGSFAKTOREN	MISSERFOLGSFAKTOREN
➢Führung auf allen Ebenen	➢Führung von oben nach unten
➢Lehren und Interaktion	➢Befehl, Gehorsam und Kontrolle
➢Offene Kommunikation	➢Defensive Kommunikation
➢Teamwork	➢Passiv-aggressives Verhalten
➢Entwicklung von Selbstvertrauen	➢Reduzierung von Selbstvertrauen
➢Lehrfähigkeit auf allen Ebenen	➢Top-Down Lehrfähigkeit
➢Kollektives Wissen auf allen Ebenen	➢Wissensmonopol auf Top-Ebene
➢Jeder Mitarbeiter zählt	➢Mitarbeiter sollen arbeiten, nicht denken
➢Wachstum des Organisationswissen	➢Organisationswissen wird aufgezehrt
➢Schaffung positiver emotionaler Energie	➢Organisation ohne emotionale Energie
➢Grenzenlosigkeit im Unternehmen	➢Hierarchien und Abteilungen dominieren
➢Gegenseitiger Respekt	➢Furcht vor Vorgesetzten
➢Wertschätzung von Diversity	➢Einheitsdenken und Homogenität

Abb. 47: Elemente erfolgreicher lehrender Organisationen[24]

Im Sinne eines ganzheitlichen Ansatzes, muss PE sowohl Mitarbeiter als auch Führungskräfte gleichwohl in derartige Veränderungsprozesse einbinden.[24]

Literatur

Arnold, Rolf (2005): »Veränderungen der Bedingungen des Lehrens und Lernens: Lernkulturwandel«. In: Grundlagen der Weiterbildung – Praxishilfen, 59. Ergänz.-Lief., 1-17.

Die Akademie (2017) Lernende Organisation https://www.die-akademie.de/fuehrungswissen/lexikon/lernende-organisation

Gravin, D. (1994) Das lernende Unternehmen – nicht schöne Worte – Taten zählen; Harbard Business Manager 1994/1

Institut für Performance Management (2013) Lebenslanges Lernen als Chance begreifen http://www.leuphana.de/fileadmin/user_upload/Forschungseinrichtungen/ipm/files/Lebenslanges_Lernen_als_Chance_begreifen.pdf

Senge, P. (2008) Die fünfte Disziplin: Kunst und Praxis der lernenden Organisation. Stuttgart Klett-Cotta

Siebert, H. (2002): Neue Lehr-Lernkulturen – theoretische Grundlagen und praktische Beispiele. In: Grundlagen der Weiterbildung – Praxishilfen. 48. Ergänz.-Lief. August 2002, S. 1–19

Schüßler, I.; Thurnes, C. (2005)Lernkulturen in der Weiterbildung. Bielefeld: W. Bertelsmann https://www.die-bonn.de/doks/2005-lernkultur-01.pdf

Sonntag, Kh,; Schaper, N,; Friebe, J.(2003): Erfassung und Bewertung unternehmensbezogener Lernkulturen. Endbericht. Bereich Grundlagenforschung »Lernkultur Kompetenzentwicklung«. Berlin: Springer

---

24 http://docplayer.org/3190933-Fuehren-bedeutet-lehren-fuehrungsrollen-neu-definieren.html

10 Fazit

Lernen ist ein facettenreiches Themen, zu dem sich bereits viele Autoren geäußert haben. Beim agilen Lernen dagegen sieht es momentan noch anders aus. Einzelaspekte wie Lernformate (Jane Hart) oder der Wandel der Personalentwicklung (Schermuly et al.) werden zurzeit proklamiert, aber eine ganzheitliche Sichtweise fehlte bisher. Dabei ist agiles Lernen eng mit der agilen Arbeitswelt der Zukunft verbunden – und gleichzeitig eine Voraussetzung für sie. Ohne agiles Lernen wird die Transformation nicht gelingen!

Vor dem Implementieren des agilen Lernens steht allerdings immer erst die Frage nach dem »Why«: Warum soll Lernen agil werden?

Lernen wird zum kritischen Erfolgsfaktor für Unternehmen und für die Beschäftigungsfähigkeit der Mitarbeiter. Dabei orientieren sich Lernziele an den Anforderungen des Arbeitskontextes.

Personalentwicklung wird zum Förderer und Unterstützer der Leistungsfähigkeit von Individuen und Teams und nimmt u. a. die Rolle der internen Performance-Beratung ein.

Um Performance zu sichern, wird Lernen zu einem Teil der Arbeit und verschmilzt mit ihr. Dieses Verständnis muss sich in der Lernkultur der Unternehmen widerspiegeln. Dazu gehören auch der Umgang mit Fehlern und Freiheiten für die Selbststeuerung des Lernens. Zur Kultur gehört aber auch die Wertschätzung nicht-formalisierten Lernens. Das heißt, dass sich Bewerbungsgespräche, Karrieren, Entlohnungen etc. deutlich weniger an Abschlüssen, sondern an Kompetenzen orientieren sollten – und Kompetenzen kann man auf vielfältige Weise aufbauen.

Selbstgesteuerte, individualisierte Lernprozesse werden zunehmen; hier kommen dann die vielen interessanten und innovativen Lernformate aus dem dazugehörigen Kapitel 4 zum Tragen.

Damit diese greifen, müssen allerdings zunächst Lernkultur und die Rollen der Beteiligten in den Fokus rücken. Vielfach wurde vernachlässigt, dass der Wandel der PE einen Wandel der Anforderungen an die Beteiligten in sich birgt. Insbesondere den Mitarbeitern wurde und wird viel abverlangt, ohne sie darauf vorbereitet zu haben. Hier liegt einer der wesentlichen Ansatzpunkte: Mitarbeitern lernen, agil und selbstgesteuert zu lernen – mit Unterstützung der Organisation.

Bisher haben weder das Bildungssystem noch die Unternehmen das »Lernen zu lernen« ausreichend gefördert.

Hierin liegen der erste Schritt des Wandels und ein kritischer Erfolgsfaktor: Ohne die Mitarbeiter wird es nicht gehen. Aber auch ohne die Führungskräfte nicht – beide müssen sich ihren neuen Aufgaben bewusst werden.

Die Personalentwicklung hat dabei die schwerste Aufgabe: Sie muss gleichzeitig sich selbst und die Organisation ändern und Mitarbeiter bei dem Wandel unterstützen. Das braucht Wille, Neugier, Kompetenz, Energie und viel Mut. All das wünschen wir Ihnen!

11 Anhang

11.1 VUCA – die Historie des Begriffes im militärischen Kontext

Das Akronym VUCA wurde am US Army War College geprägt, um die turbulenten Szenarien zu beschreiben, die moderne Kriege und Auseinandersetzungen – Stichwort: asymmetrische Kriegsführung – zu beschreiben. Schließlich wurde das War College in VUCA University umbenannt, um auszudrücken, dass dies eine langfristige Veränderung ist.

Wie die VUCA-Logik das US Marine Corps beeinflusste, hat David Freedman in seinem Buch »Corps Business« im Jahr 2000 beschrieben. Wenn wir die vier zentralen Aussagen ansehen, wir schnell klar, wie VUCA zu verstehen ist und wo die Parallelen zur Wirtschaft liegen:

- Es ist besser, auf Basis eines unperfekten Plans schnell zu entscheiden als zu spät auf Basis eines perfekten Plans.
- Jeder versucht, die absolute Wahrheit zu finden. Das versuchen auch die anderen. Wenn Du also glaubst, die Wahrheit herausgefunden zu haben, wird sie sich wieder verändert haben.
- Wenn Zeit der entscheidende Faktor ist, handeln Marines, sobald sie eine gute Chance für Erfolg sehen. Unentschlossenheit ist schlimmer als eine mittelmäßige Entscheidung. Eine mittelmäßige Entscheidung, die zügig getroffen und umgesetzt wird, hat zumindest eine Chance auf Erfolg.
- Wenn Deine Entscheidungsschleife schlanker ist als die Deines Gegners, dann definierst Du das Handeln und den Verlauf des Kampfes.

Die Veränderung hinter VUCA bezieht sich auf die Veränderung der Kriegsführung, die nach dem 2. Irak-Krieg– der noch traditionell als Krieg zwischen Armeen geführt wurde – innerhalb weniger Jahre erfolgte. Nach 9/11 engagierten sich die Amerikaner im Kampf gegen El Kaida im Irak und die Taliban in Afghanistan und erkannten in diesem Zusammenhang, dass sich nahezu alle militärischen Konflikte verändert haben.

Welche Veränderungen vor allem im Fokus stehen, wurde 2011 vom Institute of Land Warfare Association of the United States Army in dem Dokument *TB_The_Squad_web.pdf* diskutiert. Wir empfehlen Ihnen hierzu, das folgende Video anzusehen. Es beschreibt, wie die US Army die Squad, d.h. die kleinste Kampfeinheit, zur Grundlage der Organisation gemacht hat. Heute sind die Squad Leader – in der US Army sind dies Leutnants – die entscheidenden Führungskräfte, und die restliche Organisation ist darauf ausgerichtet, deren

Handlungsfähigkeit zu gewährleisten. Dazu wurden vielfältige Veränderungen vorgenommen.

! **The Squad**

https://www.youtube.com/watch?v=GOc3J-QSSlw
TRADOC's Maneuver Center of Excellence at Fort Benning is leading a redesign of the Squad across the domains of leadership, training and materiel.
While technological improvements are important, it's combat-focused training and leader development that will improve squads the most. Success of the squad rests with training Soldiers and leaders to be agile, adaptive, and instinctive decision-makers.

Lassen Sie uns zunächst ein paar Aussagen aus dem Video wiederholen, um die Logik hinter Organisation und Führung der VUCA-tauglichen Squad zu verstehen.

What they need:

- training and development
- equipment
- tactics, techniques, procedures

Für die Squad Leader und die Mannschaften gilt:

- agile (Anm.: hier ist mobil/beweglich gemeint) and physically fit
- culturally aware
- knowledge of the environment
- prepared through blended, immersive training
- enabled with 21st century capabilities

- connected to the joint, interagency, intergovernmental, multinational environment
- empowered through mission command

Wenn wir uns die oben genannten Faktoren ansehen und überlegen, wo die Unterschiede zur Wirtschaft liegen, wird es – zumindest für die agile und digitale Wirtschaft – schwerfallen, viele davon festzustellen. Die Befähigung und Ermächtigung der Mitarbeiter in den wertschöpfenden Bereichen ist die zentrale Grundlage für Erfolg. Führungskräfte, die dies operativ unterstützen, und ein Topmanagement, das die notwendigen Rahmenbedingungen schafft und strategische Ziele (Sinnstiftung) definiert und kommuniziert, sind dafür nötig. Sehr spannend dürfte für viele Unternehmen der Vergleich sein, inwieweit der Mindset und die organisatorischen Konsequenzen im Vergleich zum vorgestellten Squad-Konzept sind.

> **In order to – um zu**
>
> Eine Voraussetzung für Engagement und Motivation ist für alle Menschen, einen Sinn für die eigene Handlung zu sehen. Im Militär werden Befehle daher nicht als reine Anweisung gegeben, sondern immer mit einer Erläuterung versehen. Bsp.: Squad X nimmt Hügel Y ein, um das eigene Artilleriefeuer zielgenauer leiten zu können. Reflexion: Wenn Sie als Führungskraft oder Experte andere Menschen zu einer Handlung bewegen wollen, liefern Sie dann immer einen Grund mit? Versuchen Sie es! Die Formulierung »um zu« sollte unverzichtbarer Bestandteil Ihrer Kommunikation sein.

Hier noch eine thematisch passende Literaturempfehlung: Ein sehr lesenswertes Buch ist Stanley McChrystals »Team of Teams« von 2015, in dem der ehemalige Oberbefehlshaber der internationalen Einsatzgruppe den Kampf gegen El Kaida im Irak beschreibt. Er zeigt darin auf, wie sich die gesamte Organisation im Kampf gegen den Gegner zunehmend agil organisiert und der zugehörige Transformations- und Lernprozessaussieht. Selbst wenn der militärische Bezug vielen nicht behagen wird, kann jede Organisation, die sich auf agiles Arbeiten vorbereitet, von diesen Erfahrungen profitieren!

Ein Aspekt, der im militärischen Kontext meist deutlich besser organisiert ist als in der Wirtschaft, ist das Lernen. Ein Beispiel hierfür ist der sogenannte After-Action Review, der von allen Spezialeinheiten verwendet wird. Nach jedem Einsatz wird ein solcher Bericht angefertigt, um Potenzial für Verbesserung zu identifizieren und zu dokumentieren.

Als Beispiel passt hierzu folgendes Video: https://www.youtube.com/watch?v=2NI_P0JkC-8&feature=youtu.be

Eine sehr ähnliche Berichtslogik verwendet übrigens auch die Lufthansa in ihrem Sicherheitsmanagement. Nach jedem Flug füllen die Piloten ein Flugprotokoll aus, in dem alle Vorkommnisse, auch die scheinbar irrelevanten, erfasst werden. Diese Protokolle werden alle zentral ausgewertet, und häufig zeigt erst der Vergleich sehr vieler Informationen in den Protokollen, welche Probleme und Risiken die Flugsicherheit beeinträchtigen.

Zurück zu den Marines: Ein weiterer Aspekt der Organisation des Marine Corps ist der hohe Stellenwert der Ausbildung. Auch hier lohnt ein tieferer Blick, da die zunehmende Entwicklung der Wirtschaft in Richtung VUCA dazu führt, dass wir bewährte Prinzipien übernehmen können. Marines werden vor allem darauf vorbereitet, unter hohem Stress adäquat zu agieren. Hierzu werden drei Bereiche adressiert:

- People (Menschen) – Vision & Strategie
- Processes (Abläufe) – Ziele & Planung
- Tools (Instrumente und Material) – personalisiertes, professionelles Lernen

Die Ausbildung und das kontinuierliche Lernen spielen somit eine zentrale Rolle. Dabei werden erneut drei Bereiche unterschieden:

- trainiere für Bekanntes, bilde für Unsicheres
- Training so realistisch wie möglich gestalten
- Cross-Training einsetzen

Bei allen drei Bereichen lohnt es sich für die Verantwortlichen der Personalentwicklung zu reflektieren, inwieweit die aktuell umgesetzte Personalentwicklung diesen Prinzipien (als Synonym für VUCA-Qualifizierung) entspricht oder ob es möglicherweise ein Ungleichgewicht zugunsten von Prinzipien und Maßnahmen gibt, die der stabilen Welt zuzuordnen sind. Dies ist nach unserer Erfahrung in vielen Unternehmen der Fall.

Weitere Anmerkungen und Anregungen:

- Haben Sie in dem Video bemerkt, welche Rolle ein gutes Marketing und gute Managementkommunikation spielen? Ob dieser Aspekt im Video gelungen ist, werden gerade Europäer möglicherweise bezweifeln. Das Beispiel zeigt jedoch, wie wichtig es ist, sich Gedanken über geeignete Kommunikationsformate zu machen, wenn Veränderungen angestoßen oder Lerninhalte vermittelt werden sollen.
- Ist Ihnen im Video zur Squad die neu geschaffene Rolle des »Enablers« aufgefallen? Hier wird explizit dafür gesorgt, dass die Teams so schnell wie möglich die Ressourcen bekommen, die sie gerade brauchen. Sind wir in unserem jeweiligen wirtschaftlichen Organisationskonstrukt so aufgestellt, dass die Teams bevorzugt bedient werden, oder ist die Organisation

noch auf die Befolgung von Regeln und Einhaltung von Prozessen ausgerichtet? Agil benötigt Enabler!

- Die zentrale Rolle der Aus- und Weiterbildung für die Squads ist kein neues Konzept. Jede Form von Hochleistungsteam erfordert viel Raum fürs Lernen, insbesondere in realistischen Simulationen und Übungen. Dafür ist entsprechend viel Zeit vorzusehen.

- Thema und Video könnten eine gute Chance zur Selbstreflexion bieten. Wie sind Sie an das Thema herangegangen? Welche Grundhaltungen, Vorurteile und Emotionen sind aufgetreten? Was sagt dies möglicherweise über Sie und Ihre Fähigkeit, in einer VUCA-Welt erfolgreich zu sein?

11.2 Agile Methoden, agiles Arbeiten und Personalmanagement

Agiles Arbeiten beruht auf Prinzipien, die viele Bereiche des Personalmanagements direkt oder indirekt betreffen. Die Aufbau- und Ablauforganisation (Organisationsdesign), Arbeitsplatzgestaltung, Lohn und Gehalt oder die Leistungsbeurteilung sind nur einige Beispiele. Für eine gelungene Transformation in eine agilere Zukunft ist die intensive Mitarbeit der Personalabteilung daher erfolgskritisch. Nicht zuletzt weil die Mehrheit der relevanten Veränderungen der Mitbestimmung durch den Betriebsrat, eventuell vorhandenen Tarifverträgen oder gesetzlichen Bestimmungen des Arbeitsrechtes unterliegen.

Für die große Mehrheit der Unternehmen ergibt sich somit der Bedarf, die eigene Situation zu analysieren und Entscheidungen zu treffen, wie mit angestrebten Veränderungen umzugehen ist. Zu diesen Entscheidungen gehört auch die Frage, wie die zukünftige Rolle der Personalabteilung aussehen soll.

Im Rahmen des vorliegenden Buches haben wir an vielen Stellen diskutiert, wie sich die zunehmende Agilisierung der Wirtschaft auf das Lernen in der Organisation auswirkt und was dies für die einzelnen Protagonisten bedeutet. In Kapitel 2 wollten wir diese Frage nicht diskutieren, da sie schnell komplex und umfangreich wird. Daher dieser Anhang, in dem wir den Spieß einmal umdrehen und diskutieren, was die zunehmende Nutzung agiler Methoden für das Personalmanagement allgemein bedeutet. Sie werden erleben, dass hier vielfältige Auswirkungen anstehen und die Lernkultur, die Personalentwicklung etc. nur Teilaspekte darstellen. Mit dem folgenden Kapitel wollen wir vor allem die Komplexität aufzeigen, die sich ergibt, und werden Lernen nicht tiefergehend diskutieren. Nach der bisherigen Lektüre dürfte eindeutig klar sein, dass es eine große Rolle für das Gelingen agiler Transformationen spielt.

Wie bereits geschrieben, ist eine agile Transformation vor allem ein Lernprozess, aber nicht nur. Also schauen wir einmal nach den anderen Aspekten.

Zur Erinnerung: Agile Methoden werden noch immer vor allem mit der Softwareentwicklung und der IT generell in Verbindung gebracht. Sobald agiles Arbeiten allerdings die »Blase« einzelner IT-Projekte verlässt, wird es automatisch ein Thema für die Personalabteilung, denn aus Sicht des Personalmanagements ist »agil« deutlich mehr als einzelne Methoden wie SCRUM oder ein Experiment mit Arbeitsformen und berührt nahezu alle Kernaufgaben der Personalabteilung.

Für Personaler macht es zunächst Sinn, das größere Bild und die generellen Veränderungen der Wirtschaftswelt, die strategischen Veränderungsprozesse und die methodischen Verschiebungen holistisch zu betrachten. Dann zeigt sich, dass »agil« nur eines von mehreren Themen ist, die ähnlichen Mustern folgen, vergleichbare Konsequenzen haben und geeignete Strategien für die zukunftsfähige Organisation des Unternehmens erfordern. Die alleinige Betrachtung einzelner agiler Methoden und deren Konsequenzen auf die Organisation wäre deutlich zu kurz gesprungen und würde wesentliche Aspekte außer Acht lassen.

Die moderne Wirtschaftswelt ist durch Globalisierung, Digitalisierung, agile Methoden, Industrie 4.0 und ähnliche Trends gekennzeichnet, die fast alle in eine Richtung wirken, die mit dem Akronym VUCA bezeichnet wird. VUCA steht für Volatile, Uncertain, Complex, Ambigious, d.h. eine Wirtschaft, in der schnelle Veränderungen, die immer schlechter vorhersehbar sind, zu einer steigenden Komplexität in nahezu allen Bereichen führt. Somit steigen auch die Widersprüchlichkeiten, die solide Managemententscheidungen erschweren, bei gleichzeitiger Notwendigkeit, schneller zu entscheiden.

Gemeinsamkeiten der Treiber dieser VUCA-Welt sind technische Fortschritte (Innovationen oder disruptive Geschäftsmodelle), zunehmende Vernetzung und Individualisierung. So ist ein zentrales Element der Industrie 4.0 die »Losgröße 1«, d.h. die Produktion von individualisierten statt vordefinierten Produkten. Ein Vorreiter ist die Automobilindustrie, die so viele Varianten an Fahrzeugen und Ausstattungen anbietet, dass in vielen Werken in einem Jahr keine zwei identischen Autos gebaut werden.

Für das Personalmanagement der Unternehmen ergeben sich daraus einige Konsequenzen. So wird das Personalmanagement internationaler, digitaler und zunehmend durch »Losgröße 1«, d.h. individuelle Lösungen für einzelne Mitarbeiter, geprägt sein. Für einen Funktionsbereich, der bis heute vielfach mit kollektiven Systemen und verpflichtenden Standards (einer Command & Control-Kultur und dem Wunsch nach Konformität) arbeitet, stellen einige Logiken der VUCA-Welt und des agilen Arbeitens somit eine große Herausforderung dar.

Bei der Diskussion agiler Methoden und agilen Arbeitens werden bisher, neben den Methoden selbst, vor allem die Konsequenzen auf die Führung der Teams und des Unternehmens als Ganzes betrachtet. Seltener diskutiert wird der nächste Schritt: die Veränderungen der Aufbau- und Ablauforganisation. In diesem Anhang soll am Beispiel des Personalmanagements aufgezeigt werden, welche Konsequenzen agile Arbeit haben und wie mit den notwendigen Veränderungen umgegangen werden kann.

Vorab ist festzustellen, dass zum jetzigen Zeitpunkt nur wenige Beispiele für die konkrete Bearbeitung der Fragen existieren, die durch agile Methoden im Personalmanagement aufgeworfen werden. Diese Beispiele eint, dass sie meist aus kleineren, relativ jungen IT-Unternehmen mit hochqualifizierten, relativ homogenen Belegschaften stammen. Diese Unternehmen sind ziemlich weit in ihrer »organisatorischen Agilisierung«, da sie als erste konsequent auf agile Methoden gesetzt haben und eine vergleichbar geringe organisatorische Komplexität aufweisen. So unterscheiden sie sich von der Mehrheit der Unternehmen unter anderem dadurch, dass sie nicht der Mitbestimmung ihrer Angestellten unterliegen, d.h. keinen Betriebsrat haben. Die Betrachtung der Konsequenzen agilen Arbeitens auf das Personalmanagement darf sich jedoch nicht nur auf diese Vorreiter konzentrieren, sondern muss umgekehrt von der Mehrheit der Unternehmen ausgehen.

Auch Großunternehmen und Mittelständler in klassischen Branchen nutzen agile Methoden zunehmend, nicht nur in der IT-Abteilung. Hier stellen sich die Konsequenzen agilen Arbeitens ganz anders dar, da HR-Systeme betroffen sind, die in den agilen Vorreiterunternehmen nicht vorhanden oder nicht relevant sind. Im weiteren Verlauf dieses Kapitels soll die fiktive Firma Meier GmbH als Muster dienen, um aufzuzeigen, wie eine erste Auseinandersetzung mit den notwendigen Anpassungen des Personalmanagements an die Herausforderungen der agilen Welt aussehen kann.

Die Meier GmbH sei ein mittelständischer Maschinenbauer im ländlichen Raum. Rund 1000 Mitarbeiter produzieren hochpräzise Maschinenkomponenten für die Investitionsgüterindustrie. In den letzten Jahren ist neben der Produktion auch das Systemgeschäft immer wichtiger geworden. Auf mittlere Sicht erwartet die Geschäftsführung, dass rund 50% des Umsatzes mit der Produktion von Standardprodukten und 50% mit komplexen Systemprojekten erwirtschaftet wird. Die Projekte werden meist als Verbundprojekte mit anderen Unternehmen durchgeführt, und zunehmend sind gemischte Projektteams in agilen »Task Forces« im Einsatz. Nicht nur die Programmierung von Steuerungssoftware und anderen IT-Applikationen, auch die Projektsteuerung selbst erfolgt nach agiler Logik, da die Projekte durch variable Kundenanforderungen und einen globalen Markt immer individueller und innovativer werden.

Mit der Nutzung agiler Methoden auch in anderen Bereichen als der IT kam es bei der Meier GmbH zu deutlichen Produktivitätssprüngen und höherer Kundenzufriedenheit, aber gleichzeitig sind vermehrt Konflikte und Reibungsverluste in der Organisation zu beobachten. Gerade die Mitarbeiter, die gerne und oft in agilen Teams eingesetzt sind, beschweren sich immer öfter über »unsinnige« Prozesse und die Führungskräfte in diesen Bereichen sind verunsichert, weil die bisherige Logik von Führung offensichtlich nicht mehr passt. Inzwischen hat auch der Betriebsrat Verstöße gegen bestehende Betriebsvereinbarungen moniert, etwa solche gegen die bestehenden Arbeitszeitregelungen oder der Einsatz von externen Freiberuflern im Crowd-Working, die vom Betriebsrat negativ bewertet wurden.

Für die Geschäftsleitung ist klar, dass dieser schleichende Prozess früher oder später massive Probleme verursachen wird. Nun soll geklärt werden, welche Konsequenzen agiles Arbeiten konkret hat und wie darauf am besten zu reagieren ist. Die »strategischen Leitplanken« für die Zukunft des Unternehmens gehen davon aus, dass agile und »klassische« Unternehmensteile parallel existieren werden. Die Produktion wird weiterhin auf höchste Qualität und Effizienz ausgerichtet sein und das vorhandene Schichtsystem nutzen. Die Projektorganisation wird sich flexibel an die Veränderungen im Markt anpassen und soll auch für innovative Ideen und Produktion, d.h. die Weiterentwicklung des Geschäftes, genutzt werden. Hier wird allerdings nicht auf agile Methoden fokussiert, sondern eine kontinuierliche Weiterentwicklung des eigenen Projektmanagements angestrebt. Agile Methoden sind nur ein Teilaspekt, das CCPM spielt ebenso eine Rolle wie die Lean Production und Kanban. Insgesamt ist die Situation durch große Verunsicherung bei den Führungskräften aller Ebenen gekennzeichnet, da schlicht niemand genau sagen kann, wie die Zukunft aussehen wird und wie der Weg dorthin professionell gestaltet werden kann.

Der Personalleiter, ein erfahrener Haudegen alter Schule, hat früh erkannt, dass die bestehenden HR-Systeme einen Teil der offengelegten Probleme verursacht haben und die Personalabteilung dringend analysieren muss, was zu tun ist. Er bittet einen seiner Mitarbeiter, der die Projektbereiche als HR

Business Partner betreut, mit ihm ein Tandem zu bilden und ein Konzept für das zukünftige Personalmanagement zu erarbeiten. Da der junge Kollege die agilen Methoden aus eigener Anschauung kennt und auch sonst moderne Instrumentarien nutzt, können beide die gesamte Bandbreite der relevanten Themen abdecken.

Da die Einführung der agilen Methoden in den Bereichen IT und Entwicklung quasi unter dem Radar erfolgte, d.h. von den Fachabteilungen ohne weitere Rücksprache mit dem Management etabliert wurden, sind sich die beiden Personaler zunächst nicht sicher, welche Aspekte des agilen Arbeitens welche Konsequenzen zeitigten. Daher wird zunächst eine Analyse vorgenommen. Hierzu werden die beiden Abteilungsleiter der IT und der Entwicklung gebeten, ihre Erfahrungen in einen sogenannten HR-Agility-Check einzubringen. Dieser orientiert sich an den Gestaltungsfeldern des Personalmanagements, wie es von der DGfP (Deutsche Gesellschaft für Personalführung) erarbeitet wurde. Dieses Referenzmodell war bereits Grundlage bei der Entwicklung der jetzt vorhandenen HR-Systeme und repräsentiert in gewisser Weise den Ist-Zustand im Personalmanagement der Meier GmbH.

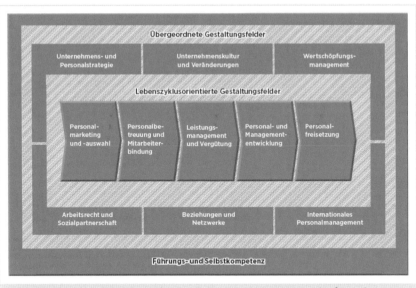

Abb. 48: Referenzmodell eines professionellen Personalmanagements (DGfP 2010)

Personalmarketing und Personalauswahl	▪ Employer Branding ▪ Externe und interne Personalsuche ▪ Treffen von methodengestützten Auswahlentscheidungen
Personalbetreuung und Mitarbeiterbindung	▪ Personaladministration ▪ Personenbezogene Betreuungsaktivitäten ▪ Mitarbeiterbindung
Leistungsmanagement und Vergütung	▪ Gestaltung und Anwendung von Zielvereinbarungssystemen ▪ Gestaltung und Umsetzung von Vergütungssystemen ▪ Konzeption und Führen von Mitarbeitergesprächen
Personalentwicklung und Managemententwicklung	▪ Kompetenzidentifikation und Entwicklung ▪ Karriereprogramme ▪ Organisationsentwicklung
Personalfreisetzung	▪ Gestaltung von individuellen Trennungsprozessen ▪ Gestaltung kollektiven Trennungsprozessen
Führungs- und Selbstkompetenz	▪ Führungskompetenzen ▪ Personale und soziale Kompetenzen

Tab. 8: Referenzmodell und Unterpunkte für die lebenszyklusorientierten Gestaltungsfelder (DGfP 2010)

Der HR-Agility-Check wiederum ist eine simple Excel-Tabelle (Tabelle 9, Edelkraut 2014), in der die einzelnen Gestaltungsfelder (Abbildung 36) mit ihren zugehörigen Unterpunkten (Abbildung 37) aufgeführt sind, sofern diese als HR-System bei der Meier GmbH existieren. Zu diesen HR-Systemen wird nun gefragt, inwieweit die Nutzung agiler Methoden zu Handlungsbedarfen führt. Dabei wird im Gespräch mit den betroffenen Fachbereichen diskutiert, wie relevant ein Thema für die agil arbeitenden Fachbereiche ist, wie dringend eine Veränderung herbeigeführt werden muss und welche Optionen für die Zukunft existieren. Aus diesen ersten Überlegungen soll dann ein Modell für die Zukunft abgeleitet werden, dass die wesentlichen Entscheidungsfaktoren berücksichtigt.

Thema	Relevanz (Handlungsnotwendigkeit)	Dringlichkeit	Verantwortung	Entscheidungsparameter	Optionen zur Handlung (Stakeholder, Recht, ...)	Aufwand	neues Modell – Zielrichtung
Personalbetreuung und Mitarbeiterbindung							
Personaladministration							
Personenbezogene Betreuungsaktivitäten							KPI's!
Mitarbeiterbindung							
Leistungsmanagement und Vergütung							
Gestaltung und Anwendung von Zielvereinbarungssystemen							
Gestaltung und Umsetzung von Vergütungssystemen							
Konzeption und Führung von Mitarbeitergesprächen							
Personal-Managemententwicklung							
Kompetenzidentifikation und Entwicklung							
Karriereprogramme							
Organisationsentwicklung							

Tab. 9: HR-Agility-Check. Zu den einzelnen Gestaltungsfeldern des Personalmanagements wird gefragt, in welcher Form die Nutzung agiler Methoden relevant wird und welche Handlungsbedarfe sich daraus ergeben.

In der Diskussion mit den beiden Fachbereichen erkennen alle Beteiligten schnell, dass der HR-Agility-Check ohne eine weitere Voranalyse nicht sinnvoll bearbeitbar ist. So hat der in einer klassischen Effizienzkultur eines Produktionsunternehmens erfahrene Personalleiter zunächst Schwierigkeiten, die Denkweise und die Werte agilen Arbeitens zu verstehen. Die Kollegen aus den Fachabteilungen wiederum erkennen, dass ihre Kenntnisse im Arbeits- und Mitbestimmungsrecht im operativen Alltag ziemlich unter die Räder gekommen sind. Weiterhin fällt es ihnen schwer, die Konsequenzen agilen Arbeitens präzise zu beschreiben, denn Probleme, die sie als Folge agilen Arbeitens sehen, könnten auch die Konsequenz von »üblichen« Kommunikations- oder Führungsdefiziten sein. Daher wird beschlossen, die beiden Abteilungen genauer zu analysieren und herauszufinden, welche Probleme dort auftreten und wo die Ursachen zu suchen sind. Auf diese Weise soll zwischen den Konsequenzen agilen Arbeitens und den auch sonst auftretenden »Reibungsverlusten« unterschieden werden können.

Beide Abteilungsleiter führen in den nächsten vier Wochen eine tägliche Liste, in der Sie alle am Tage aufgetretenen Auffälligkeiten notieren und bewerten. Grundlage ist die in der Luftfahrt verbreitete VZU-Matrix. VZU steht für:

Vorfall: kleinere Abweichung ohne Sicherheitsrisiko, z. B. Ausfall eines redundanten Systems;

Zwischenfall: Abweichung, die bereits sicherheitsrelevant sein kann, z. B. ein anderes Flugzeug auf Kollisionskurs, aber ohne direkte Gefährdung;

Unfall: Ereignis mit Schadensfolge, z. B. Reifen platzt bei Landung oder ein Passagier gefährdet andere Passagiere.

Täglich tragen die beiden Abteilungsleiter nun ihre Beobachtungen in eine VZU-Tabelle ein und sortieren die Vorfälle nach Häufigkeit und Schwere. Aus den Listen der zwei Wochen – die übrigens auch positive Abweichungen aufführen-– werden in der nächsten Sitzung Cluster herausgearbeitet, die über die Häufigkeit von Ereignissen bzw. deren Wirkung priorisiert werden.

Nach der ersten Erfahrung ist es für die Beteiligten keine Überraschung, dass mehr als 90 % der identifizierten Themen mit agilem Arbeiten gar nichts oder nur indirekt zu tun haben. Die meisten Aspekte, die bisher als Folge agilen Arbeitens betrachtet wurden, sind auch in anderen Bereichen des Unternehmens verbreitet und eine Folge von individuellem Fehlverhalten, Prozessabweichungen und mangelnder Kommunikation. Diese Themen werden als Teil eines »kontinuierlichen Verbesserungsprozesses« ausgeklammert, um die aktuelle Diskussion nicht zu überfrachten.

Am Ende der Diskussion sind mehrere Cluster und Themen identifiziert, für die ein Handlungsbedarf der Personalabteilung aus der Nutzung der agilen Methoden resultieren und die im Weiteren bearbeitet werden sollen. Diese sind:

- Kultur und Werte
- Aufbau- und Ablauforganisation
- Führungsrolle(n) und die Rolle der Stabsstellen
- Personal- und Führungskräfteentwicklung, Karrieremodelle
- Arbeitszeiten und -orte
- Definition, Messung und Beurteilung von Leistung

Es wird vereinbart, dass sich der Personalleiter zunächst mit der Frage befasst, was genau zu diesen Clustern gehört, wie sich andere Unternehmen mit ähnlichen Fragestellungen befasst haben, und einen Vorschlag für das weitere Vorgehen erarbeitet. Als der IT-Leiter anmerkt, dass dies wirklich kein agiles Vorgehen sei, müssen alle lachen, denn in dieser Vereinbarung spiegelt sich das klassische expertise- und positionsbezogene Denken. Auf der anderen Seite sind sich alle einig, dass agiles Vorgehen bei einer komplexen Fragestellung wie modernem Personalmanagement vielversprechend wäre, aber zwingend eine ausreichende Anzahl von Kollegen verschiedener Abteilungen erfordern würde, die sich mit dem bestehenden und den Grundlagen agilen Personalmanagements so gut auskennen, dass sie sinnvoll an den Themen arbeiten könnten. Dies ist nach eigener Einschätzung nicht der Fall, sodass erst ganz »klassisch« eine Arbeitsgrundlage geschaffen wird. Agiles Denken und Arbeiten soll dann später genutzt werden, um neue Systeme und Instrumente zu entwickeln und zu erproben.

Als der Personalleiter und sein HR Business Partner das Meeting mit den Abteilungsleitern nachbereiten, um sich die weitere Arbeit aufzuteilen, wird ihnen die Komplexität der Thematik erst richtig bewusst. Es sind nicht nur die Mehrheit der Felder im Referenzmodell des Personalmanagements betroffen, sondern auch ein breiter Kanon von konkreten Aspekten bis hin zu eher schwer steuerbaren Faktoren wie der Unternehmenskultur. Der Personalleiter gibt offen zu, dass er aktuell keine Vorstellung davon hat, worauf sie sich gerade einlassen. Dies liegt auch daran, dass Erfahrung und Vergleiche fehlen und es so gar nicht möglich ist, ein (geistiges) Bild der Zukunft zu zeichnen. Wohin soll die Reise gehen und wie soll sie aussehen?

Zunächst wird also eine Struktur benötigt, die es erlaubt, die Arbeit systematisch zu gestalten und Orientierung zu bieten. Schnell einigen sich die beiden darauf, die Dilts-Pyramide (nach Robert Dilts, einem Mitbegründer des NLP) zu nutzen, um die Abstraktionsebenen zu erfassen.

Der HR Business Partner bietet sich an, anhand der Dilts-Pyramide nach Beispielen zu suchen, wie Unternehmen die jeweiligen Ebenen im agilen Kontext gestaltet haben. Nach einer Woche findet das Folgetreffen statt und der HR Business Partner stellt seine Ergebnisse vor. In einer Literatur- und Peer-Recherche (Gespräche mit anderen Personalern) hat er in 37 Unternehmen, die bekanntermaßen mit agilen Methoden arbeiten, recherchiert, welche Konsequenzen die jeweiligen Personalabteilungen gezogen haben. Dabei stellt er fest, dass nur eine Minderheit der Personaler begonnen hat, Lösungen für die Herausforderungen zu entwickeln. Diese Minderheit ist allerdings schnell zu zwei Erkenntnissen gekommen.

Zum einen ist die Komplexität einer agilen Transformation sehr hoch, da in den meisten Unternehmen agile und klassische Elemente nebeneinander bestehen werden und viele Einflussfaktoren, wie die Erwartungshaltung und Kompetenzen bei Mitarbeitern oder die Arbeitsgesetzgebung in direktem Widerspruch zueinander stehen.

Zum anderen ist die Nutzung agiler Methoden wahrscheinlich der beste Weg, die Probleme zu bearbeiten, die durch den Einsatz agiler Methoden entstehen. Insbesondere ein iteratives Vorgehen (Konzept, Simulation, Prototyp/en, Skalierung) unter aktiver Beteiligung der Betroffenen wird als erfolgversprechend angesehen.

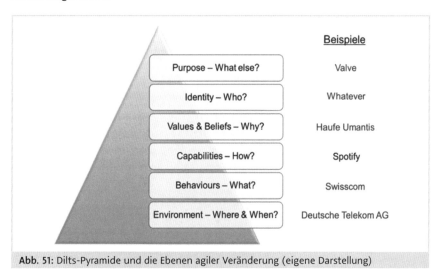

Abb. 51: Dilts-Pyramide und die Ebenen agiler Veränderung (eigene Darstellung)

Agile Methoden und das Betriebsverfassungsgesetz

Bei der Diskussion der einzelnen Beispiele beginnen die beiden Personaler auf der unteren Ebene. Die Frage nach dem »Where & What« in der Dilts-Pyramide ist die Frage nach den Rahmenbedingungen, in denen sich ein Unternehmen bewegt und die im Unternehmen gelten. Hierzu gehören beispielsweise die Branche mit ihren jeweiligen Eigenheiten, der Standort und dessen soziopolitisches Umfeld, aber auch Gesetze und Regulierungen, denen die Tätigkeit des Unternehmens unterliegt. Aus Sicht einer Personalabteilung wird vor allem das Arbeitsrecht mit seinen angrenzenden Themenfeldern interessant sein. Rahmenbedingungen gelten aber auch innerhalb des Unternehmens, wenn etwa nach den Methodenkenntnissen, Kompetenzen der Beteiligten, Prozessen usw. geschaut wird.

Die Einführung und Nutzung agiler Methoden ist in vielerlei Hinsicht vom Arbeitsrecht betroffen. Dies beginnt beim Arbeitszeitgesetz und hört bei den Bestimmungen zur Sozialversicherung, z.B. der Frage nach der (Schein)Selbständigkeit freiberuflicher Mitarbeiter, noch lange nicht auf. Wenn in einem Unternehmen ein Betriebsrat besteht, muss sich die Unternehmensführung, meist vertreten durch die Personalabteilung, mit dem Betriebsrat einigen, wie mit den agilen Methoden umzugehen ist.

Wichtigste Grundlage für diese Zusammenarbeit ist das Betriebsverfassungsgesetz, dass dem Betriebsrat zu wesentlichen Themen ein Unterrichtungs-, Beteiligungs- oder Mitbestimmungsrecht einräumt. Gerade bei den mitzubestimmenden Themen werden Unternehmensleitung und Betriebsrat in der Regel Betriebsvereinbarungen abschließen, d.h. eine klare Regelung, wie mit einem Thema im operativen Alltag umzugehen ist.

Welche Teile des BetrVG sind von der Einführung agiler Methoden betroffen? Für eine umfassende Betrachtung ist hier nicht der richtige Raum, aber eine erste Vorstellung kann die folgende Übersicht vermitteln:

- §111 BetrVG regelt unter anderem den Umgang mit grundlegend neuen Arbeitsmethoden, die unter Umständen als Betriebsänderung gelten können.
- §96 ff. regeln die Mitbestimmungsrechte des Betriebsrates im Rahmen von Bildungsmaßnahmen.
- §95 regelt unter anderem, was eine Versetzung ist. Dies kann auch die Zuweisung eines neuen Arbeitsbereiches sein, der mit erheblichen Änderungen der Umstände der Arbeit eines Mitarbeiters verbunden ist.
- §87 ist für die operative Arbeit besonders relevant, da hier die Mitbestimmung des Betriebsrates zu allen personellen Einzelmaßnahmen geregelt ist. Dazu gehören unter anderem die betriebliche Lohngestaltung und leis-

tungsbezogene Entgelte, die betriebsübliche Arbeitszeit oder die Einführung technischer Einrichtungen, die geeignet sind, die Leistung und das Verhalten der Arbeitnehmer zu überwachen.

Einen Betriebsrat werden wahrscheinlich zuerst die neue Arbeitsorganisation, die mit agilem Arbeiten verbundenen Rollen und die Konsequenzen für den einzelnen Mitarbeiter hinsichtlich der Ziele, Leistungsbeurteilung und Vergütung interessieren. Ist hier ein Einvernehmen erzielt, wird eine Vielzahl weiterer Themen folgen, sodass mit langwierigen Verhandlungen zu rechnen ist.

Welche Herausforderungen ergeben sich somit für die Führungskräfte in den agil arbeitenden Bereichen und die verhandlungsführende Personalabteilung? Oder anders formuliert: Wie wollen wir agiles Arbeiten regeln?

Während die zu klärenden Themen durch das BetrVG vorgegeben sind, sind die Verhandlungspartner in der Gestaltung ihrer Regelungen, d.h. die Definition, wie sie das Thema XYZ handhaben wollen, relativ frei. Da agiles Arbeiten noch am Anfang steht, wird für viele Unternehmen nicht klar sein, wie die Regelungen aussehen können. Da sowohl der Betriebsrat als auch die Personalabteilung meist wenig Erfahrung mit agilem Arbeiten haben, werden die Fachabteilungen, in denen agil gearbeitet wird, unbedingt in die Verhandlungen einbezogen werden müssen. Leider wird es hier auch deutlich schwerer, von anderen Unternehmen zu lernen, da agiles Arbeiten deutlich individueller gestaltet ist als klassische Organisationsformen und unterschiedliche Aspekte unterschiedlich relevant sind. Zu Beginn werden die Verhandlungspartner vielfach Pilotphasen mit temporären Regelungen vereinbaren. Früher oder später wird es jedoch nötig, nachhaltige Regelungen zu treffen, die auch den Mitarbeitern Klarheit vermitteln. Diese Verhandlungen werden erfahrungsgemäß einige Zeit in Anspruch nehmen, was in direktem Konflikt mit der Logik agilen Arbeitens steht. Weiterhin werden Betriebsräte tendenziell auf allgemeinverbindliche und genaue Regelungen drängen, was wiederum im Widerspruch zur typischen Vorgehensweise agilen Arbeitens, d.h. dem schnellen Arbeiten mit parallelen Prototypen und der permanenten Verbesserung nach Lernschleifen, steht.

Die Grundlogik des BetrVG geht davon aus, dass ein Betriebsrat ein Kollektivvertretungsorgan zum Schutz der Mitarbeiter(-rechte) ist. Diese Logik und die von Betriebsräten daraus abgeleiteten Ansprüche passen eher nicht zu den Prinzipien agilen Arbeitens und den Interessen der Mitarbeiter. Selbst wenn ein Betriebsrat agilem Arbeiten positiv gegenüber steht, unterliegt er Anforderungen des BetrVG, die seinen Handlungsrahmen beschränken. Ein Beispiel hierfür ist die Erhebung und Auswertung von Daten von Mitarbeitern, die von

Betriebsräten meist sehr negativ gesehen wird. Aus Sicht derjenigen Mitarbeiter, die agiles Arbeiten als Chance wahrnehmen, werden die Kollektivregelungen, die ein Betriebsrat erwirkt, häufig nicht mit den individuellen Interessen übereinstimmen. Gleichzeitig sind diese Mitarbeiter aber an die getroffenen Regelungen, die in ihrem Namen getroffen werden, gebunden.

Ein weiteres Prinzip der Betriebsratsarbeit ist die Gleichbehandlung von Mitarbeitern, die bereits in klassisch organisierten Unternehmen mit eindeutigen Funktionsbeschreibungen immer wieder zu Konflikten führt. In einem agilen Umfeld, in dem Mitarbeiter häufig neue, undefinierte Rollen übernehmen und ggf. in unterschiedlichen Organisationseinheiten mit unterschiedlichen Rollen tätig sind, wird eine Gleichbehandlung nicht möglich und vor allem nicht sinnvoll sein. Dies wird für viele Unternehmen noch spannende Diskussionen nach sich ziehen, insbesondere dann, wenn unterschiedliche Organisationsformen parallel existieren.

Neue Arbeitsformen sind in dem inzwischen völlig überalterten Arbeitsrecht nicht vorgesehen, und entsprechend fehlen Regelungen. So ist die Einbindung freiberuflicher Mitarbeiter zwar meldepflichtig, aber wird in den meisten Unternehmen keiner spezifischen Betriebsvereinbarung unterliegen. Zukünftig ist mit mehr Freiberuflern und einer tiefergehenden Einbindung in die Betriebsorganisation zu rechnen. Damit wird es sinnvoll sein zu prüfen, wie die Freiberufler und die »klassisch« Beschäftigten zu behandeln sind. Dies auch im Lichte der aktuellen Aktivitäten des Arbeitsministeriums, das die Regelungen für »Scheinselbständigkeit« verschärft und freiberufliche Tätigkeit massiv erschwert.

In agilen Umgebungen wird auch die Frage zu stellen sein, was denn ein Betrieb ist. Auf dem Betriebsbegriff fußen das Betriebsverfassungsgesetz und die Mitbestimmung, gleichzeitig weichen die Grenzen von Betrieben durch digitale, globale und flexible Arbeitsgestaltung immer weiter auf. Somit wird die ohnehin schon schwierige, weil nicht eindeutig definierte Situation zukünftig noch unklarer und von individuellen Gerichtsurteilen abhängig.

Was ist ein Betrieb?   !

Das BetrVG definiert den Begriff des Betriebes nicht. In der Wissenschaft ist er umstritten. In der Praxis ist die Rechtsprechung des Bundesarbeitsgerichts (BAG) maßgeblich: »Nach ständiger Rechtsprechung des BAG ist ein Betrieb i.S. des §1 I 1 BetrVG eine organisatorische Einheit, innerhalb derer der Arbeitgeber zusammen mit den von ihm beschäftigten Arbeitnehmern bestimmte arbeitstechnische Zwecke fortgesetzt verfolgt.« Nicht eine *räumliche Einheit* oder Nähe ist maßgeblich, sondern das Vorhandensein eines *einheitlichen Leitungsapparats* ist die wesentliche

> Voraussetzung dafür, dass ein selbständiger Betrieb vorliegt. Die *einheitliche Leitung* muss sich insbesondere auf die wesentlichen Funktionen des Arbeitgebers in sozialen und personellen Angelegenheiten beziehen. https://de.wikipedia.org/wiki/Betrieb_(Betriebsverfassungsrecht)

Als Beispiel für Personalabteilungen, die sich mit den Konsequenzen agilen Arbeitens auf die Mitbestimmungsrechte des Betriebsrates befasst haben, kann die Deutsche Telekom AG genannt werden. Hier wurde bereits früh eine Betriebsvereinbarung getroffen, in der wesentliche Elemente agilen Arbeitens geregelt wurden. Konkret ging es um folgende Aspekte (Klumpp und Guillium, 2012):

- Einsatz in agilen Teams,
- Führungskräfte,
- Arbeitszeiten,
- Vertretungs- und Urlaubsfälle,
- Retrospektive,
- Leistungs- und Verhaltenskontrolle,
- Qualifizierung sowie
- Anlagen zu SCRUM und Kanban.

Da die Zusammenarbeit an der Betriebsvereinbarung bereits 2011 begann, lagen auf beiden Seiten noch keine tiefergehenden Erfahrungen vor, sodass die Regelungen eher vage formuliert sind. Trotzdem ist dieses Beispiel ein gutes Vorgehensmuster für andere Unternehmen, da hier die Logik agilen Arbeitens angewandt wurde. Auf Basis gemeinsamer Informationen wurde mit den betroffenen Teams an Lösungen gearbeitet, die man iterativ weiterentwickelte.

Auch wenn die Beschreibung der Regelungen in der Betriebsvereinbarung den beiden Personalern der Meier GmbH nicht konkret weiterhilft, zeigt sie doch, dass der Personalabteilung hier eine besonders wichtige Rolle zukommt. Obwohl die Verantwortung für die Zusammenarbeit mit dem Betriebsrat per Gesetz bei der Geschäftsführung liegt und viele Themen, die in der operativen Zusammenarbeit mit dem Betriebsrat auftreten, durch einzelne Führungskräfte zu verantworten sind, ist es meist die Personalabteilung, an die dieses Themenfeld delegiert wird. Hier liegt in der Regel auch die Kernkompetenz für das rechtlich sehr komplizierte Arbeitsrecht.

Es ist somit davon auszugehen, dass auch die anstehenden Gespräche zu den Veränderungen aufgrund der Nutzung agiler Methoden hier angesiedelt sein werden. Die Rolle der Personalabteilung wird sich dabei kaum verändern, lediglich die Inhalte andere sein. Allerdings sind sich beide Personaler einig, dass es sich um sehr anstrengende Gespräche handeln wird, da nahezu alle Felder des Personalmanagements und der Betriebsverfassung von agilem Arbeiten betroffen sind. Hinzu kommt, das grundlegende Aspekte des agilen Arbeitens zu der Grundlogik des Betriebsverfassungsgesetztes und dem Selbstverständnis des Betriebsrates in direktem Widerspruch stehen und zu guter Letzt unterschiedliche Regelungen für agile und klassisch organisierte Betriebsteile gefunden werden müssen. Auch die entsprechend lange Verhandlungsdauer wird den agil arbeitenden Kollegen einige Schwierigkeiten bereiten. Die Gespräche mit dem Betriebsrat sollten somit möglichst bald beginnen.

Individuen und Organisationen verändern – Erfahrungsräume schaffen
Das vom HR Business Partner für die Stufe »Behaviours – What« in der Dilts-Pyramide gewählte Beispiel passt sehr gut zu den Überlegungen, wie agiles Arbeiten eingeführt werden kann und sich schnell etabliert.

Die Swisscom hat sich bereits vor einiger Zeit auf die Veränderungen im Telekommunikationsmarkt und seiner Rahmenbedingungen eingestellt. Die gesamte Branche ist durch massive Veränderungen und einen hohen Konkurrenzdruck gekennzeichnet. Dies hat die Notwendigkeit aufgezeigt, sich flexibler und agiler aufzustellen. Eine der Konsequenzen, die die Swisscom für sich gezogen hat, ist die Nutzung der Prinzipien des Design Thinking auf dem Weg zu einer Experience Driven Company (Haas 2015). Es geht darum, Innovationen zu fördern und für die Weiterentwicklung des Unternehmens zu nutzen.

Unter anderem wurde hierzu am Stammsitz in Bern ein Design Thinking-Labor eingerichtet, um neue Produkte, Prozesse usw. nach dem Prinzip des User Centric Design zu entwickeln. Dieses Design Thinking-Labor ist gleichzeitig ein Ausbildungszentrum, in dem alle Mitarbeiter und Führungskräfte in agilem Arbeiten geschult werden und das sie nutzen können, eigene (agile) Produkte zu entwickeln, neue Ideen zu erproben usw. Der »geschützte« Raum des Labors nutzt somit die Grundprinzipien agilen Arbeitens, qualifiziert die Mitarbeiter und bietet ihnen die Möglichkeit, praktische Erfahrung zu sammeln. Auf diese Weise wird der letzte Schritt, die Anwendung agiler Prinzipien und Methoden im eigenen Arbeitskontext, stark erleichtert. Die Erfolgswahrscheinlichkeit der Aktivitäten und die Motivation der Mitarbeiter sind deutlich höher als in anderen Formaten des Kompetenzerwerbs.

Für die Personalabteilung der Meier GmbH ergeben sich aus den Überlegungen zur zukünftigen Personalentwicklung erhebliche Veränderungen. Die gesamte Logik des aktuellen Systems basiert auf Elementen des traditionellen Managements (Zielvereinbarung, Leistungsbeurteilung, Karrieremodell usw.), die primär auf der Weiterentwicklung des einzelnen Mitarbeiters anhand standardisierter Inhalte und zentral ausgewählter Frontalformate (Seminare etc.) fußt. Die wesentliche Veränderung der Personal- und Führungskräfte-entwicklung besteht nun im Paradigmenwandel vom hierarchischen Vorrats-lernen zum adaptiven Individuallernen. Es geht darum, aus jedem das Beste herauszuholen und sich an operativen Fragestellungen zu orientieren: »Ich habe hier eine Herausforderung, zu der möchte ich alles Notwendige lernen!«

Die Mitarbeiter müssen also befähigt werden, eigenverantwortlich und im Austausch mit den Kollegen zu entscheiden, welche Weiterentwicklung sie nehmen wollen und wie diese erfolgen soll. Weiterhin sind Formate zu finden, die arbeitsplatznäher und in sich agiler konzipiert sind. Schlussendlich muss die Lücke zwischen der Theorie, dem Ausprobieren neuer Kenntnisse und Er-fahrungen sowie der Überführung in den Arbeitsalltag verkleinert werden.

Hier erwarten beide Personaler, dass viel der bisher in der Personalabteilung liegenden Verantwortung an die Führungskräfte delegiert wird, die deutlich näher an den Mitarbeitern und deren Arbeitsplatz sind und besser beurteilen können, wie der Übergang des Lernens in tagtägliches Arbeitsverhalten re-alisiert werden kann. Dies vor allem auch, weil ein selbstbestimmtes Lernen der Mitarbeiter zu sehr viel mehr individuellen Maßnahmen führt, die eine Personalabteilung alleine wegen des Volumens nicht bewältigen kann. Die Kernkompetenz der Personalentwicklung, wirksame Methoden, Instrumente und Konzepte zu entwickeln und adäquate Dienstleister auszuwählen, sehen die Meier-Personaler aber auch zukünftig bei sich.

Die Rollen der Personalabteilung, Führungskräfte und Trainer in einer indivi-duellen, adaptiven Lernumgebung beschreiben die beiden am Ende wie folgt:
- Personalentwicklung: Mit ihr ist die Organisationseinheit gemeint, die da-für sorgt, dass relevante Lernformate und eine fördernde Lernumgebung vorhanden sind.
- Trainer: Der Trainer ist primär ein Community Manager, der Lernprozesse professionell begleitet.
- Führungskräfte: Wenn Lernen individuell und arbeitsplatzorientiert er-folgt, muss die jeweilige Führungskraft ein Teil des Lernprozesses sein. Die Rolle besteht primär darin, die Lernziele mit dem Lerner zu reflektieren und zu vereinbaren, wie das Lernen im gegebenen Kontext erfolgen kann.

Zunehmend wichtig ist die Bereitstellung von »Laboren« im Arbeitskontext und die Frage, wie das Gelernte anderen Kollegen verfügbar gemacht werden kann (Simulation etc.). In einer VUCA-Welt wird deutlich mehr Wissen und Handlungskompetenz selbst und parallel zur Arbeit entwickelt und schneller an die betroffenen Kollegen (Skalierung) vermittelt. Hier bedarf es geschütz-ter Umgebungen, in denen Lernen und Weiterentwicklung möglich sind, ohne den eigentlichen wertschöpfenden Prozess zu stören. Gleichzeitig dienen solche Labore oder »Transformation Hubs« der Qualifizierung von Mitarbeitern, z.B. in Train-the-Trainer-Ansätzen.

Organisationsdesign agiler Organisationen – Organisationsregeln und -verhalten

Die Stufe »Capabilities – How« in der Dilts-Pyramide fragt nach Fähigkeiten. Für ein Individuum sind hier vor allem die Kompetenzen (s. vorheriger Abschnitt) relevant, bei einer Organisation geht es um die Details der Ablauforganisation, wenn die »Fähigkeiten« des Unternehmens betrachtet werden. Da die Ablauforganisation ganz wesentlich von der Aufbauorganisation abhängig ist, macht es aus Sicht einer Personalabteilung immer Sinn, beide Bereiche gemeinsam zu betrachten. Die beiden Personaler bei Meier entscheiden deshalb, beide Bereiche unter dem Begriff Organisationsdesign zusammenzufassen.

Ziel eines Organisationsdesigns ist, eine Organisation aufzubauen, in der
- die Strategie des Unternehmens unterstützt wird,
- alle Einheiten und Ressourcen effizient und überlappungsfrei zusammenarbeiten sowie
- alle relevanten Informationen leicht verfügbar sind und fließen.

In klassisch aufgebauten Unternehmen beruht die Aufbauorganisation, die im Organigramm dargestellt ist, auf funktionalen, d.h. fachlichen, Abgrenzungen. In der agilen Denkweise steht jedoch die kontinuierliche Lieferung nutzerorientierter Produkte im Fokus. Dies ist effizienter zu erreichen, wenn der Produktionsprozess und die hierzu nötigen Kompetenzen die Grundlage der Organisation bilden.

Als Beispiel für eine solche Organisation hat der HR Business Partner den Musik-Streamingdienst Spotify ausgewählt, dessen Organisation in mehreren Publikationen im Internet diskutiert wird (u.a. Kniberg & Ivarsson 2012). Bei Spotify ist die Aufbauorganisation ganz auf die Zusammenarbeit in SCRUM-Teams ausgerichtet und orientiert sich an Sozialstrukturen. Am Ende entsteht wieder eine Art Matrixorganisation, die allerdings die Bedürfnisse der einzelnen Mitarbeiter hinsichtlich Zusammenarbeit, Lernen und Weiterentwicklung in den Vordergrund stellt. So wird ein hohes Innovations- und Motivationspotenzial geschaffen und agiles Arbeiten erleichtert.

Aufgebaut ist Spotify, wie die nachstehende Grafik zeigt, aus »Squads« – den Begriff kennen wir bereits –, »Tribes« und »Chapters & Guilds«.

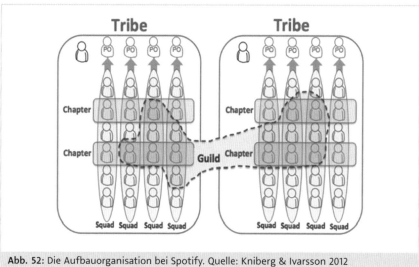

Abb. 52: Die Aufbauorganisation bei Spotify. Quelle: Kniberg & Ivarsson 2012

Squad: Die zentrale Organisationseinheit und das Rückgrat der Organisation ist das Team (Squad), das wie ein Mini-Startup agieren soll. Das Team ist mit allen Kompetenzen ausgestattet, die zur Erledigung der Aufgaben nötig sind, und sitzt räumlich zusammen. Die Squad kümmert sich um genau eine Aufgabe, die bis zur Fertigstellung bearbeitet wird. Alle Teams sind aufgefordert, rund 10 % ihrer Arbeitszeit für aktives Lernen einzusetzen. Was gelernt wird, ist den einzelnen Teammitgliedern und der Absprache im Team überlassen.

Tribe: Ein Tribe (Stamm) ist eine Gruppe von Squads, die an ähnlichen oder miteinander verbundenen Aufgaben arbeiten. Der Stamm wird als eine Art Mini-Inkubator für die Mini-Startups gesehen. Tribes werden von einem Tribe Leader geführt, der den Squads möglichst optimale Rahmenbedingungen für ihre Arbeit verschaffen soll.

Chapter and Guilds: Chapter und Gilden sind die Antwort von Spotify auf einen zentralen Nachteil der Organisation in selbstorganisierten Teams: der Verlust der Vorteile, die sich aus Skalierung ergeben. So kann es gut sein, dass unterschiedliche Teams sehr ähnliche Themen bearbeiten oder Erfahrungen nutzen, die andere Teams gemacht haben. Hierzu bedarf es eines übergeordneten Austausches. In den Chaptern sind die Mitarbeiter innerhalb einer Tribe zusammengefasst, die ähnliche Fähigkeiten besitzen und in prinzipiell gleichen Kompetenzbereichen arbeiten. Die Chapter treffen sich regelmäßig zum Erfahrungsaustausch und der gemeinsamen Bearbeitung von Themen. Während die Chapter innerhalb einer Tribe agieren, organisieren sich Gilden über die gesamte Organisation, und zwar im Sinne einer »Community of Interest«.

Jede Gilde besitzt einen »Guild Coordinator«, der sich um die Koordination der Arbeit und Themen kümmert.

Interessant zu wissen ist, dass es neben den genannten Organisationseinheiten noch Product Owner (Spotify arbeitet primär mit SCRUM) und Coaches gibt.

Zusammengefasst ist bei Spotify also keine funktionale Aufbauorganisation (wie in den meisten Matrixorganisationen) vorhanden, sondern als eine »Delivery-oriented«-Organisation angelegt. Die gemeinsame Arbeit an einer Aufgabe, einem Projekt steht im Vordergrund.

Als sich die beiden Personaler der Meier GmbH anhand dieses Beispiels überlegen, wie eine Übertragung des Modells auf das eigene Unternehmen aussehen könnte und welche Konsequenzen sich für die Personalabteilung ergeben, fällt es beiden schwer, sich ein solches Modell vorzustellen. Das liegt zum einen an fehlender persönlicher Erfahrung mit agilem Arbeiten und der bisher fehlenden Auseinandersetzung mit alternativen Organisationsdesigns. Zum anderen wird schnell klar, dass die Produkt- und noch viel stärker die Teamorientierung (Squad) dieser Aufbauorganisation sehr viele Fragen nach sich ziehen. Wenn nicht mehr die Mitarbeiter definierten Prozessen folgen, sondern selber in wechselnden Kontexten jeweils angepasste Prozesse definieren, ist eine zentrale Steuerung nicht mehr möglich. Es müssten komplett neue Grundlagen der Organisation in allen Bereichen des Personalmanagements geschaffen werden, womit die beiden wieder am Anfang ihrer Überlegungen angekommen sind: Die vielfachen Abhängigkeiten erzeugen eine zu hohe Komplexität für einfache Antworten oder Organisationsprinzipien. Eine Umstellung würde nahezu alle Abteilungen und Mitarbeiter betreffen. Während dies für eine projektorientiert arbeitende Serviceorganisation noch relativ einfach machbar erscheint, ist die Umstellung einer Produktion deutlich schwieriger zu bewerkstelligen. Dies auch vor dem Hintergrund, dass die Vorteile einer Umstellung dort nicht offensichtlich sind.

Aus Sicht der Personalabteilung müsste zunächst die Modellierung einer »agilen Produktion« erfolgen, die dann in einem abgesonderten Bereich erprobt wird, um die vielfältigen Abhängigkeiten und Konsequenzen sichtbar zu machen. Wahrscheinlich würde außerdem der Anstoß für eine veränderte Produktionslogik eher aus dem Versuch entstehen, die Vorteile der Digitalisierung zu nutzen.

Werte und Grundhaltungen einer Organisation – Basis der Zusammenarbeit

Die Diskussion über eine »agile Produktion« zeigte beiden Personalern, dass unterschiedliche Organisationseinheiten eines Unternehmens sehr unterschiedlich von den Veränderungen durch agiles Arbeiten und andere aktuelle Trends betroffen sein können und dementsprechend mit unterschiedlichen Konsequenzen zu rechnen ist.

Dies bringt beide zu dem Beispiel, dass der HR Business Partner zur Illustration der Ebene »Values & beliefs – Why« in der Dilts-Pyramide ausgewählt hat. Die Haufe Umantis wurde 2013 schlagartig bekannt, als der damalige CEO Hermann Arnold von seinem Posten zurücktrat und seinen Nachfolger von den Mitarbeitern wählen ließ. Ab diesem Zeitpunkt wurden die Manager im Unternehmen per demokratischer Wahl bestimmt und somit sehr konsequent das Prinzip der Demokratie gelebt. Die Logik dahinter beschreibt der CEO Marc Stoffel wie folgt: »Mitarbeiter wählen ihren Chef ohnehin jeden Tag. Wenn ich als Chef Dinge tue, die niemand versteht, dann werden meine Mitarbeiter Anweisungen nicht befolgen und im extremsten Fall mit den Füßen abstimmen und uns verlassen« (Haufe Umantis 2015).

Bei Haufe wurde auch der »Haufe-Quadrant« entwickelt, den beide Personaler vor sich liegen haben. Er soll aufzeigen, inwieweit das Organisationsdesign und das Selbstverständnis von Mitarbeitern zusammenpassen. Schließlich kann eine Organisation nur dann funktionieren, wenn beide Aspekte stimmig sind. Beim Organisationsdesign unterscheidet der Quadrant zwischen »gesteuert« und »selbstorganisierend« und bei der Rolle der Mitarbeiter zwischen »Umsetzer« und »Gestalter«.

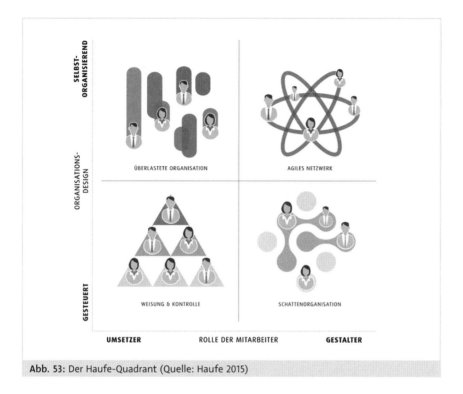

Abb. 53: Der Haufe-Quadrant (Quelle: Haufe 2015)

Somit entstehen vier Felder, die für unterschiedliche Formen des Zusammenspiels aus Organisationsdesign und Selbstverständnis der Mitarbeiter stehen: »Weisung & Kontrolle«, »Agiles Netzwerk«, »Schattenorganisation« und »Überlastete Organisation«.

Weisung & Kontrolle – Hier treffen Umsetzer auf ein gesteuertes Design, was der klassische und noch immer sehr weit verbreitete Organisationsrahmen ist. Die Mitarbeiter erwarten klare Anweisungen, die in einer geregelten Prozesslandschaft abgearbeitet werden. Der Fokus liegt meist auf Effizienz.

Agiles Netzwerk – Das ist der Gegenentwurf zum klassischen Organisationsaufbau. Ein flexibles Organisationsdesign trifft auf Mitarbeiter, die selbstorganisiert und -verantwortlich arbeiten. Das agile Netzwerk basiert auf Vertrauen und schnellem Agieren in flexiblen Märkten. Agile Netzwerke sind in der Lage, komplexe Sachverhalte zu erschließen, und können schnell auf Anforderungen reagieren.

Schattenorganisation –Mitarbeiter, die sich aktiv einbringen wollen, sind mit einem geregelten, häufig starren Organisationsdesign konfrontiert. In der Folge kommt es zu bewussten Verstößen gegen Regeln und Umgehungen von

Prozessen, um zu vernünftigeren oder schnelleren (als im Prozess vorgesehen) Lösungen zu gelangen.

Überlastete Organisation – Hier treffen Umsetzer auf ein offenes Organisationsdesign. Die Mitarbeiter fühlen sich vielfach alleine gelassen und überfordert, da sie mit dem offenen Ansatz nicht umgehen können.

Der Haufe-Quadrant ist gut geeignet, die aktuelle Situation in Teams oder Organisationseinheiten zu betrachten und in einer Art Inventur zu sehen, wie gut oder schlecht Mitarbeitererwartungen und -kompetenzen mit den Anforderungen des bestehenden Organisationsdesigns übereinstimmen.

Für die verschiedenen Abteilungen der Meier GmbH fragen sich unsere beiden Personaler in einer ersten groben Betrachtung, wo die einzelnen Abteilungen wohl stehen und was die bisherigen Diskussionen in der Geschäftsleitung und die eigenen Erfahrungen in den Abteilungen vermuten lassen. Was die die IT-Abteilung angeht, sind sie sich schnell einig, dass diese bereits deutlich im oberen rechten Quadranten agiert. Die Mitarbeiter arbeiten als selbstorganisierte Gestalter und bilden ein Netz, in dem gegenseitige Unterstützung, offene Kommunikation und Flexibilität vorherrschen. Da die bestehenden HR-Systeme auf eine hierarchisch aufgebaute Produktionsorganisation ausgerichtet sind, wundert es beide nicht mehr, dass hier Reibungspunkte entstanden sind und die agile Realität der IT mit der aktuellen HR-Systematik nicht zusammenpasst.

Für die Produktion wiederum kommen sie zu dem Schluss, dass diese klar im Feld »Weisung & Kontrolle« des Quadranten liegt und sowohl der Produktionsleiter als auch die dort beschäftigen Mitarbeiter damit relativ zufrieden sind. Die vielfältigen Vorgaben der Kunden zur Qualität, enge Margen und Effizienzdruck, aber auch strikte Sicherheitsregeln sowie ein vergleichsweise niedriges, dafür heterogenes Kompetenzniveau in der Belegschaft lassen diese Form der Organisation aktuell passend erscheinen. Der Produktionsleiter hat allerdings schon klar geäußert, dass die bevorstehenden Veränderungen durch eine zunehmende Digitalisierung und den Trend zur »Losgröße 1« (Industrie 4.0) die Grenzen der Leistungsfähigkeit dieses Systems sprengen werden. Auch hier sind anpassungsfähigere Strukturen und stärker selbstgesteuert arbeitende Mitarbeiter nötig.

Die Innenbetrachtung der Personalabteilung zeigte beiden Personalern, dass die Analyse nicht nur eine Abteilung als Ganzes betrachten sollte, sondern auch einzelne Teile davon oder einzelne Prozesse. So hatten die Überlegungen bereits gezeigt, dass die Grundlogik des Personalmanagements weitgehend der klassischen Organisation folgt und viele Systeme beinhaltet, die in die Kategorie »Weisung & Kontrolle« gehören. Zielvereinbarung und Leistungskontrolle hatten beide schon diskutiert, auch die Personalentwicklung basierte auf dieser Grundlage und war als zentralisiertes Angebot organisiert (siehe hierzu auch weiter unten). Die Arbeit der HR Business Partner, die jeweils einzelnen Organisationsbereichen des Unternehmens zugeordnet sind, ist dagegen durch ein hohes Maß an Flexibilität und eigenverantwortlicher Entscheidung und Umsetzung gekennzeichnet. Hier war oft eine Art Schattenorganisation zu beobachten, wenn spezifische Bedürfnisse der Fachabteilungen durch innovative und damit nicht abgestimmte Lösungen unterstützt oder gar bestehende Prozesse und Regeln umgangen wurden, um zu einer adäquaten Lösung zu kommen. Die Lohn- und Gehaltsabrechnung dagegen war sehr klassisch und regelkonform aufgestellt, ein Projekt zur Unterstützung der Integration eines zugekauften Unternehmens wiederum fast agil. Hier gab es somit eine große Bandbreite, die Überlegung, welche HR-Kollegen welche Erwartungshaltungen mitbringen, ergab sogar, dass die gesamte Bandbreite vorhanden war. Eine Umorganisation der Personalabteilung, die bei einer konsequenten Einführung agilen Arbeitens unumgänglich wäre, würde also innerhalb des Personalbereiches nicht nur fachlich einige Unruhe auslösen.

Identität und Leitbild in einer agilen Wirtschaft – Zweck und Ausrichtung einer Organisation

Die Diskussion um die Werte und Grundhaltungen in einer immer stärker agil arbeitenden Organisation zeigt unseren Personalern, dass die Frage nach einem Leitbild (Vision) für ein Unternehmen in der agilen Welt tendenziell wichtiger wird. Die meisten Unternehmen verfügen über ein Leitbild, in dem die grundlegende Ausrichtung und die Grundprinzipien der eigenen Arbeit beschrieben sind. In einer Wirtschaft, die zunehmend VUCA wird, gehen Orientierung und Sicherheit immer weiter verloren oder sind nur noch kurzfristig angelegt. Viele der bestehenden Leitbilder können ihren Zweck kaum noch erfüllen. Unternehmensleitung und Personalabteilung sollten sich somit fragen, ob nicht hinsichtlich der Leitbilder und der Unternehmenskultur Handlungsbedarf besteht.

Exkurs: Unternehmensleitbild   **!**

Ein Leitbild ist die schriftliche Erklärung einer Organisation über ihr Selbstverständnis und ihre Grundprinzipien. Es formuliert einen Zielzustand, ein realistisches Idealbild. Nach innen soll ein Leitbild Orientierung geben, um handlungsleitend und motivierend auf die Organisation als Ganzes sowie auf die einzelnen Mitglieder zu wirken. Nach außen, gegenüber der Öffentlichkeit und den Kunden, soll es deutlich machen, wofür eine Organisation steht. Es ist die Basis für die Corporate Identity einer Organisation. Ein Leitbild beschreibt die Mission und Vision einer Organisation

sowie die angestrebte Organisationskultur. Es ist Teil des normativen Managements und bildet den Rahmen für Strategien, Ziele und operatives Handeln.
Quelle: https://de.wikipedia.org/wiki/Unternehmensleitbild (Abruf 26.04.2016)

Bereits die Diskussion um die Werte und Grundhaltungen in einer agilen Organisation hatte den Personalern der Meier GmbH gezeigt, dass Organisationsdesign und übergeordnete Ausrichtung des Unternehmens einige Aufmerksamkeit erfordern. Dies vor allem deswegen, weil wesentliche Entscheidungen zum Organisationsdesign durch die zugrundeliegenden Werte, aber auch von einem gemeinsamen Verständnis von Identität und Zweck der Organisation mitbestimmt werden. Es macht wenig Sinn, eine Organisation zu definieren, die nicht mit dem realen Verhalten der Mitarbeiter und den Bedürfnissen agilen Arbeitens zusammenpasst.

Der HR Business Partner hat bei seiner Recherche noch zwei Beispiele gefunden, wie die Themen Identität und Leitbild in agil arbeitenden Organisationen Wirkung entfalten. Auf einer Konferenz sprach er mit der Personalleiterin der Whatever mobile GmbH (Cortinovis 2015). Sie berichtete davon, wie sich das Unternehmen in den letzten Jahren verändert und welche Rolle die Personalabteilung dabei gespielt hat.

Auslöser der Veränderung bei der Whatever mobile GmbH war die IT-Abteilung, in der Software effizienter programmiert werden sollte. Die Einführung agiler Methoden wirkte sich schnell auf alle anderen Bereiche aus und führte unter anderem dazu, dass die Teams nicht mehr nach Funktionen organisiert wurden, sondern entlang der Wertschöpfungskette (Marketing, Sales, Projektmanagement, Entwicklung, Operations). In der Folge wurden die Führungskräfte (im Sinne von Positionen) durch Führungsrollen ersetzt. So hatte ein scheinbar einfaches Methodenthema (agiles Programmieren) weitreichende Konsequenzen, die bis in das Selbstverständnis der Organisation wirkte. Es zeigte sich, dass Prozesse, Struktur und Kultur nicht voneinander getrennt werden können.

Dieser Erkenntnis folgend, basiert die Arbeit bei der Whatever mobile (WM) heute auf einem gemeinsamen Verständnis von der Arbeitsweise (WM 3.0 Principles) und des Verhaltens (WM Style: Respect, Fun at Work, Speak up and speak out, Openness, Excellence).

Die Prinzipien der Arbeit bei der Whatever mobile sind:
- In team we trust
- Fever to deliver
- Freedom to act, duty to correct

- Thinking value
- Sharing leads to caring

Bei kritischer Betrachtung dieser Prinzipien wird schnell klar, dass diese hohe Anforderungen an alle Beteiligten stellen. Die Mitarbeiter müssen eigenverantwortlich und selbstkritisch agieren, Führungskräfte den Mitarbeitern gegenüber großes Vertrauen haben und zeigen sowie insgesamt ein starkes Teamgefühl und eine gemeinsame Zielorientierung vorhanden sein. In der Übergangszeit bei der Whatever mobile waren nicht alle Beteiligten gewillt oder in der Lage, die Veränderung hin zur neuen Kultur und Grundhaltung mitzugehen.

Für die Personalabteilung hatte die Veränderung hin zu einer agilen Organisation ebenfalls Konsequenzen. Der Fokus und damit die Grundhaltung liegen heute auf der transformatorischen und strategischen Gestaltung des Prozesses. Administrative Tätigkeiten gingen deutlich zurück. Die Arbeit in der Personalabteilung orientiert sich stark an den agilen Prinzipien und agilen Instrumenten und folgt ebenfalls den oben beschriebenen Prinzipien.

Nach den eigenen Erfahrungen befragt, nennt die Personalleiterin folgende Punkte als Erkenntnis aus der agilen Transformation der Whatver mobile:
- der Kommunikationsbedarf steigt enorm,
- Themen werden komplexer,
- das Personalmanagement hat automatisch einen Fokus auf Organisationsentwicklung und kulturelle Themen und außerdem
- es muss ein »Safe Harbour« geschaffen werden, d.h. eine Grundhaltung, dass Fehler gemacht werden (sollen) und Dinge ausprobiert werden müssen.

Der Personalleiter der Meier GmbH sieht sofort die Vor- und Nachteile eines solchen Prozesses: Wenn eine agile Transformation zu so einem Ergebnis führt, ist es einerseits ein langer Weg, bietet andererseits aber einige Chancen, deutlich produktiver und innovativer zu arbeiten. Die Frage, die sich ihm nun stellt, ist allerdings die, ob die Meier GmbH ein guter Kandidat dafür ist, ob ein produzierendes Unternehmen nicht zu komplex aufgestellt ist für eine solch radikale Umstellung. Allein das Abtreten von Aufgaben und Verantwortung der Personalabteilung an Teams und Führungskräfte dürfte schon Schwierigkeiten bereiten. Sein HR Business Partner sieht sogar noch weiter und merkt an, dass ein solcher Prozess am Ende bis zur Abschaffung der Personalabteilung führen kann. Als Beispiel nennt er die Firma Valve.

Valve ist ein Spieleproduzent in Washington, der vollständig auf Führungskräfte verzichtet. Das 1996 gegründete Unternehmen ist finanziell unabhängig und will für »Greatness« stehen. Dazu haben die Mitarbeiter alle Freiheiten. Im Kleinen, wenn jeder seinen Schreibtisch überall hinstellen kann, in der Festlegung, woran und in welchem Team gearbeitet wird, im Großen wie beim Umgang mit Fehlern, denen bei Valve eine große Rolle als Lernpotenzial zukommt, oder bei Entscheidungen zu Produkt-Rollouts.

Die Logik hinter der Art, wie bei Valve gearbeitet wird, ist in einem Handbuch (s.u.) beschrieben, in dem der neue Mitarbeiter alles erfährt, was nötig ist. Ebenso wenig wie Vorgesetzte gibt es bei Valve eine Personalabteilung. Alles Notwendige wird von den Mitarbeitern selbst erledigt.

! | **Welcome to Flatland**

Hierarchy is great for maintaining predictability and repeatability. It simplifies planning and makes it easier to control a large group of people from the top down, which is why military organizations rely on it so heavily. But when you're an entertainment company that's spent
the last decade going out of its way to recruit the most intelligent, innovative, talented people on Earth, telling them to sit at a desk and do what they're told obliterates 99 percent of their value. We want innovators, and that means maintaining an environment where they'll flourish. That's why Valve is flat. It's our shorthand way of saying that we don't have any management, and nobody »reports to« anybody else. We do have a founder/president, but even he isn't your manager. This company is yours to steer – toward opportunities and away from risks. You have the power to green-light projects. You have the power to ship products.
Auszug aus dem Valve Handbook for New Employees: http://www.valvesoftware.com/company/Valve_Handbook_LowRes.pdf

Method to working without a boss

step 1. Come up with a bright idea
step 2. Tell a coworker about it
step 3. Work on it together
step 4. Ship it!

Abb. 54: Das »Valve Handbook« zur Frage, wie ein Mitarbeiter ohne Vorgesetzten arbeiten kann. Aus: http://www.valvesoftware.com/company/Valve_Handbook_LowRes.pdf

Beide Personaler der Meier GmbH sind sich schnell einig, dass dieses Modell spannend ist und einige Hinweise darauf gibt, mit wie wenig Organisation ein Unternehmen auskommen kann. Sie meinen aber auch, dass dies für das eigene Unternehmen aktuell nicht vorstellbar ist. In jedem Fall zeigen die Beispiele Whatever mobile und Valve, dass ein hohes Maß an Eigenverantwortung und Initiative zu einer agilen Organisation gehört.

Ein modernes Personalmanagement für agil arbeitende Unternehmen
Ein Nutzen der agilen Methoden kann für die Unternehmen darin liegen, den individuellen Status im eigenen Steuerungssystem zu erfassen, quasi eine »Inventur« zu machen. Boni, Zielvereinbarungen, Kostenstellen, Budgets usw. sind in vielen Unternehmen jahrelang nicht hinterfragt worden, entwickeln ein gewisses Eigenleben und werden u.U. zum Selbstzweck. Abschaffen oder Verschlanken bestehender Systeme kann der Organisation mehr Luft zum Atmen geben und eine günstigere Ausgangsbasis für agil motivierte Veränderungen schaffen.

> **❗ Beispiele für modernes Personalmanagement**
>
> Beispiel 1: Die Logiken von Effizienz und daraus folgend für Auslastung besagen, dass in der tayloristischen Welt eine vollständige Auslastung aller Ressourcen ein Vorteil ist. Bereits das »klassische« Projektmanagement und nun die Agilität zeigen, dass dies falsch ist. Ressourcen müssen in Unterlast gefahren werden, um nachhaltig produktiv zu sein und auf Unvorhergesehenes reagieren zu können.
> Beispiel 2: Der Sprint in der Entwicklung macht nur Sinn, wenn auch zügig umgesetzt wird und schnell brauchbare Ergebnisse verprobbar sind. Langatmige Verwaltungsprozesse (Einkauf, Lieferverträge etc.) hemmen dagegen. Der Fokus muss darauf liegen, Flüsse zu gestalten.

Die beiden Personaler der Meier GmbH fragen sich, welche Instrumente im Personalmanagement angegangen werden müssen. Sie listen auf, was sie in den Gesprächen mit den bereits agil arbeitenden Kollegen erfahren haben, und kommen gleich im ersten Anlauf zu einer beeindruckenden Liste:

- Zielvereinbarungsgespräch: Die übliche Jahresbasis für Mitarbeitergespräche macht in der agilen Welt keinen Sinn mehr. Weiterhin fehlt dem disziplinarisch Vorgesetzten zunehmend die Beurteilungsmöglichkeit.
- Bonuszahlung individuell: Die Grundlogik des individuellen Bonus widerspricht dem Ziel der Kooperation und der gegenseitigen Unterstützung.
- Personalentwicklung muss stärker individualisiert werden.
- Wissensmanagement: Die Grundfrage »Wie lernen wir im Unternehmen?« wird zunehmend relevant, weil die Teams in der agilen Arbeitsweise viel neues Wissen generieren, das zunächst aber nur auf diese Teams beschränkt bleibt. Die Erkenntnisse in den Teams müssen dokumentiert, ausgewertet und weiterentwickelt werden, damit das neue Wissen auch genutzt werden kann.
- Aufbauorganisation: Es ist zu prüfen, ob die Aufhängung von Mitarbeitern in Abteilungen auch zukünftig sinnvoll ist. Je agiler gearbeitet wird, desto nützlicher sind fachliche und rollenorientierte Pools (Bsp.: Spotify).
- Einbindung von Freiberuflern: Bisher wurden Freiberufler vor allem durch die Fachabteilungen beauftragt. Wegen der Regularien (Scheinselbständigkeit etc.) und auch der absehbar nötigen Einbindung der Freiberufler in Personalentwicklungsprozesse wird eine Verlagerung der Verantwortung in die Personalabteilung sinnvoller.
- IT für die HR-Arbeit: Die aktuelle IT ist darauf ausgelegt, den Führungskräften die Führungsrolle leichter zu machen. Die Zusammenarbeit der Mitarbeiter untereinander ist meist nicht vorgesehen, das Selbstpflege-Modell nur bedingt.
- Leistungsbeurteilung wird auf ein Peer-Review-Modell umgestellt: Insgesamt wird eine 360°-Feedbackkultur angestrebt, d.h. jeder kann zu jeder Zeit ein Feedback abfordern.
- Karrieremodelle: Was bedeutet Karriere in einem agilen Umfeld überhaupt? Woran machen wir Karriere fest?

Ihnen wird sofort klar, dass hier ein erheblicher Aufwand auf sie zukommt und einiges Konfliktpotenzial besteht. Daher wenden sie sich zunächst nur zwei Themen zu, die besonders relevant erscheinen.

Personalthema 1: Zielvereinbarung und Leistungsbeurteilung
Mitarbeitergespräche zu Zielvereinbarung und Leistungsbeurteilung sind in vielen Unternehmen üblich und formal organisiert. Meist ist mit der Leistungsbeurteilung wiederum ein individueller Bonus verbunden. In einer Welt, die sicherstellen möchte, dass jeder Mitarbeiter seinen Beitrag zum Funktionieren des durchorganisierten Gesamtsystems leistet, funktioniert die dahinter stehende Logik halbwegs vernünftig. In einer agilen Arbeitsumgebung bestehen jedoch offene Widersprüche zu Logik und Praktikabilität.

Der Personalleiter der Meier GmbH fragt, wie sich die beiden agil arbeitenden Kollegen aus IT und Projektgeschäft die ideale Regelung für die agile Zukunft vorstellen. Alle sind sich einig, dass folgende Änderungen für eine agile Organisation sinnvoll sind:

- Als erstes steht die Abschaffung der individuellen Boni, da in agilen Teams die gegenseitige Unterstützung eine große Rolle spielt. Ein individueller Bonus steht dem im Wege, denn ein Mitarbeiter, der andere fördert, sinkt selber durch die Unterstützung (Zeitaufwand, Vergleich der Leistungen) in der Individualleistung.
- Jahreszielvereinbarungen sollen ebenfalls abgeschafft werden. Die kurzen Zyklen in der agilen Arbeit und die Flexibilität in der Projektarbeit lassen sinnvolle Planungen und Steuerung auf Jahresbasis nicht zu.
- Die Leistungsbeurteilung soll viel stärker durch die anderen Teammitglieder und andere Stakeholder erfolgen, nicht mehr nur durch die Abteilungsleiter. Hierzu soll ein 360°-Feedback etabliert werden, in dem jeder jederzeit jeden um Feedback bitten kann.

Im Recruiting erwarten die Beteiligten relativ wenige Veränderungen, da hier schon immer eine große Flexibilität nötig war. Allerdings werden zukünftig die individuellen Fähigkeiten in der Zusammenarbeit und Anpassungsfähigkeit eines Bewerbers eine große Rolle spielen, fachliche Anforderungen dagegen weniger relevant sein. Entsprechend soll die Grundlage des Recruitings nicht mehr ein Stellenprofil bilden, sondern eine projektspezifisch definierte Anforderung, die methodische Erfahrung und die Passung ins Team an erste Stelle rücken. Hierzu werden die jeweiligen Teams, in denen ein potenzieller Mitarbeiter arbeiten wird, früher in die Auswahl eingebunden und erhalten ein Mitbestimmungsrecht. Personalleiter und Abteilungsleiter sollen sich zurücknehmen.

Personal- und Führungskräfteentwicklung werden dahingehend genannt, dass die bestehende Systematik nicht passt. Eine Idealvorstellung ist jedoch nicht vorhanden. Daher wird dieser Punkt auf ein späteres Treffen vertagt.

Bezüglich der angedachten Abschaffung des Jahreszielvereinbarungssystems sehen sich die Beteiligten in guter Gesellschaft. Inzwischen hat selbst General Electric, also das Unternehmen, in dem die jährliche Leistungsbeurteilung besonders hoch priorisiert wurde, dieses System abgeschafft (Quartz 2016). Zum einen passt der Jahreszyklus nicht mehr zum Rhythmus des modernen Geschäfts, zum anderen hat der enorme Druck auf die Angestellten zwar die individuelle Leistung gefördert, aber gleichzeitig jede Individualität und Kreativität verhindert. Auch Teamarbeit wird deutlich schwieriger, wenn alle Teammitglieder unter dem hohen Druck einer individuellen Leistungsbeurteilung stehen.

Personalthema 2: Personalentwicklung agiler gestalten

Während der Diskussion um die anstehenden Gespräche und Verhandlungen mit dem Betriebsrat muss der Personalleiter an seinen letzten Besuch in der IT-Abteilung denken. Dort hat er sich ein eigenes Bild davon machen wollen, was agiles Arbeiten konkret bedeutet. Dabei spielte auch das Thema Aus- und Weiterbildung eine Rolle, einer der Bereiche, die im Betriebsverfassungsgesetz geregelt sind und der Mitbestimmung unterliegen.

Es begann alles damit, dass der Abteilungsleiter berichtete, in letzter Zeit kein einziges der üblichen Weiterbildungsformate genutzt zu haben, obwohl der Lernbedarf in der aktuellen Umbruchsituation besonders hoch sei. Die vorhandenen Angebote seien aus seiner Sicht immer weniger geeignet, die Bedürfnisse der Mitarbeiter zu befriedigen. Die Geschwindigkeit der Veränderungen und der Praxisbezug von Seminaren und ähnlichen Veranstaltungen sind in einer agilen Umgebung zunehmend unzureichend. Lernen in der traditionellen Form orientiert sich an fachlicher Autorität und Standards, und alle Mitarbeiter werden in den standardisierten Formaten qualifiziert.

In der neuen Welt verändern sich der Kontext des Arbeitens und die zu lernenden Inhalte und Methoden permanent. Hier sind Mitarbeiter und Führungskräfte gefordert, neue Lernbedarfe selbst zu identifizieren, die Lernumgebung (möglichst Arbeitsplatznah) eigeninitiativ zu definieren und mit anderen Kollegen gemeinsam zu lernen.

Als der Personalleiter die entsprechenden Äußerungen hörte, musste er ein wenig schlucken, denn für die Personalabteilung als Hauptverantwortlichem der Personalentwicklung würde eine entsprechende Umstellung der Lernlogik einiges abverlangen. Insbesondere müssten die Kollegen in der Personalentwicklung die bisher streng gepflegte Hoheit über Inhalte und Formate abgeben, sie müssten ihre Kernkompetenz »loslassen« und den Mitarbeitern vertrauen, selber über die eigene Weiterentwicklung entscheiden zu können.

In der Konsequenz würden sich wesentliche Aspekte der Personalentwicklung verändern:

- Lernbedarfsanalysen: Bisher wurde der Lernbedarf eines Mitarbeiters durch die jeweilige Führungskraft auf Basis von Zielvereinbarungen und Leistungskontrollen ermittelt. In einer agilen Teamkultur und schnell veränderlichen Bedarfen würden beide Instrumente nicht mehr taugen. Außerdem müssten die Mitarbeiter in der Lage sein, den eigenen Lernbedarf selbstverantwortlich zu bestimmen und in Lernprozesse umzusetzen.
- Lernformate: Das Rückgrat der aktuellen Personalentwicklung sind Seminare/Seminarkataloge zertifizierter Anbieter und fest definierte Inhalte. In Zukunft würden diese bereits heute nicht wirklich gut funktionierenden Formate völlig untauglich. Stattdessen müssten Strukturen geschaffen werden, in denen Kollegiale Beratung, Collective Learning, Experimente, Simulationen und andere individuell gestaltbare und arbeitsnahe Formate zum Einsatz kommen.
- Lerninhalte: Bisher wurden Inhalte von Lernformaten von Lernexperten vorgegeben und in der Logik der klassischen »Frontalbeschallung« als formales Wissen weitergegeben. Die Zukunft der Lerninhalte liegt aber ganz offensichtlich in der kontextbezogenen Eigenkreation und Verbreitung in Netzwerken (Communities).

Dass die Entwicklung unaufhaltsam in diese Richtung geht, wurde endgültig offensichtlich, als der Personalleiter vor Ort erlebte, wie neues Lernen aussehen kann. Die Mitarbeiter zeigten im Arbeitskontext einige dahingehende Verhaltensänderungen. Wie vielfach schon im Privaten zu beobachten, wurden während der Arbeit Social Media genutzt und so über dieses eigene Netzwerk definiert, was relevant ist und was man lernen muss. Gleichzeitig wird immer häufiger eigener Content erzeugt, wenn etwa kleine Videos zu speziellen Themen direkt am Rechner hergestellt und dann in einem eigenen Sharepoint allen Kollegen verfügbar gemacht werden. Mitarbeiter berichteten, dass mit steigender Qualität dieses Contents auch die individuelle Reputation und das Feedback aus dem Netzwerk ansteigen. Die Lernführerschaft entkoppelt sich deutlich von der Funktion und formalen Bildung.

Trotz dieser Entwicklung werden auch zukünftig externe Lernformate und -inhalte benötigt, da Innovation und Fortschritt kaum in den Grenzen der eigenen Erfahrung erfolgen können. Auch hier zeigte die gelebte Realität der

Mitarbeiter, was zukunftsfähig ist. Mehrere Formate wurden immer wieder genannt auf die Frage, wo externe Inhalte herkommen: Youtube, TED Talks, Khan Academy (Flipped Classroom) und vereinzelt MOOCs als Campus für Lerngruppen, die die gebotenen Inhalte in den eigenen Kontext übertragen.

Diese Beobachtung zeigte dem Personalleiter, was ihm auch schon durch die eigene Erfahrung mit TED Talks (www.ted.com) aufgefallen war: Mit zunehmender Nutzung von Onlinemedien verändern sich die Lerngewohnheiten der Menschen ebenso wie ihre Erwartungen an Kommunikation und Lehrformate. In einer digitalen Welt, in der nahezu jede Information verfügbar ist und auf ansprechende Formate wie TED Talks, Blogs oder Wikipedia jederzeit zugegriffen werden kann, besteht keine Notwendigkeit für Medien und Menschen, die ihre Nachrichten nicht in ansprechender Weise präsentieren. Dozieren ex cathedra muss heute nicht mehr akzeptiert werden. Daher wird es Zeit, darüber nachzudenken, wie die Unternehmenskommunikation, die Personalentwicklung sowie die Führungskultur und -arbeit von den digitalen Medien betroffen sind und wie das enorme Potenzial der digitalen Formate in der Personal- und Organisationsentwicklung genutzt werden kann.

Dies ist auch die eine Botschaft, die Simon Sinek in seinem TED Talk »How great leaders inspire action« erläutert. Er zeigt auf, wie wichtig die Geschichte hinter der Geschichte ist, um Menschen zu inspirieren. Sie wollen verstehen, welchen Sinn eine Organisation oder ein Produkt stiften, und dieses Verständnis treibt Handlungen an. Die Sinnstiftung macht große Führer oder Marken aus.

Aus Sicht der Personalabteilung und der Personalentwicklung bieten TED Talks und die dahinter stehenden Kommunikationsprinzipien eine hervorragende Chance, die Führungskultur und -fähigkeiten im Unternehmen positiv zu entwickeln. Sowohl die kommunikative Kompetenz als auch die digitale Kompetenz der Führungskräfte lassen sich positiv beeinflussen und tragen dazu bei, die Führungsleistung zu verbessern.

Simon Sinek: How great leaders inspire action

Simon Sinek has a simple but powerful model for inspirational leadership all
starting with a golden circle and the question »Why?«. His examples include Apple,
Martin Luther King, and the Wright brothers ... (Filmed at TEDxPugetSound).
http://www.ted.com/talks/simon_sinek_how_great_leaders_inspire_action

Dieses und andere Beispiele zeigen, dass die Nutzung von TED Talks nicht
nur die jeweiligen Kommunikationssituationen verändert, sondern darüber
hinaus mit Effekten auf die Kommunikations- und Führungskultur zu rechnen
ist. Wenn die Fokussierung auf ein Thema, das präzise und ansprechend dargeboten wird, Schule macht, wie werden sich wohl Meetings verändern? Es
ist davon auszugehen, dass sie deutlich effizienter werden, da niemand mehr
langwierige Powerpoint-Schlachten und politisches Blabla akzeptiert. Oder
Zielvereinbarungen, Leistungs-Feedbacks, Projektaufträge. Überall wo intensiv kommuniziert wird, können die Regeln für TED Talks und die Fertigkeiten,
die dazu gehören, positiv genutzt werden. Last but not least werden Videos
als Format der Kommunikation, Schulung und Dokumentation häufiger eingesetzt und sind durch einfache Zusatzinstrumente wie eine Kommentierung
oder Like-Buttons problemlos in Kollaborationsplattformen integrierbar. Was
in der Internetwelt gut funktioniert, kann auch innerhalb der Unternehmen
positiv wirken.

Während einzelne Webformate hervorragend geeignet sind, Inspiration und
Anstöße zu liefern, würde selbst die Produktion eigener Formate sicher nicht
ausreichen, die notwendige Veränderung im betrieblichen Lernen zu bewältigen. Schließlich fehlt auch hier der Schritt, der die traditionellen Lernformate
zunehmend ungeeignet erscheinen lässt, nämlich der Schritt vom Wissen zum
praktischen Handeln: der Kompetenzerwerb.

Zusammenfassung und Ausblick

Alle bisherigen Diskussionen über die Nutzung agiler Methoden in der Meier GmbH und deren Konsequenzen haben gezeigt, dass massiver Klärungsbedarf besteht, denn ein Fazit der Beteiligten ist: Agil und agil sind nicht dasselbe. Es gab anfangs ein unterschiedliches Verständnis davon, was Agilität meint. Die Fachbereiche bezogen sich auf agile Methoden in der Abarbeitung der Aufgaben, die Personaler verstanden – genau wie die Geschäftsführung – darunter zunächst die Fähigkeit des Unternehmens, Risiken und Chancen in der Unternehmensumgebung schnell zu erkennen und darauf flexibel und zügig zu reagieren. Zunächst sind also ein gemeinsames Verständnis und ein gemeinsames Zielbild zu definieren.

Logik und Wirkung agilen Arbeitens betrifft drei Ebenen: Individuum – Team – Organisation. Es hat sich gezeigt, dass viele Themen im Personalmanagement miteinander verwoben sind und jede Veränderung Implikationen an mehreren Stellen nach sich zieht. Erschwerend kommt hinzu, dass agiles Arbeiten unter anderem auf Geschwindigkeit ausgerichtet ist und die Personalabteilung sich hier einem großen Spagat gegenüber sieht. Auf der einen Seite kann die Anwendung agiler Prinzipien auch die Erarbeitung neuer Personalsysteme und -instrumente deutlich beschleunigen, auf der anderen Seite stehen jedoch Prozesse, die sehr langwierig sind und die agile Transformation aufhalten werden. Hierzu gehören vor allem die Themen, die der Mitbestimmung und gesetzlichen Rahmenbedingungen unterliegen. An dieser Stelle tut sich für das Personalmanagement eine Schere auf, die es zu schließen gilt.

Für das eigene Personalmanagement stellen die beiden Personaler der Meier GmbH mehrere Arbeitsthesen auf, an denen sich die weitere Arbeit an der agilen Transformation orientieren soll:

- Ausgangspunkt einer agilen Transformation ist eine »Inventur« dessen, was das Personalmanagement aktuell umfasst. Die verschiedenen HR-Systeme und -prozesse sind ebenso zu erfassen wie die gelebte Realität (HR-Agility-Check, VZU-Matrix usw.). Erst dann kann abgeleitet werden, welche Themen in welcher Form und Reihenfolge anzugehen sind.
- Grundlage der agilen Transformation des Personalmanagements ist die Anwendung agiler Prinzipien. Experiment und Simulation sind wesentliche (in HR bisher wenig gebräuchliche) Vorgehensweisen, um neue Wege zu finden, zu testen und weiterzuentwickeln.

Der erste Schritt auf dem Weg zu einer agilen Organisation ist die Erkenntnis, dass es vor allem um eine Sicht- und Denkweise geht. Im Zentrum stehen Kultur und Werte, die in einer Organisation vorherrschen. Methoden, Prozesse und Instrumente sind erst nachgelagert relevant.

Komplexe Systeme können nicht gesteuert werden, der einzige Regelungshebel ist Feedback! Diskurs im System kann zu Verhaltensänderungen führen. Schnelle Systeme lassen sich ebenfalls sehr viel schwieriger steuern. Iteratives und experimentelles Vorgehen sind daher erfolgsentscheidend, wenn Lösungen für komplexe Fragestellungen gefunden werden sollen.

Der Erfolg einer agilen Transformation hängt von mehreren Faktoren ab:
- Analysefähigkeit: Kontext und Möglichkeiten;
- Loslassen: Macht, Prozesse ... weglassen oder verändern, was nicht mehr passt;
- Toleranz: verschiedene Ansätze und Wege zulassen, ggf. auch parallel;
- Durchhalten: es werden mehr scheinbare Probleme und Fehler auftauchen, etwa in der Mitbestimmung;
- Ausprobieren: weg vom vollständigen Plan, hin zu Prototypen und Experimenten;
- Lernen, lernen, lernen!

Für die Personalabteilung heißt das, die zukünftige Rolle neu zu definieren. Je nachdem, wohin sich das Unternehmen entwickeln will, und abhängig vom gegebenen Kontext, besteht ein großer Spielraum zwischen einer Personalabteilung, die administrative Arbeiten erledigt oder sich als Treiber der agilen Transformation etabliert oder ganz abgeschafft wird. Die Zukunft wird es zeigen, und zwar agil.

Literatur

Cortinovis S.; Veränderung als Normalzustand – Agile Praxis aus Personalmanagement-Sicht, Vortrag auf der Zukunft Personal 2015

Deutsche Gesellschaft für Personalführung DGfP; DGfP Langzeitstudie Professionelles Personalmanagement (2010) https://static.dgfp.de/assets/publikationen/2011/03/dgfp-langzeitstudie-professionelles-personalmanagement-pix-2010-1342/dgfplangzeitstudiepix2010.pdf

Edelkraut F.; Der letzte räumt die Erde auf! Wie sich »agil« auf die Personalabteilung auswirkt. Vortrag auf der Manage Agile 2014 (2014) http://de.slideshare.net/fredel00/hr-in-agilen-umgebungen

Edelkraut F., Eickmann M.; Agiles Management – jetzt wird es ernst! Wirtschaftsinformatik & Management (1/2015)

Edelkraut F.; Personalmanagement in der agilen Organisation; Management Innovation Camp 2016 (1/2016) http://managementinnovation.camp/

Haas A.; Führung in einer Experience Driven Company, Beitrag auf dem DGfP-Lab 2015. Interview und Hintergründe: Wilkat B., Haas A.: Human Centred Design bei der Swisscom http://www.the-new-worker.com/human-centred-design-swisscom/

Haufe; Whitepaper: Agile Unternehmen – Das Betriebssystem für die Arbeitswelt der Zukunft (2015) http://www.haufe.de/personal/download-agile-unternehmen-whitepaper_48_319054.html

Haufe Umantis (2015) http://presse.haufe.de/pressemitteilungen/detail/article/ceo-marc-stoffel-erneut-demokratisch-gewaehlt/

Komus et. al.; Status Quo Agile-– Zweite Studie zu Verbreitung und Nutzen agiler Methoden http://www.status-quo-agile.de/ (2014)

Klumpp B., Guillium L.; Betriebsverfassungsgesetz und SCRUM – Wie passt das zusammen? Vortrag auf der Deutsche SCRUM 2012 http://deutscheSCRUM.de/sites/deutscheSCRUM.de/files/article/Deutsche%20SCRUM%202012_Betriebsver-fassungsgesetz%20und%20SCRUM.pdf

Kniberg I., Ivarsson A.; Scaling Agile @ Spotify with Tribes, Squads, Chapters & Guilds (2012) http://de.slideshare.net/xiaofengshuwu/scalingagilespotify (Anm.: Bei Slidshare.net finden sich einige weitere Dokumente zu der Art, in der Spo-tify sich organisiert)

PMI; Capturing the value of project management through organizational agility (2015) http://www.pmi.org/~/media/PDF/learning/translations/2015/capture-value-organizational-agility.ashx

Quartz 2016 http://qz.com/428813/ge-performance-review-strategy-shift/

Stoffel M., Grabmeier S.; Mitarbeiterzentriertes Betriebssystem Keynote auf dem Talent Management Gipfel (2015) https://www.haufe.com/vision/mitarbeiter-zentriertes-betriebssystem/

11.3 Basisinformationen zu agilen Methoden

Wenn Sie bisher noch keine Erfahrung mit agilen Methoden haben, dann finden Sie hier grundlegende Informationen:
http://de.wikipedia.org/wiki/Agile_Softwareentwicklung

Einen guten Überblick gibt auch: Komus, A.: Studie: Status Quo Agile Verbreitung und Nutzen agiler Methoden, http://www.status-quo-agile.de/ (2012, 2014)

SCRUM wird in diesem Blog kurz und verständlich dargestellt: http://blog.crisp.se/2016/10/09/miakolmodin/poster-on-agile-in-a-nutshell-with-a-spice-of-lean

11.4 Agile Prinzipien werden zu agilen Lernprinzipien

Zum Ende von Kapitel 2 haben wir kurz reflektiert, wie die Übertragung der agilen Werte aus dem Agilen Manifest auf Lernen und Personalentwicklung aussehen würde. Diese erste Überlegung hat bereits gezeigt, dass agiles Denken von Lernern und Personalentwicklung durchaus zu anderen Ergebnissen kommt als die gelebte Realität in vielen Unternehmen. Hier wollen wir die Reflexion nun weiterführen und die agilen Prinzipien aus dem Agilen Manifest in agile Lernprinzipien übertragen.

Agile Prinzipien, zitiert aus dem Agilen Manifest:
- Unsere höchste Priorität ist Kundenzufriedenheit durch frühe und kontinuierliche Lieferung.
- Änderungswünsche sind willkommen, auch in späten Phasen, denn es geht um die Wettbewerbsfähigkeit des Kunden.
- Wir liefern regelmäßig, bevorzugt in kurzen Zyklen.
- Alle Funktionsbereiche arbeiten gemeinsam.
- Organisiere Teams um motivierte Menschen herum.
- Gib Teams die Ressourcen und Unterstützung, die sie brauchen, und vertraue ihnen.
- Die beste Art der Kommunikation ist von Angesicht zu Angesicht.
- Funktionsfähige Produkte sind die Maßeinheit des Fortschritts.
- Alle Stakeholder sollten einen kontinuierlichen Arbeitsfluss aufrechterhalten.
- Kontinuierliches Streben nach technischer Exzellenz und gutem Design verstärkt Agilität.
- Einfachheit, die Kunst, Dinge nicht zu tun, ist essentiell.
- Die besten Ergebnisse kommen aus selbstorganisierten Teams.
- In regelmäßigen Abständen reflektiert das Team Möglichkeiten, noch besser zu werden, und setzt entsprechende Maßnahmen um.

Agile Prinzipien des Lernens sind:
- Unsere höchste Priorität ist der Lernerfolg durch schnelle Bereitstellung individuell nützlicher Angebote.
- Änderungswünsche sind willkommen, auch in laufenden Lernprogrammmen, denn es geht um die »Wettbewerbsfähigkeit« des Lerners.
- Lernen erfolgt kontinuierlich und wird in kurzen Zyklen reflektiert.
- Lernen wird cross-funktional konzipiert und realisiert.
- Organisiere Lern-Teams um motivierte Lerner herum.
- Lerner erhalten alle sinnvollen Rahmenbedingungen, agieren aber selbstbestimmt.

- Die beste Art der Kommunikation ist von Angesicht zu Angesicht (unverändert).
- Lernerfolge im operativen Alltag sind die Maßeinheit des Fortschritts.
- Alle Stakeholder sollten einen kontinuierlichen Lernfluss aufrechterhalten.
- Kontinuierliches Streben nach Exzellenz und hoher Produktivität verstärkt Lernen.
- Einfachheit, die Kunst, Dinge nicht zu tun, ist essentiell (unverändert).
- Die besten Ergebnisse kommen aus selbstorganisierten Lern-Teams (Vorrang für soziales Lernen).
- In regelmäßigen Abständen reflektiert das Team Möglichkeiten, noch besser zu werden, und setzt entsprechende Maßnahmen um (unverändert).

Wie auch bei der Übertragung der agilen Werte auf Lernen zeigt die Übertragung der agilen Prinzipien, dass manche davon 1:1 übernommen werden können. Andere sind nur etwas umzuformulieren. Entscheidend ist hierbei, dass in der Formulierung agiler Lernprinzipien Änderungen gegenüber den heute üblichen Standards des Lernens erkennbar sind.

Eigenverantwortung und Selbstorganisation des Lerners sind wesentliche Elemente bei dieser Änderung. Da Lernen immer an einen Menschen – wir lassen die aktuellen Entwicklungen bei künstlicher Intelligenz, Deep Learning-Systemen etc. außen vor – gebunden ist, wird der Lerner zum »Kunden« im agilen Lernsystem. Gleichzeitig ist er Entscheider, Organisator und Auditor seines Lernprozesses. Diese Mehrfachrolle zu bewältigen, ist nicht einfach, vor allem, wenn Lernen bisher eher als Konsum vorgefertigter Angebote erfolgte. Deshalb werden viele Lerner eine begleitende Unterstützung durch die Personalentwicklung bzw. die eigene Führungskraft benötigen. Deren Rolle verändert sich somit ebenfalls.

Lernen wird im agilen Kontext vom Ergebnis her gedacht, wodurch die Themen Zieldefinition und Messbarkeit des Lernfortschrittes eine Aufwertung erfahren. Da die Messbarkeit von Lernerfolgen schon lange kontrovers diskutiert wird und bisher (und wohl auf absehbare Zeit) keine überzeugenden und einfach zu handhabenden Messsysteme entwickelt wurden, ist bei der Konzeption von Lernen intensiv darauf zu achten, wie die Ergebnisdefinition und die Messung aussehen können.

Werden die hier dargestellten agilen Lernprinzipien als sinnvoll angestrebt, bedeutet dies für viele existierende System der Personalentwicklung eine signifikante Veränderung, die eine grundlegende Überarbeitung der Personalentwicklung erfordert. Diese wird dann bereits eine »Nagelprobe« für das Verständnis des agilen Mindsets sein. Ein Tipp: Die grundlegende Überarbeitung und Definition einer »neuen PE« ist sehr Old School und nicht agil. Agile PE entsteht auch agil, d.h. durch kurze Entwicklungsschritte, die sofort zu funktionsfähigen Prototypen führen, die von kleinen Nutzergruppen (Pilot-anwender) ausprobiert und verbessert werden.

Ein praktikabler erster Schritt kann in vielen Organisationen die Stärkung des sozialen Lernens sein. Dieses ist in vielen Unternehmen unterrepräsentiert, spielt in der agilen Welt aber eine deutlich größere Rolle.

11.5 Train-the-Trainer-Programm »Agile Transformation«

In vielen Unternehmen stehen aktuell Entscheidungen zu Digitalisierung, neuen Technologien, exponentiellen Geschäftsmodellen oder der Nutzung agiler Methoden an. Diese Themen sind vielfältig miteinander verwoben und erzeugen eine Komplexität, die diese Entscheidungen anspruchsvoll werden lässt. Die Leitfrage ist: Wie kann der nächste Schritt für unser Unternehmen aussehen?

Die Nutzung agiler Methoden ist die Chance, aktuelle Herausforderungen schnell, risikoreduziert und wirksam zu bearbeiten. Sie erfordert nur den Mut, einen ersten Schritt zu gehen, sowie qualifizierte Mitarbeiter, die agiles Arbeiten beherrschen und die Konsequenzen für die Organisation professionell bearbeiten können.

»Wir wissen, dass wir uns auf agiles Arbeiten vorbereiten müssen. Wir wissen aber nicht wie, da wir keine Erfahrung besitzen.« Das ist die Meinung des Top-managers eines mittelständischen Produktionsunternehmens, und sie zeigt sehr gut das Dilemma, in dem sich die heutige Wirtschaft zukünftig befinden wird.

Agile Methoden verbessern die Leistungsfähigkeit und Flexibilität von Unter-nehmen und sichern damit Wettbewerbsfähigkeit und Innovation. Die flä-chendeckende Einführung agilen Arbeitens in Unternehmen wird somit in den kommenden Jahren eine wesentliche Aufgabe für Führungskräfte, Personaler und Projektteams sein. Dafür werden vielfältige Kompetenzen und Erfahrun-gen benötigt, die nur in Einzelfällen umfassend vorhanden sind.

Die Qualifizierung »Agile Transformation« bereitet cross-funktionale Teams mit Hilfe agiler Methodik und der Arbeit an konkreten Modernisierungsthemen des Unternehmens auf die nächsten Schritte vor. Wie die geschieht, zeigt das nachfolgend vorgestellte Konzept.

1. Konzept und Nutzen

Im Train-the-Trainer-Programm »Agile Transformation« (TtT) bereiten sich cross-funktional besetzte Teams aus Führungskräften, agil-erfahrenen Fachexperten und Verantwortlichen in Stabsstellen (HR, Internal Consulting, Finance etc.) auf eine verantwortliche Rolle in der agilen Transformation ihres Unternehmens vor. Die Teilnehmer arbeiten an eigenen Projekten und erleben in selbstorganisierten Projektteams die Potenziale agilen Arbeitens. So wird ihr individuelles Kompetenzspektrum erweitert und eine persönliche Toolbox für agile Transformationen aufgebaut.

2. Zielgruppe und Ziele

Das Train-the-Trainer-Programm »Agile Transformation« richtet sich primär an Führungskräfte, Projektmanager, Personalmanager und bereits agil arbeitende Experten, die in ihren Organisationen für die Einführung oder Weiterentwicklung des agilen Arbeitens und die agile Transformation verantwortlich sind oder in entsprechenden Transformationsteams mitarbeiten (werden).

Konkrete Zielstellungen sind:

- Wirkungsweise und Grundprinzipien von agilen Methoden kennenlernen und praktische Erfahrung mit der Nutzung agiler Methoden sammeln bzw. ausbauen;
- Aufbau eines umfassenden Kompetenzspektrums, das zu einer erfolgreichen Umsetzung agiler Transformationen befähigt;
- die Situation in der eigenen Organisation und Funktion zur Grundlage der praktischen Arbeit machen. Im Idealfall bildet ein anstehender oder gestarteter agiler/digitaler Transformationsprozess die Grundlage für die Projektarbeit im Programm.

3. Grundannahmen und -werte

Das Design des Train-the-Trainer-Programms zielt auf den Kompetenzaufbau durch praktisches Handeln, kollegiale Kooperation und konsequente Anwendung agiler Methoden. Dies wird dadurch erreicht, dass die agile Zukunft, die in den Unternehmen eingeführt werden soll, möglichst weitgehend anhand der Gegebenheiten und Vorgehensweise in einer agilen Transformation simuliert wird. Dies bedeutet:

- Agile Methoden und der agile Mindset werden konsequent eingesetzt (SCRUM, Kanban, Design Thinking etc.);
- die Teilnehmergruppe setzt sich aus Führungskräften, Fachexperten (IT, Engineering usw.) und Personalexperten (oder Finance, Corporate Consul-

ting usw.) zusammen und spiegelt so die diverse Zusammensetzung agiler Transformationsteams in den Unternehmen;

- es wird eigenverantwortlich und selbstorganisiert an realen oder realitätsnahen Projekten gearbeitet; der TtT kann somit wie ein ausgelagertes »Agiles Lab« eingesetzt werden, in dem Methoden ausprobiert und Lösungen entwickelt werden;
- selbstorganisierte, kooperative Arbeits- und Lernszenarien stehen im Vordergrund. Eine elektronische Lern- und Kommunikationsplattform und die Lehrtrainer stehen zur Verfügung, bieten aber »nur« den Rahmen sowie individuelle Unterstützung und Begleitung (Ermöglichungsdidaktik);
- jeder Teilnehmer ist Lernender mit einem selbstdefinierten, individuellen Entwicklungsplan. Gleichzeitig ist er Lehrender, d.h. er bringt seine Fachkompetenz und Erfahrung in die Gruppe ein (kollegiale Beratung).

Aufbau und Inhalte gehen von drei Annahmen zu agilen Transformationen aus:

1. Eine Transformation ist vor allem ein Lernprozess, der zu neuen bzw. veränderten Verhaltensweisen führt. Die **drei Ebenen der Transformation** sind:
   - *Individuum* – Das individuelle Verhalten bestimmt die Leistung und ist der Gradmesser für jede Transformation.
   - *Team* – Soziale Unterstützung und Kontrolle bestimmt menschliches Verhalten.
   - *Organisation* – Rahmenbedingungen und Prozesse beeinflussen Verhalten und sind entsprechend zu gestalten.
2. Ein Transformationsprozess umfasst drei Phasen: *Initiierung, Skalierung, Verstetigung*. Dabei ist die Verstetigung, d.h. die Sicherstellung des angestrebten Zustandes, der zentrale Fokus. Die Skalierung, d.h. Roll-Out und Implementierung der Veränderung in der gesamten Organisation, stellt jedoch die wirkliche Herausforderung jeder Transformation dar.
3. Die agile Transformation eines Unternehmens ist ein *interner Prozess*, denn es gilt, individuell passende Lösungen und Strukturen zu entwickeln.

4. Aufbau, Methoden und Inhalte

Das Programm umfasst primär die Elemente: Workshops, Projektarbeit und Selbststudium.

4. 1. Die Workshops

Das Programm ist für fünf Workshops mit einer Dauer von je drei Tagen konzipiert. Insgesamt ergeben sich 30 halbtägige Module, die wie folgt eingeplant sind:

- 2 organisatorische Module
- 10 Themenmodule

- 10 Module für agile Projektarbeit
- 4 Module Review
- 4 Module Sprint Planning

	Module					
WS1	Rules & Roles	Agiles Arbeiten	Require-ment Eng.	Projektstart	PA	SP
WS2	Review	Design Thinking	Organi-sations-design	PA	PA	SP
WS3	Review	Führung 1	Agile KPI's	PA	PA	SP
WS4	Review	Scaling Agile	Führung 2	PA	PA	SP
WS5	Review	Agile Transform.	Moderation	PA	PA	Abschluss

Tab. 10: PA: Projektarbeit, SP: Sprint Planning

4.1.1. Organisatorische Module

Modul 1: Rules & Roles

- Selbstorganisation des Teilnehmerteams – Wie wollen wir arbeiten und welche Rollen benötigen wir dazu?
- Definition eines persönlichen Entwicklungsplans
- Auswahl und Initiierung der Praxisprojekte
- Festlegung der Regeln, die im Programm gelten sollen

Modul 30: Abschluss

- Abschluss der Projektarbeit und Dokumentation
- Review des eigenen Lernprozesses
- Definition eines persönlichen Aktionsplanes

4.1.2. Themenmodule

Die Inhalte der Themenmodule werden, genau wie die Praxisprojekte, durch die Teilnehmer selbst definiert, um eine möglichst passende Unterstützung der Projektarbeit und der individuellen Lernziele zu erreichen. Als vordefi-nierte Grundlagenmodule sind »Agile Methoden« (2 Module), »Agile Führung und Teammanagement« (2 Module), »Agile Organisation« und »Requirement Engineering« vorgesehen.

Modul »Agile Methoden«
- Grundlagen agilen Arbeitens – Wie funktioniert agil?
- Simulationen agiler Methoden (SCRUM, Kanban, etc.) – Agil erleben
- Anwendung agiler Methoden im Unternehmen – Vorteile und Grenzen

Module »Agile Führung und Teammanagement«
- Führung in agilen und teil-agilen Organisationen
- Leadership Dimensions
- Rollen und Positionen definieren und verändern
- Selbstorganisation von Teams fördern und entwickeln
- Strategische Kommunikation

Module »Agile Organisation und Agile Transformation«
- Aufbau und Charakteristika agiler Organisationen
- Organisationsdesign und -management
- Unternehmenskultur und Kulturprofile
- Definition von KPIs für Projekte, Organisation und agiles Arbeiten
- Schnittstellen zu nicht-agilen Organisationseinheiten, Kunden und anderen Stakeholdern
- Agile Transformationsprozesse gestalten

Modul »Requirement Engineering«
- Requirement Engineering im agilen Umfeld
- Ansätze aus dem Test »Driven Development«
- Criteria of Ready
- Kleine Liefereinheiten

Modul »Design Thinking«
- die Methode »Design Thinking«
- Simulation eines Design Thinking-Prozesses
- Anwendung auf Fälle der Teilnehmerpraxis

Modul »Moderation & Kommunikation«
- Moderation von Gruppenprozessen und Retrospektiven
- Prinzipien der Kommunikation in digitalen und schnell veränderlichen Umgebungen

4.1.3. Module Review

Die Arbeit an den Praxisprojekten erfolgt teilweise in den Workshops und zu einem guten Teil in deren Zwischenphasen. Damit gehört das Arbeiten in verteilten Teams zur Projektarbeit dazu. In den Review-Modulen werden die

Fortschritte der Projektarbeit in den Projekten aufgearbeitet und die damit verbundenen Erfahrungen gesichert.

Bilden die Teilnehmer Fach-Communities (z. B. Personalmanagement), sind die dort gewonnenen Erkenntnisse und gesammelten Erfahrungen ebenfalls zu dokumentieren und mit den anderen Teilnehmern zu teilen. Auch hierzu werden die Reviews genutzt.

4.1.4. Module Sprint Planning

Die Module für das Sprint Planning dienen der Vorbereitung der Projektarbeit zwischen den Workshops, die Review-Module dienen der Reflexion und Aufarbeitung in den Zwischenphasen. Diese Vorgehensweise entspricht den Elementen »Daily Stand-up« und »Retrospektive« in SCRUM und dient den gleichen Zwecken.

4.2 Die Projektarbeit

Zentraler Bestandteil des Programms sind Praxisprojekte, in denen die Nutzung agiler Methoden praktisch angewandt wird. Projektideen werden von den Teilnehmern in der Vorbereitungsphase eingebracht und diskutiert. Die Teilnehmer entscheiden dann im ersten Modul gemeinsam, welche der eingebrachten Themen als Praxisprojekte umgesetzt werden. Im Idealfall handelt es sich dabei um real umsetzbare Projekte, die mit der agilen Transformation im Unternehmen verbunden sind.

4.3. Selbststudium und E-Learning-Plattform

Eine E-Learning- und Kollaborations-Plattform bietet den Teilnehmern vielfältige Möglichkeiten für die individuelle fachliche Vorbereitung und Zusammenarbeit. Zu allen Fachmodulen werden umfangreiche Materialien zum Selbststudium bereitgestellt. Die Plattform wird darüber hinaus von den einzelnen Projektteams für die Zusammenarbeit in den Phasen zwischen den Workshops genutzt.

In der Vorbereitungsphase zum Programm dient die Plattform dazu, die individuellen Initiativen für Praxisprojekte vorzustellen und zu diskutieren. Die späteren Teilnehmer können so bereits eine Vorauswahl treffen und die eigenen Lernziele mit den Projektvorschlägen abgleichen.

5. Rollen im Programm

5.1. Die Rolle der Teilnehmer

Die Teilnehmer sind die Treiber des Programms und bringen ihre Bedürfnisse (persönlicher Entwicklungsplan), Kompetenzen (Peer-Consulting) und ihre

Arbeitskraft ein. Sie organisieren das Programm selbständig, wählen die relevanten Inhalte und Instrumente aus und setzen ihr Konzept um. So simulieren sie die angestrebte Rolle als agiler Transformationscoach in der geschützten Umgebung des TtT-Programms, analog zu einem Transformation Lab.

5.2. Die Rolle der Lehrtrainer

In der agilen Welt verändert sich auch die Rolle von Trainern. Analog zur Veränderung der Führungsrolle liegt der Schwerpunkt dieser Rolle in der Befähigung zu selbstbestimmtem und -organisiertem Lernen und der Begleitung individueller Kompetenzerweiterung (Ermöglichungsdidaktik).

Als erfahrene Organisationsentwickler, Führungskräfte und Agile Coaches stellen die Lehrtrainer für das Programm einen organisatorischen und inhaltlichen Rahmen zur Verfügung, der alle wesentlichen Erfahrungen, Methoden und Tools agilen Arbeitens und agiler Transformationsprozesse umfasst. Was davon in welcher Form zum Einsatz kommt, entscheiden die Teilnehmer in ihren Projektteams. Die Lehrtrainer begleiten sie als Berater, Mentoren, Moderatoren und manchmal als Hofnarren. Ab und zu könnte auch die klassische Trainerrolle passend sein.

6. Zugangsvoraussetzungen und Bewerbungsverfahren

In der agilen Welt beruht die Leistungserbringung auf der selbstorganisierten Kooperation in den Teams. Das Train-the-Trainer-Programm wird die agile Realität dann effektiv simulieren, wenn hochmotivierte Teilnehmer in fachlich diversen Projektteams und hochqualifizierten Fach-Communities kollaborativ und selbstorganisiert agieren. Daher wird die Gruppe der Teilnehmer durch die Lehrtrainer kuratiert.

6.1. Zugangsvoraussetzungen

Damit Sie den maximalen Nutzen aus der Teilnahme ziehen können, werden nur Teilnehmer zugelassen, die folgende Kriterien erfüllen:

- Lust und Motivation, sich intensiv und kollaborativ mit agilem Arbeiten und agiler Transformation auseinanderzusetzen;
- Studium oder vergleichbare Ausbildungsleistung, sehr gute Englischkenntnisse (teilweise wird englischsprachiges Material genutzt, in der globalen/digitalen/agilen Wirtschaft ist Englisch die Leitsprache);
- mindestens fünf Jahre Berufserfahrung und bei den Führungskräften mindestens zwei Jahre Führungs- oder Projektleitungserfahrung;
- Tätigkeit in einem Unternehmen, das sich aktiv mit der Digitalisierung bzw. agilem Arbeiten befasst und durch eine agile Transition/Transformation gehen wird; eigene Erfahrung mit agilem Arbeiten ist nicht zwingend erforderlich.

Gleichzeitig verpflichten sich die Teilnehmer zu aktiver Mitarbeit, d.h. unter anderem:

- alle Informationen, die über andere Personen und deren Unternehmen ausgetauscht werden, absolut vertraulich zu handhaben (Vertraulichkeitserklärung nötig);
- eigene Kompetenzen und Erfahrungen als Peer-Consultant einzubringen (in Lerntandems und Fach-Communities);
- die Diskussion auf der bereitgestellten elektronischen Plattform im offenen Bereich und in den Projektbereichen mitzuführen;
- im Vorfeld die bereitgestellte Wissensgrundlage zu erarbeiten.

In begründeten Ausnahmefällen können Bewerber mit anderen Voraussetzungen zugelassen werden. Die Anzahl wird eine Person pro Projektgruppe nicht übersteigen.

6.2. Bewerbungsverfahren

Mit allen Interessenten wird zunächst ein telefonisches Informations- und Beratungsgespräch geführt, in dem deren Ziele und Erwartungen mit dem Konzept und den Erwartungen der Organisatoren abgeglichen werden.

Mündet das in die gemeinsame Feststellung, dass eine Teilnahme sinnvoll ist, sollten folgende Unterlagen eingereicht werden:

- Motivationsschreiben, inkl. Angaben zum persönlichen Bezug zu agilem Arbeiten und den persönlichen Zielen für die Teilnahme;
- Aufstellung der Kompetenzen und Erfahrungen, die aktiv in die Gruppe eingebracht werden können, und derjenigen Kompetenzen, die (weiter) entwickelt werden sollen;
- Link zum eigenen Werdegang (auch als Profil: LinkedIn, Xing …);
- Ideenskizze für ein Praxisprojekt, das im TtT bearbeitet werden kann. Das Projekt sollte idealerweise im eigenen Unternehmen realisierbar sein!

Die Lehrtrainer kuratieren anhand der Vorgespräche und Unterlagen eine Teilnehmergruppe, die eine möglichst effektive und effiziente Zusammenarbeit erwarten lässt. Nach der Teilnahmebestätigung und verbindlichen Anmeldung stellt jeder Teilnehmer die oben genannten Informationen für alle Teilnehmer auf der Plattform zur Verfügung. So kann bereits vor dem ersten Workshop ein erstes Kennenlernen erfolgen.

7. Rahmendaten

7.1. Anzahl der Teilnehmer

Für die Durchführung des Programms sind mindestens 14 (2 Projektteams) und maximal 21 (3 Projektteams) Teilnehmer vorgesehen. Die Anzahl der Lehrtrainer in den Workshops liegt bei zwei bis drei und hängt von der nach Gruppengröße ab.

7.2. Ort

Die Workshops werden an fünf unterschiedlichen Orten in Deutschland statt-finden. Es geht los im DI Lab der HSBA Hamburg. Weitere Workshops sind in Wiesbaden, Berlin und München geplant.

7.3. Kosten und Leistung

Die Investition beläuft sich auf 13.800,00 EUR zzgl. USt. pro Teilnehmer. Hierin sind enthalten:

- Teilnahme an den Workshops (15 Tage) mit mind. zwei Lehrtrainern im Workshop;
- Zugriff auf die Kollaborations- und Lernplattform für ein Jahr, Kuratierung und Moderation der Plattform durch die Lehrtrainer über den gesamten Programmzeitraum;
- Raummiete und Tagungsverpflegung;
- Umfangreiche Lehrmaterialien (elektronisch auf der Plattform plus Bücher) sowie
- Kosten für Reisen und Unterkunft tragen die Teilnehmer selbst.

8. Beirat

Die Entwicklung und Durchführung dieses Programms werden von einem kompetenten Beirat begleitet.

9. Kontakt

Dr. Frank Edelkraut
Mentus GmbH
Pralleweg 1
22359 Hamburg

Tel.: +49 – (0)171 – 6806893
Mail: fe@mentus.de
Web: www.mentus.de

11.6 Studie: LEKAF – Lernkompetenzen von Mitarbeitern analysieren und fördern

Die Studie wurde in Zusammenarbeit der Hochschule für angewandtes Management, der Vodafone Stiftung Deutschland und Prof. Michael Heister vom Bundesinstitut für Berufsbildung durchgeführt.

Im Zeitraum von Februar bis Juni 2016 wurden deutschlandweit insgesamt 10.171 Mitarbeiter mit einem Onlinefragebogen zu ihren Lernkompetenzen befragt. Der Fragebogen zur Selbsteinschätzung enthielt 91 geschlossene Fragen mit einer 6-stufigen Antwortskala (Likertskala). Mittels Faktorenanalyse wurde ein Modell mit 13 Skalen abgeleitet, die sich auf drei Dimensionen zusammenfassen lassen.

Im Folgenden sind die Details zur Stichprobe der Studie im Vergleich zur Gesamtheit der Erwerbstätigen in Deutschland aufgeführt.

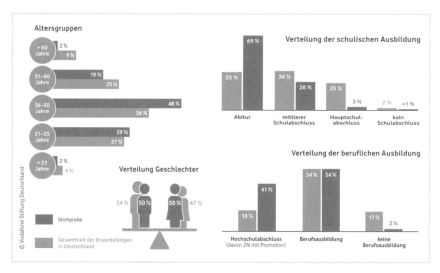

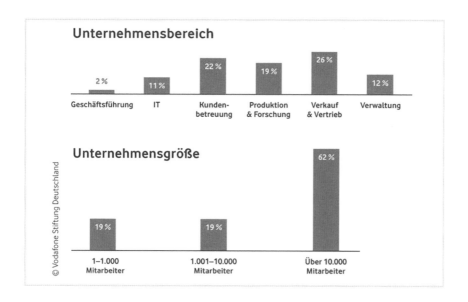

Die Anzahl der befragten Frauen und Männer war gleich verteilt. Im Vergleich zur Gesamtheit der Erwerbstätigen waren die 36- bis 50-Jährigen in der LEKAF-Studie überrepräsentiert, Mitarbeiter ab 51 Jahren dagegen unterrepräsentiert. Der überwiegende Teil der Studienteilnehmer hatte einen höheren schulischen Bildungsgrad, Personen mit Hauptschulabschluss waren weniger vertreten. Auch im beruflichen Bildungsgrad sind, verglichen mit der Gesamtheit der Erwerbstätigen, Personen mit höherer Qualifikation häufiger vertreten, Personen ohne Berufsausbildung weniger.

Der Großteil der Befragten stammt aus dem Dienstleistungssektor (63%). Dabei handelt es sich zu 62% um Mitarbeiter großer Unternehmen mit mehr als 10.000 Mitarbeitern.

11.7 Wissenschaftlicher Exkurs zum Forschungsprojekt LEKAF

Die kontinuierliche Veränderung in der Arbeitswelt erfordert vor allem von Mitarbeitenden die Fähigkeit zum lebenslangen Lernen. Mitarbeitende müssen dabei zunehmend mehr Verantwortung übernehmen und ihr Lernen selbst steuern. Lernen ist als ein aktiv-konstruktiver, selbstgesteuerter, situierter und interaktiver Prozess (Mandl & Krause, 2001) zu sehen. Lernkompetenzen sind in diesem Fall Fähigkeiten, die es einem Menschen ermöglichen, in komplexen dynamischen Situationen im Kontext beruflicher Weiterbildung selbst organisiert zu handeln (Erpenbeck & Sauter, 2013).

Selbstreguliertes Lernen umfasst metakognitive Strategien, die sowohl das Wissen über eigene Lern- und Denkprozesse als auch die Planung, Steuerung und Kontrolle dieser Prozesse beinhalten (Kaiser & Kaiser, 2000). Pintrich und de Groot (1990) verweisen außerdem auf die Wichtigkeit der Motivation und Selbstwirksamkeit, die erst die Nutzung kognitiver und metakognitiver Strategien intendieren und den damit verbundenen Aufwand regulieren. Somit basiert selbstreguliertes Lernen zum einen auf den kognitiven und metakognitiven Fähigkeiten (»skill«) der Person, zum anderen sind motivationale, affektive und selbstbezogene Fähigkeiten (»will«) zur Bildung der Lernintention essentiell (McCombs & Marzano, 1990). Verbunden mit neuen Lernformaten wie Coaching, Mentoring und Blended Learning-Konzepten, sind neben der Selbststeuerungskompetenz auch die Kooperationskompetenz und die Medienkompetenz wichtige Fähigkeiten für das erfolgreiche Lernen (Mandl & Krause, 2001).

Durch die zunehmende Integration von Lern- und Arbeitsprozessen determinieren sowohl Bedingungen des Arbeitskontextes wie die Lerngelegenheiten, Lernzeit und Lernkultur in der Arbeit als auch die individuellen Ressourcen der Mitarbeitenden wie Motivation, Selbstwirksamkeit und affektiv-soziale Faktoren den Erfolg des betrieblichen Lernens (Ellström, 2001).

Generell kann man die bisherigen Forschungsansätze in zwei Lager aufteilen. Viele Ansätze beschäftigen sich häufig mit dem Lernprozess selbst, also dem Managen und Organisieren des Lernens von der Bedarfsanalyse über die Zielbildung und Realisation bis hin zu Transfer und Evaluation (Wirth & Leutner, 2008). Andere Ansätze verfolgen den Einfluss der individuellen Merkmale des Lerners auf den Lernerfolg (Pintrich & de Groot, 1990). Vor allem im Kontext der Arbeitstätigkeit und des betrieblichen Lernens fehlt jedoch ein ganzheitliches Konzept, das beide Ansätze miteinander vereint.

Im Rahmen des Forschungsprojektes »LEKAF-— Lernkompetenzen von Mitarbeitern analysieren und fördern« wurde, ausgehend von den wissenschaftlichen Erkenntnissen der Psychologie und Erwachsenenpädagogik sowie den Erfahrungen von Experten (Führungskräfte und Personalentwickler), ein Modell entwickelt, das sowohl den Prozess des Lernens als auch die individuellen Lernpräferenzen der Mitarbeitenden im beruflichen Kontext beschreibt und als Grundlage für die gezielte Analyse und Förderung des betrieblichen Lernens von Mitarbeitenden dienen soll.

Für die Studie wurden bereits existierende Messinstrumente aus der Literatur genutzt. Unter anderen wird die Relevanz von Merkmalen wie Need for Cognition (Bless, Wänke, Bohner, Fellhauer & Schwarz, 1994; Cacioppo & Petty,

270

1982), Selbstwirksamkeit (Abele, Stief & Andrä, 2000; Bandura, 1991), Lernmotivation (Krapp & Ryan, 2002; Noe & Wilk, 1993), Help seeking (Holman, Epitropaki & Fernie, 2001), Computernutzung (Richter & Naumann, 2010), Leistungsmotiv (Engeser, 2005) sowie Lernkultur und Lernumgebung (Schaper, Friebe, Wilmsmeier & Hochholdinger, 2006) im Hinblick auf die Lernkompetenzen von Mitarbeitenden im erfolgreichen betrieblichen Lernen untersucht.

11.8   Leseanregungen

Vertiefende Informationen zum Lernkulturinventar finden Sie unter: https://kw1.uni-paderborn.de/fileadmin/psychologie/download/publikationen/ Schaper_et_al._-_Ein_Instrument_zur_Erfassung_unternehmensbezogener_ Lernkulturen.pdf

Informationen und Vorlagen zum PE-Controlling (Input, Output, Outcome) finden Sie hier: https://www.uni-oldenburg.de/fileadmin/user_upload/wire/ fachgebiete/orgpers/download/Diskussionspapier01-03.PDF

Abbildungsverzeichnis

Stichwortverzeichnis

HAUFE.

Ihr Feedback ist uns wichtig!
Bitte nehmen Sie sich eine Minute Zeit

www.haufe.de/feedback-buch